CARTOGRAPHIE DE L'OUBLI

www.editions-jclattes.fr

Niels Labuzan

CARTOGRAPHIE DE L'OUBLI

Roman

JC Lattès

Maquette de couverture : Fabrice Petithuguenin

ISBN : 978-2-7096-4937-7

Première édition août 2016.

« Les hommes normaux ne savent pas
que tout est possible. »

David Rousset

1.

Okahandja, janvier 2004

Sous les lumières de mes pleins phares, défilent des villages de fortune. Rubans de poussière décorés de cadavres d'automobiles. Des endroits où on ne s'arrête pas. Des vies passées sous la tôle ondulée, destinées à être oubliées.

J'ai toujours aimé cette B1 qui file au nord.

La fenêtre entrouverte fait bourdonner mes oreilles. Parfois, des yeux fluorescents surgissent de l'obscurité. Phacochères, la plupart du temps. Tout le monde vous le dira, rouler de nuit en Namibie est déconseillé. Un jour, un Américain s'est empalé sur un koudou, mais c'est une autre histoire, et je veux être à Okahandja avant l'aube. Cette ville perdue au centre du pays est tout un symbole.

Je devine les acacias brûlés, les herbes sèches.

La vulnérabilité qu'inspire cet espace sans fin.

Si je suis parti si tôt, c'est que dans quelques heures l'asphalte sera brûlant sous un chapelet de véhicules. Voitures officielles, héritiers en quête de reconnaissance, pick-up de touristes curieux, utilitaires de la presse et leurs radars sur le toit. Une ribambelle de 4 × 4 qui sera bloquée tandis qu'en ce moment je suis seul à flirter avec cette route. Je me laisse dériver au fil du bitume et de ses crevasses.

Ces années d'attente, ces appels à la foule impassible qui, ivre de son Histoire, se bouchait les oreilles, ces cris dans le désert, ces mains jointes, ces ossements que le sable recrache, ces yeux qui refusaient de voir, ont tous convergé vers aujourd'hui.

Il y a cent ans.

La voiture saute sur une pierre, le volant se dérobe. La ligne jaune, comme un esprit protecteur, se brouille.

Un bouton enfoncé.

Une voix surgit des haut-parleurs.

J'aime devancer les événements, leur donner une couleur, puis essayer, avec mes peu de moyens, de les orienter vers ce que j'ai imaginé. Ça m'aide à me rendre compte de mon environnement.

Bientôt, je rentrerai dans Okahandja.

À la lueur des réverbères, je saluerai les aboiements des chiens errants par un coup de klaxon, j'apercevrai ce panneau publicitaire pour de la bière où un type sourit de toutes ses dents, exhibé comme s'il s'agissait d'une œuvre d'art, je dépasserai les stands des sculpteurs, fermiers reconvertis en tailleurs de bois. Sur les étals, morses, éléphants, idoles, tout ça fait à la pointe du couteau, au prix d'ongles arrachés et revendus aux passants excités de négocier, de réduire à néant le travail de journées harassantes.

Je verrai cette petite place où un palmier tente d'harponner la lune.

Puis je prendrai Dr Vedder St, où les barrières grillagées jouent avec le vent, et me garerai là. La voiture crissera, comme elle le fait à chaque fois que je tourne à droite. Ma main restera sur la clé un instant avant de couper le contact.

Après, je n'aurai plus qu'à attendre.

2.

Côte africaine, juin 1889

Il porta la main à son visage. L'air salé s'incrustait dans la cicatrice qui courait de son œil gauche à la commissure de sa lèvre. Ça lui tirait la peau, comme si tout son sang affluait sous ce pli. Les bottes enfoncées dans le sable, il se tenait face à la mer. La lumière faiblissait, une traînée de nuages s'étirait.

Un homme seul, en apparence.

Jakob Ackermann : il aimait répéter son nom, épeler les lettres à toute vitesse. Il se rappelait chaque détail. C'était si loin, pourtant si proche. Encore aujourd'hui, il était convaincu d'être le seul responsable. À l'époque, il venait d'avoir sept ans, Friza le suivait partout. Un après-midi pluvieux, il revoyait la boue sur son pantalon, il s'amusait avec elle dans les champs. En passant près de l'abreuvoir, il eut une idée. Il sifflotait. Sur la pointe des pieds, il se demanda comment la faire rentrer là-dedans.

L'eau était froide.

La chienne se laissait faire, par habitude. Son poil mouillé. Tant bien que mal, il lui saisit les quatre pattes et, tout en vacillant, il la bascula la tête la première. Il riait alors qu'elle avait du mal à se maintenir hors de l'eau.

Tu vas être toute belle.

Le collier trop serré, le bruit des griffes sur le métal, les grognements plaintifs ; Jakob ne vit rien venir. Friza bondit hors de l'eau et lui sauta au cou, déchirant une partie de son visage et de son bras gauche.

Elle le secouait dans tous les sens. Sa tête raclait le sol. Il se demanda ce qui était en train d'arriver, vit son museau froid, ses yeux qu'il ne reconnut pas, ses coussinets où il aimait passer la paume de sa main, puis tomba inconscient.

Si M. Schäfer, un veuf taciturne qui sentait toujours mauvais, n'était pas intervenu, elle l'aurait sans doute tué.

Jakob s'était réveillé à l'hôpital, trois jours après. Sa mère était à son chevet, tremblante d'inquiétude. Oh mon Jakob ! criait-elle. Elle essayait de faire illusion, cachant la rougeur dans ses yeux, mais elle s'était effondrée plusieurs fois. Ce qu'elle avait mis au monde était défaillant. Même si son amour pour Jakob ne changerait jamais, elle était obligée d'avouer sa différence, et bien qu'il n'ait que sept ans, elle eut ces pensées dont elle eut honte, il n'aura jamais d'enfants, qui voudra de lui ? Ça traînait dans sa tête, bien qu'elle fasse tout pour ne pas y prêter attention. Ça va aller, répétait-elle, mais ces mots n'étaient pas pour Jakob.

Jakob, lui, avait du mal à comprendre ce qui venait de se jouer. De retour à la maison, la première chose qu'il demanda fut Où est Friza ? Son visage était entouré de bandages et lui faisait mal, il ne parvenait pas à bouger son bras, il avait la sensation qu'on l'avait plongé dans un autre corps, mais il l'avait cherché.

Pour son père, cette blessure avait scellé le destin de son fils. Il le prit à l'écart et lui dit qu'il avait droit à la vérité, maintenant qu'il était un homme.

Un homme, tu parles.

Tu ne reverras pas ta chienne, je l'ai tuée. Tu comprends pourquoi ? Voilà ce qu'il dit, ses yeux plongés dans la tendresse encore innocente de son fils, ses poings entourant ses frêles épaules. Il ne prit aucun soin pour le préserver ; c'est sans doute la chose la plus importante qu'il lui apprit. Affronter les événements tels qu'ils sont et non comme on aimerait qu'ils soient.

Ce jour-là, le monde enfantin de Jakob s'écroula.

Douze ans plus tard, à Walvis Bay, petit port anglais du Sud-Ouest africain, il se souvenait de tout. *Je l'ai tuée.* Cette voix vide, dénuée de compassion, résonnait encore dans sa tête. Il aurait aimé que son père lui raconte un mensonge. Il aurait vraiment aimé cela.

« Soldat ! » L'autorité du lieutenant Pavlov le ramena à sa réalité. En se retournant, il admira ce paysage. Il avait du mal à s'y faire. Le bleu cobalt avait laissé place à des étendues informes de jaune. Cinq jours qu'ils avaient débarqué dans cette enclave anglaise, ils étaient pourtant censés être en terre conquise, en terre allemande. Allez savoir.

Il ramassa son barda et marcha vers l'ébauche de village posé là. On leur avait prêté une des maisons en préfabriqué, devant laquelle flottait timidement le drapeau impérial. Face à cette immensité de dunes, Jakob se sentait insignifiant. À tout juste dix-neuf ans, il se retrouvait loin de chez lui pour la première fois. Une vie réduite aux choses les plus élémentaires.

« La soupe ! » dit Pavlov dont l'uniforme rêche lui collait à la peau. Les veines de son cou gonflées sous ce col trop serré.

En pénétrant dans l'espace confiné, Jakob croisa la route du capitaine Curt von François, responsable de cette expédition, et du gouverneur Heinrich Göring, leur contact dans la colonie. La cacophonie des mouettes l'empêcha d'entendre ce qu'ils disaient. Il perçut des mots, *Hottentots*, *Kaiser*, rien d'autre. Si le projet de l'Empire était vaste, il ignorait les détails de son ambition. Ce qu'il savait, au même titre que les autres soldats, c'est que ce gouverneur Göring, arrivé ici il y a plus de quatre ans, avait du mal à faire valoir le protectorat. Il avait passé quelques accords avec les tribus locales avant de se faire expulser par les Hereros et de trouver refuge dans ce port anglais.

À l'aube, les soldats furent réveillés par le capitaine. Les médailles épinglées sur sa veste brillaient. Rien ne laissait paraître qu'il n'avait dormi que trois heures.

Dans cinq minutes, tout le monde dehors.

Le soleil lançait un unique rayon oblique sur l'horizon. Jakob avait le visage bouffi et la fraîcheur de l'aube le surprit. Il avait mal boutonné sa veste. Sur la plage, se mêlaient bois flotté et coquillages. Des algues énormes dansaient à la surface de l'eau. Ses yeux verts. Ici, on vivait le néant. Il se sentit pris dans un étau, ses organes se repliant sur eux-mêmes pour essayer de trouver un peu de chaleur.

Le capitaine von François les avait rassemblés afin de donner ses instructions. La technologie aura raison de la sauvagerie, il en était convaincu, et ses hommes avaient eu le temps de s'acclimater.

Göring arriva les bras chargés des traités de protection. Il était le seul à avoir noué des relations avec les indigènes, il devait partager son expérience. Il se touchait le ventre sans arrêt, il ne s'était pas habitué à la nourriture et à la chaleur.

Le gouverneur était un homme bavard. Il leur parla d'Adolf Lüderitz, ce marchand qui, en 1883, avait acheté la baie d'Angra Pequena à un chef nama et l'avait fait placer sous protectorat. Les temps étaient au changement. L'Empire voulait rejoindre ses voisins dans la course à la colonisation. Après la conférence de Berlin, le Sud-Ouest africain était officiellement devenu allemand. Si Lüderitz était aujourd'hui mort, la baie qu'il avait achetée avait été rebaptisée *Lüderitzbucht*. Comme un hommage. Sa femme et sa fille y vivaient encore.

Dépêche, pensait Jakob qui n'avait pas pris le temps de pisser.

« Les premiers à être arrivés sur ce sol, continua Göring, sont les missionnaires. Ils ont pris en charge l'éducation de plusieurs chefs indigènes, ce qui n'est pas forcément une bonne chose…

— Venez-en au fait, le coupa le capitaine.

— Comme vous voulez… Avec l'explosion démographique, l'Allemagne a besoin de colonies de peuplement.

— C'est pour ça que vous êtes là. Il faut libérer l'espace et installer une présence militaire. »

Le vent s'était levé, la mer n'était qu'une étendue grise et moutonnée.

« Ces sauvages, ils savent que l'Allemagne leur est supérieure, sauf que l'Allemagne est loin. Avec vous, au moins, les négociations devraient se passer différemment. Le poids des armes !

— Les traités, Gouverneur, s'il vous plaît. »

Alors que Göring distribuait aux soldats des exemplaires, von François s'adressa à Pavlov, son second. « Je veux que vous envoyiez les hommes conclure des accords avec les différentes tribus. Qu'ils se montrent persuasifs. »

Le capitaine était certain que tout irait vite.

Il tira sur la manche de sa veste et salua les siens. Eux, les bâtisseurs d'un ordre nouveau. L'étendard de la modernité.

3.

Okahandja, janvier 2004

Difficile à croire que dans quelques heures il y aura une agitation bordélique. Un pèlerinage aux accents de rédemption.

Ils ont aplani le terrain, fait de la place, ramassé les ordures qui, d'habitude, jonchent les ravins de chaque côté de la route. Okahandja est pauvre comparée à Windhoek, la capitale. Ça se voit à ses poubelles.

Les Hereros devraient se déplacer en nombre. Tant mieux. Si eux ne viennent pas, alors à quoi bon tout ce raffut ?

Je sors de la voiture et m'étire.

À nouveau, cette douleur dans mon cou, qui remonte sur le côté droit de mon crâne. Un arbre qui lance ses branches et ses racines. Hanna m'a fait un thermos de rooibos. Il est encore chaud, un peu amer.

Dans le coffre, je récupère un siège de camping et m'assois au milieu de la scène. Il fait frais. Je zippe ma polaire, glisse ma main sous mon bras. L'église est face à moi. Construction jaunasse, un clocher qui n'atteint plus les cieux, des bancs désertés. Ce qui importe ici, c'est le cimetière.

L'horloge bloquée sur 10 h 05.

Une heure qui a peut-être compté, un jour.

En fermant les yeux, je sens l'agitation à venir. Le thé fume encore. J'entends les pas qui martèlent la terre, les chansons d'espoir, les flashs des appareils photo m'éblouissent un moment. J'entends ce cliquetis. Ces invocations. Je me vois au milieu de ce spectacle. Le chemin que je dois parcourir.

Un badaud passe dans mon dos.

Lui-même sait à peine où il va à cette heure.

Ludwig devrait arriver dans quelques heures. À bientôt quarante ans, il cherche le scoop de sa vie. Il est de ceux qui portaient un destin incroyable, mais qui se sont égarés. Condamnés à voir les autres grandir, convaincus qu'ils auraient fait tellement mieux. L'impatience de le voir après tout ce temps. En marge de cette journée, il est pour moi celui par qui tout doit arriver.

Je somnole encore un peu.

Hier soir, j'ai pris une des pilules d'Hanna. Je n'aime pas le sommeil artificiel, mais il fallait un remède pour me calmer. Je suis anxieux avant les grands événements. Parfois, connaître certains détails n'aide pas.

Je ne suis que la somme des années passées.

Hanna, elle, ne me rejoindra pas. Elle trouve cette journée hypocrite, elle trouve que ce n'est pas assez. Peut-être parce qu'elle n'a pas grandi ici et qu'elle ne sait pas que la haine, la violence ou l'emportement ne peuvent être des réponses.

C'est un bon début parce que c'en est un.

Je me demande ce qu'elle aurait été capable de faire si elle avait été plus impliquée. Jusqu'où elle aurait pu aller si elle avait vu son pays occupé illégalement. Sa liberté bridée. Son identité piétinée. Moi, je suis plus mesuré. Avec les années, j'ai appris.

Remplir les ombres. Ces présences qui manquent.

Je bois une gorgée.

Un jacaranda est encore en fleur, étrange pour la saison. Sur des branches, des tissus de couleur s'entremêlent en volant et le bruit m'est familier, sans que je sache pourquoi. Ce qu'il y a de bien avec cette terre, c'est qu'elle n'a quasiment pas bougé. Qu'on se tienne face aux dunes du Namib, aux Quiver trees de Keetmanshoop, au canyon de la Fish river, au plateau du Waterberg, le paysage est le même qu'il y a cent ans, qu'il y a mille ans, qu'il y a peut-être des millions d'années.

Le plus vieux désert du monde.

Je vois ce que des générations d'hommes ont vu. La frontière invisible du temps est brisée. C'est ce qui fait qu'on se sent chez soi et qu'on a envie de se battre pour cette terre. Parce qu'elle nous renvoie notre image.

Je ne la quitterai plus jamais.

4.

Sud-Ouest africain, octobre 1890

Ils étaient arrivés depuis plusieurs mois et, pour ainsi dire, il ne s'était rien passé. Le pays était vaste, inconnu, et s'y déplacer exigeait certaines connaissances. Les soldats commençaient à s'empâter, rechignant à faire des exercices en plein soleil. L'ombre – plutôt son absence – était un problème. Comme l'eau potable. Il fallait creuser à des dizaines de mètres pour en trouver. Ils attendaient foreuses et pompes, ça pouvait prendre un certain temps.

On leur avait parlé d'une nouvelle vie et ils ne connaissaient que ce port anglais, noyé sous l'ennui de l'isolement. Parfois, ils étaient envoyés à la rencontre de chefs indigènes, mais si peu. Les accords passés étaient souvent les mêmes. Une protection, encore immatérielle, contre des bovins, des terres, de l'ivoire… Ne pas oublier de faire signer les papiers.

Faites des affaires ! disait-on. Mais on ne s'aventurait jamais loin.

Il n'était pas rare que les soldats se transforment en éleveurs ou en marchands. De la camelote venue d'Europe était revendue avec un bénéfice de deux mille pour cent. L'attrait de l'inconnu.

Le campement ressemblait plus à une colonie de vacances, chacun racontant à l'autre ses aventures sur un ton léger, qu'au premier retranchement armé de la colonie.

Von François attendait beaucoup plus. Il le savait, tant qu'ils n'auraient pas de quartier général, tous ces efforts resteraient vains, d'autant qu'ils devaient s'émanciper de la couronne britannique. Contre l'avis du gouverneur Göring, mais soutenu par le Reich, il mit sa troupe au pas les premiers jours d'octobre. Direction le centre du pays afin de fonder un fort, *Alte Feste*, sur les restes d'un village indigène. Aucun soldat ne s'était encore aventuré si loin.

Dans le fond du convoi, Jakob marchait à côté d'Arthur Heinz. Dans ces circonstances, il était ce qui se rapprochait le plus d'un ami. Quoi qu'il fasse, on se doutait que quelque chose de positif en ressortirait. Des traits efféminés, délicats, et un air rassurant. L'armée n'était qu'un épisode dans sa vie, une parenthèse qu'il raconterait à sa descendance, les yeux brillants. Il n'était pas là pour faire la guerre, encore moins pour tuer. C'est ce qu'appréciait Jakob, cette évasion possible rien qu'à entendre sa voix. Celle d'un homme qui ne craint rien, parce qu'on lui a appris qu'il n'y avait rien à craindre.

Ils avançaient au milieu des arbres, souvent secs, parfois verdoyants. Arthur racontait des tas d'histoires que Jakob comprenait à peine, mais il était doué pour écouter. L'ocre des dunes s'effaçait peu à peu au profit d'un tapis d'herbes hautes. La savane supplantait le désert. Sur des branches épineuses, des milliers de papillons jaunes battaient des ailes, s'envolant parfois ensemble.

Tout était si paradoxal.

Le soir, Jakob se lavait comme il pouvait, souvent avec un mince filet d'eau. Il avait récupéré un bout de savon, qui se transformait en un galet craquelé. C'était sommaire, mais ça faisait l'affaire.

« On ne s'attendait pas à ça ! » répétait Arthur, excité par des conditions si précaires, se convainquant d'être bien là.

Chacun de leurs repères, aussi insignifiant soit-il, avait disparu. La distance, par exemple. De chez Jakob à l'école, il y avait six kilomètres. Le boucher à cinq cents mètres, le pain au coin de la rue, une centaine de kilomètres jusqu'à la maison du lac… Mais cette montagne qui se dressait au loin, où était-elle en réalité ? À portée de main ou dans un autre pays. Des heures de marche et le seul repère visuel restait un point vague, une ombre qui se dressait, pleine de défi, ses contours flous comme si une mare de pétrole s'étalait sur le sol.

Jakob n'était pas un garçon curieux, mais il était heureux d'être là, au milieu de ce groupe. Au cours de son enfance, l'école militaire ayant renforcé très tôt l'autorité du père, deux choses avaient retenu son attention. La chiromancie – aussi étrange que ça puisse paraître quand on connaît son intérêt pour les autres – et les grands navigateurs. Il était fasciné par ces hommes qui partaient au fond de l'Inconnu. Bien qu'il ait lui-même entrepris un voyage, il ne se considérait pas comme l'un d'eux. Sa traversée était une anecdote dans une mission qui le dépassait. Il avait voyagé d'Allemagne à une colonie allemande, pas vraiment la découverte du Pérou.

Le vrai voyage était motivé par autre chose.

*

Von François savait exactement ce qu'il voulait.

Après quelques calculs, il décida des limites du fort et de son agencement. Quatre tours crénelées, des miradors où on pourrait hisser un canon. Sur la façade ouest, il voyait courir une large terrasse abritée. Ceint de quatre murs épais, une étroite cour, de 60 mètres sur 20, abriterait un puits et une cloche en bronze pour donner l'alerte

Le capitaine imaginait tout.

Des murs à la chaux réfléchiraient la lumière. Il aurait son propre bureau, où il ferait installer des barreaux aux fenêtres, où il pourrait tenir sa correspondance avec le Reich. Le mess des officiers, important. Ce serait son château, une place forte imprenable. Dégager tous les arbres aux alentours. D'autres hommes allaient arriver bientôt, il en avait été informé, et il fallait un lieu pour les accueillir et les diriger.

Face à une plaine déserte, il leva les yeux, contemplant ce que les autres ne pouvaient pas même imaginer. Alors que ses soldats voyaient des pierres, il voyait une église au clocher pointu, avec de larges vitraux, à la place d'un arbre, il admirait un club allemand, des commerces, des boutiques, un parc où pousseraient toutes sortes de fleurs venues du monde entier. Les uns respiraient la poussière, lui sentait la cannelle du gâteau qui cuit au four. Les autres se perdaient dans le bush, lui apercevait les jambes graciles d'une jeune fille courir derrière un tramway, en retard pour l'école, des groupes d'hommes, élégants, s'échanger des poignées de main en fumant, et des femmes... Des femmes dodues rondes grandes blondes guillerettes amusées tristes insouciantes libres aimantes joyeuses esseulées.

Windhuk ! se répétait-il. Il avait tant d'espoirs quant à cet endroit. Une petite Allemagne en plein désert.

La civilisation, ce mot si cher à ce siècle.

Il voyait des rues s'étendre, portant le nom d'illustres compatriotes. Peut-être le sien ? un jour. Ce serait un juste retour des choses pour ce qu'il s'apprêtait à faire. L'avenir de la colonie se passerait ici. Plus jamais le Sud-Ouest africain ne serait pareil, livré au banditisme, livré aux seules tribus nomades, à l'errance. Il venait pour mettre de l'ordre et amenait avec lui le progrès.

Son pays changeait de visage.

L'État, hier agraire, était aujourd'hui une puissance industrielle bientôt plus riche que toute l'Europe. D'une manière ou d'une autre, les Allemands allaient devenir Africains. Le capitaine, qui cherchait un peu de fraîcheur, était le seul à s'en rendre compte. Les soldats étaient sous ses ordres et ne les discutaient pas. Jakob faisait ce qu'on lui disait. Ce soir, il dormirait à la belle étoile, demain, il irait couper des arbres, faire des trous, clouer, avant de remettre son uniforme et de partir annoncer au Sud-Ouest africain que ces terres étaient placées sous protectorat. Il pensait le faire sans violence, mais en userait si nécessaire.

Pour le moment, il n'avait pas eu à se servir d'une arme à feu, à part à l'entraînement. Sur des cibles faites de sable. Tirer sur un homme n'est pas si terrible, pensait-il. Son père s'était battu en 1870, Jakob avait souvent entendu ses histoires. Depuis son plus jeune âge, la mort et la dévotion à sa patrie faisaient partie intégrante de sa vie.

Le soleil se couchait et, alors que von François délirait sur la future Windhuk, faisant de grands gestes avec ses mains, il alla rejoindre les autres, à l'écart.

Ils s'apprêtaient à entrer dans l'été. Dans quelques mois, les pluies s'abattraient sur eux. Ce paysage sec changerait peut-être d'allure. Jakob espérait que ça enlèverait un peu de poussière, cette poussière qui lui asséchait le nez. À Brême, il avait une pommade mentholée qui lui dégageait les sinus… De toute manière, il aurait eu honte de s'en servir, il devait se faire à cette terre, ne montrer aucune fragilité.

Un mince filet de sang glissa jusqu'à sa lèvre, comme il avait passé son doigt près de sa narine. Sur une colline alentour, des babouins les regardaient, se demandant ce que de telles créatures venaient faire par ici, se grattant inlassablement le haut du crâne.

Pas logique tout ça.

En s'asseyant par terre, Jakob sentit des cailloux lui rentrer dans les fesses. Il passa sa main pour les enlever.

Ils formaient un groupe, qui n'allait cesser de s'agrandir. Von François était leur guide, un capitaine à l'aura intacte. De grandes choses étaient à venir. Ils en étaient convaincus.

5.

Damaraland, été 1891

Von François étendait insidieusement son ombre sur l'Afrique. Il avait reçu de bonnes nouvelles. Les Hereros, qui contrôlaient un large territoire, avaient accepté un nouvel accord. Encore un murmure, mais le changement était amorcé, d'autant que de plus en plus de colons venaient s'installer sur ces terres.

Le capitaine mettait de l'ordre dans la colonie en créant des stations militaires aux points stratégiques. La vision d'un soldat armé peut tout changer. Il devait s'imposer, surtout qu'avec le départ de Göring – il avait accepté un poste à Haïti –, il allait devenir commissaire impérial et être seul maître à bord.

Malgré sa conviction, certains peuples avaient du mal à se faire à cette idée. Au nord, un groupe de Damaras ne respectait pas les alliances passées.

Une partie de leurs bovins devait être remise au Reich, mais ils ne s'étaient pas acquittés de leurs dettes. Ils fonçaient vers un suicide collectif, sans peur, sans même en avoir conscience. Comparés aux Hereros, les Damaras n'étaient pas un grand peuple et avaient l'habitude d'être soumis.

À la tombée de la nuit, Pavlov réunit ses hommes dans le bureau officiel de la colonisation allemande. Le lieutenant était le pont entre le capitaine et eux, il avait d'ailleurs formé certaines de ces recrues. Un soldat connu pour son goût de l'effort et sa discrétion. Un peu plus vieux que Jakob, il semblait avoir déjà vécu de nombreuses vies.

Des batailles, il allait y en avoir, et celle-ci ouvrirait le bal.

« Nous devons montrer à ceux qui refusent notre autorité ce qu'il en coûte. Vous partez dans quelques heures. »

Des murmures s'élevèrent du groupe.

Qu'allons nous trouver ?

Qui nous dirigera ?

Pourquoi ne venez-vous pas ?

Et s'ils résistent ?

« S'ils résistent ? Vous n'avez pas compris. Vous êtes les premiers à être arrivés ici, vous savez les enjeux, ils ne peuvent pas résister. S'ils le font, faites-leur comprendre où est leur intérêt. Arthur Heinz prendra la tête de cette expédition. Vous serez sous ses ordres. Nous n'accepterons aucun échec. »

Ceux qui avaient oublié qu'ils étaient des soldats allaient s'en souvenir.

Ils partirent en rangs serrés. Une nuit calme, éclairée par une lune gigantesque. Arthur marchait en tête, fier de diriger. Il ne se rendait pas compte de ce qu'exigeait une telle position. Parfois, des bruits les surprenaient. Des sifflements longs et aigus.

Des serpents, pensaient certains, des hommes en embuscade, disaient d'autres. Il y avait une vie souterraine dans ce pays, une vie invisible. Jakob ne comprenait pas pourquoi ils faisaient ce voyage de nuit. Ils risquaient de se perdre, de s'égarer, après tout, aucun d'eux n'était sûr de la route. Ils n'avaient qu'une carte et une boussole. C'est idiot, se dit-il. Tout ça pour un effet de surprise.

La température devenait de plus en plus fraîche. Le contraste avec la journée était saisissant. Jakob se prit à rêver d'un lit et d'une couverture chaude. Les pieds qu'on frotte ensemble, les yeux qu'on garde clos. Le monde qui marche quand on décide de rester à l'arrêt.

Cette mission était un test, Avez-vous réussi votre orientation ? Avez-vous fait le bon choix de carrière ?

Chacun s'évadait comme il le pouvait, pensant à une chose qui lui était agréable. Dans leurs mains de jeunes hommes, les fusils représentaient un poids. Objet inanimé pouvant leur sauver la vie.

Sous leurs bottes, passaient parfois des scorpions qui, dans un dernier élan, lançaient à toute vitesse leur venin sur le cuir avant de mourir écrasés. Parfois, ils dépassaient un troupeau d'animaux massé autour d'une pièce d'eau. Des ruminants ? Des carnivores ? Leur nombre ferait barrage à une attaque, s'imaginaient-ils, se rassurant comme ils le pouvaient. Ils se fiaient à leurs instructions, lisant dans la pénombre leur carte.

Jakob avait un peu peur, tout en étant impatient. Il y avait quelque chose d'épique à être là, dans cet univers hostile. À être nulle part. Et il s'était lassé de rester en poste à Windhuk et d'aider à la construction de la ville.

J'ai été bâtisseur, bûcheron, éleveur. Il souhaitait être soldat.

Après trois heures de marche, Arthur arrêta l'escorte. Nous allons faire une pause. Pas de refus, enfin… chacun y allait de son petit commentaire, trop heureux de poser son barda. Les hommes s'allongèrent, buvant de longues rasades d'eau tiède, se touchant le front pour voir s'ils n'étaient pas envahis par une fièvre inexpliquée.

Certains allumèrent un feu et se fabriquèrent de nouvelles torches avec des bouts de bois ramassés aux alentours. Jakob fit craquer son dos et se massa le cou. Il appréciait le mystère de la nuit. Il s'approcha d'un arbre dont il devinait les contours. Un pas de plus et il se fondit dans un champ d'obscurité. Il ne voyait plus sa main tendue, tâtonnait, à la fois attiré et effrayé. Qu'est-ce qui se cache, juste là ? À quelques mètres, les voix affaiblies des soldats.

« Tu crois qu'il se passera quoi demain, Arthur ?

— Je l'ignore. Ce que je sais, c'est qu'on arrivera pour les surprendre dans leur sommeil. Ils ne sont pas nombreux à ce qu'il paraît. Une dizaine d'hommes, des femmes, des enfants.

— On n'a rien à craindre…

— Craindre ? » Arthur ne se rendait pas compte du danger. S'il avait peur, c'était d'une manière déraisonnée, qui s'apparentait plus à l'excitation d'avoir une bonne histoire à raconter.

« Tu t'attends à quoi ? Que vos fusils soient prêts, je vous le dis. Je préfère des coups allemands qu'africains.

— Repartons, dit Arthur. La route est encore longue. » Il n'était pas à l'aise avec cette idée de coups de fusil. Les armes ne servaient qu'à dissuader, il attendait une reddition complète, sans résistance.

La guerre, c'est des récits dans les livres, rien d'autre.

Une frange colorée s'élevait à l'est. Les soldats étaient sur une même ligne, à environ un mètre les uns des autres. Ils avaient passé un foulard sur la moitié de leur visage. Devant eux, un enclos fait de bois mort, une cinquantaine de bœufs à cornes, un peu rachitiques, quelques chèvres, des cahutes de bois et d'adobe. Ils y étaient, au milieu de ces terres rebelles. Au loin, des roches de granit s'élevaient dans l'air.

Des buissons secs décoraient ce sol rocailleux. Comme ils sortaient de la saison des pluies, sur des plantes grasses poussaient des fleurs jaunes, roses, rouges. Était-ce de toute beauté ? Jakob n'aurait pas su dire.

Arthur menait ses hommes à l'aide de gestes qui étaient relayés par chaque soldat. À environ quatre mètres des cahutes, il leur ordonna de s'arrêter, le poing en l'air. Doigt sur la gâchette. Ils étaient tendus, ignorant ce qu'ils allaient trouver, manquant cruellement de sommeil. Leur respiration s'accéléra. Seulement trois cahutes, mais ça ne voulait rien dire.

Le danger prêt à surgir de n'importe où.

Le sol qui se dérobe sous leurs pieds.

Arthur jeta un regard à Jakob qui se trouvait à sa droite. Il lui fit un signe de tête, presque en souriant, puis parla à voix haute, à l'attention des Damaras.

« Vous êtes encerclés. Sortez dans le calme, nous ne vous ferons rien. »

Pavlov avait été clair, les Hottentots doivent comprendre !

Comme personne ne répondait, il cria à nouveau, avançant un peu plus. Les bêtes les regardaient, bougeant bêtement la queue, chassant les mouches intrépides.

Jakob sentait les battements de son cœur. Il était en vie, dans le sens où sa vie pouvait être mise en danger dans les secondes à venir. Allait-il subir l'assaut de milliers d'hommes noirs, machettes en avant ? Il déplia les doigts de sa main gauche pour les soulager. Il avait plissé les yeux, de manière à ce qu'aucune poussière ne vienne le surprendre. Parfois, une larme naissait dans le coin de son œil, ce qui troublait un instant sa vue, avant qu'elle ne glisse le long de ses joues imberbes.

Il s'agrippa à son arme. À ce moment, c'était la chose la plus importante de son existence.

Après que les soldats se soient encore rapprochés, un homme finit par sortir. Le visage buriné, comme les impacts sur le mur de sa maison. Un pagne coloré sur son corps rouge. Un long morceau de bois fin à la main. Il les dévisageait un à un, sans comprendre.

Jakob était face à l'ennemi. C'est ce qu'il était. Et il ne devait rien lui concéder. Un soldat se battait et la guerre était sur le point de devenir sa réalité. Tuer. Mourir. Tout ça pour libérer l'espace.

« Sortez tranquillement. Qui d'autre est à l'intérieur ?

— …

— Qui, bon sang ? Qui d'autre ?

— … »

Personne n'entendait ce que disait l'homme. Des coups de langue rapides contre son palais. Des cliquetis inaudibles. Il jetait des regards incessants à l'intérieur de la maison, son seul repère, qui était caché aux Allemands.

Arthur continuait à avancer. Ses hommes aussi, de plus en plus nerveux. Il avait ordonné que personne ne tire, mais son autorité restait limitée. Ils étaient arrivés avec le même grade et sa promotion pour cette mission aurait pu aller à n'importe qui.

Le jeune éleveur était dans une position inconfortable. Devant lui, des inconnus en costumes verts, une arme brillante dans les mains, un couteau à la ceinture. Abandonner son troupeau, abandonner son territoire, signifiait la mort pour lui.

Jakob le fixait, priant pour qu'il lève les mains, qu'il laisse de côté toute idée folle.

Autour, il ressentait l'angoisse de ses compagnons. La peur de mourir par négligence. Lui arrivait à contrôler ses nerfs, mais chaque homme pourrissait l'autre de son inquiétude. Certains avaient envie de vomir, d'autres sentaient leurs intestins sur le point de lâcher. Pendant des années, le père de Jakob l'avait placé dans des situations extrêmes, afin qu'il sache se contrôler. Ce jour-là, il le comprit, Un homme bon est prêt à tout, fils, tu ne dois jamais être surpris, encore moins le montrer. Le jeune Damara, de son côté, ne cessait de hurler en direction de la cahute.

Il tendait les mains vers eux, cherchant une manière de s'exprimer, de se faire comprendre. Les soldats tentaient de couvrir sa voix, mais rien à faire. Il se tenait au bout de leurs fusils quand il se précipita vers l'intérieur de sa maison.

Ça commença par une détonation.

Le corps du jeune Damara fut atteint au milieu du dos. Avant qu'il ait pu faire un pas de plus, il s'affala et son sang vint rougir le sable. Personne ne sut qui ouvrit le feu. Après, ce fut un défoulement. Chaque soldat vida son arme en direction de la maison, certain que des hommes armés s'y cachaient. Le bruit des balles couvrait toute plainte humaine et ils se laissèrent entraîner par cet élan meurtrier.

Arthur tira.

Jakob tira.

Ils ne s'arrêtèrent que lorsqu'ils furent à court de munitions.

Un nuage de fumée encerclait la maison. Arthur, l'arme en avant, s'approcha du corps sans vie. Le visage du jeune Damara était déformé. Un masque hideux. Le nez n'en était plus un, mais un amas de cartilages et de chair. Sous ce sourire, on devinait les dents brisées. Des trous, partout. Ses bras et ses jambes dansaient ridiculement. Le sang séché formait une croûte sur le sable.

Arthur le toucha du bout de son fusil, pour s'assurer de son état, mais que pouvait-il être, sinon mort. Suivi de Jakob, il avança jusqu'à la maison. Passant le seuil, ils découvrirent, entassés en une pyramide lugubre, les membres de la tribu. Aucune trace d'armes, de munitions, de grenades, de dangers, mais des petites filles, des vieillards, des femmes. Des familles étendues, sans vie, le visage plein de surprise.

Dans le fond, un corps bougeait encore. Trop d'horreurs avaient déjà eu lieu, un soldat fit taire son râle d'un coup de baïonnette à l'estomac.

La tête de Jakob se mit à tourner.

À côté, Arthur était lugubre, perdant peu à peu la notion de ce qu'il avait fait. On n'assassinait pas les femmes et les enfants ; enfin, c'est ce qu'il croyait. Le sang était si abondant qu'il avançait sur le sable, comme pour venir recouvrir les bottes vernies, et pourquoi pas remonter le long de leurs corps. Dehors, sous les acacias, les bêtes ignoraient la présence de la mort.

Jakob était dégoûté par ces corps sans vie, mais il tuerait à nouveau lorsque ce serait nécessaire. Il était le prolongement de la guerre, dure, cruelle, intransigeante. La vue de ces enfants le dérangeait, mais si ça avait été des hommes armés, alors ils auraient fait le bon choix.

Le bon choix.

Ils se réunirent dans une des maisons. Des lampes à pétrole éclairaient l'intérieur qui était noir comme au Commencement. Leurs ombres dansaient sur les murs. Pas loin, les mouches fondaient déjà sur les cadavres.

Pavlov avait dit vrai. C'est un combat qui avait débuté. Le Sud-Ouest africain leur apparut soudain comme un endroit terrible. Cette terre allait être le théâtre d'atrocités. Cela faisait presque deux années qu'ils étaient arrivés et c'était passé très vite, presque tranquillement, mais ce jour-là, ils comprirent le pourquoi de leur présence.

Le temps, ici, passait différemment qu'en Europe, ils en avaient fait l'expérience. À la fois plus lent – il arrivait que les soldats s'ennuient beaucoup –, mais aussi infiniment plus rapide. Une semaine pouvait couler sans que rien n'arrive, dans un paysage constant. Même les températures étaient identiques, jour après jour. La nouveauté, les rencontres impromptues, n'existaient pas. Mais aujourd'hui. Aujourd'hui, les choses s'accéléraient. La poudre des fusils allait tout remplacer et les cartes allaient être redistribuées. Comme personne ne prenait d'initiative, Jakob dit « Ils méritent une tombe, je crois.

— Une tombe ? Tu penses que Dieu les accueillera ? Laisse-les là, on doit rentrer avant de tomber malades. On ne sait pas ce qu'ils peuvent nous refiler. Après tout, on n'est pas pareils.

— Tu as raison, partons vite d'ici, reprit un autre.

— Je suis d'accord.

— Ne perdons pas de temps. »

Jakob n'insista pas. Au fond, il se demandait si ce qu'ils avaient fait était juste, mais il n'était pas en position de donner la réponse. Il devait suivre le mouvement, comme il avait toujours fait.

Il pénétra à nouveau dans la maison et contempla une dernière fois une enfant. Elle devait avoir six ans, il leur donnait tous le même âge. Son sourire, ses mains, ces lèvres qui ne diront plus rien, ce corps frêle, cette nuque brisée, et ce simple bâton dans sa main. Ce bâton pour mener des bêtes, pas pour se battre contre des hommes formés à tuer. Qu'était-elle maintenant ?

Il balança une poignée de sable sur son visage, puis mit le feu au toit de branches sèches.

Voilà le destin des hommes rouges.

Dans la demi-heure qui suivit, les soldats regroupèrent les bêtes. Elles étaient le but de leur mission, qu'elles aillent grossir la propriété du Reich. Cinquante-six vaches. Le butin du massacre, le début d'un délestage programmé.

Sur le chemin du retour, personne ne parla. Ils pensaient à ce qu'ils avaient fait, pas en se sentant coupables, mais en saisissant le sens de la guerre. La colonisation prenait une autre tournure. Il ne s'agissait plus simplement d'implanter des Allemands ou de faire briller une quelconque idée, il s'agissait de la terre, de ses ressources, et de qui était le plus fort pour en jouir, peu importent les moyens employés. On pouvait dire ce qu'on voulait, la portée civilisatrice n'était qu'un bluff.

Jakob eut un pressentiment qui le fit frémir, comme une lame froide qu'on passerait dans son dos. Les Blancs, les Noirs, les Rouges n'étaient pas faits pour cohabiter.

6.

Okahandja, janvier 2004

Ils arrivent de tous les côtés. En file indienne. En groupes désunis.

Les voitures sont garées n'importe comment, bien qu'il y ait un ordre précis à cette journée. Si tout semble une improvisation, chaque geste a un sens.

Beaucoup viennent de Katutura. Cette ville dans la ville. Bâtie pour des Noirs. Éjectés de la *Old Location* sans qu'on leur demande leur avis et relogés sommairement. Cantonnés par ethnies.

Une lettre qu'on affiche sur les portes.

Ça avait fait du bruit à l'époque. Et des morts.

La coutume veut que les hommes défilent en premier.

Ils arborent des tenues d'un autre temps. Pour participer à cet événement, presque un chemin de croix, ils ont passé d'anciens uniformes, bien qu'aucun ne soit soldat. Uniformes sud-africains, de l'armée angolaise, portugaise, anglaise, auxquels ils ont greffé des gadgets. Il ne s'agit pas de se déguiser, mais de porter son histoire sur le corps.

Pin's, stickers, badges, écussons, tout ce qui brille, clignote, étincelle, a le plus de valeur. Ça a quelque chose d'enfantin. Une manière de reconquérir son passé, d'assimiler les origines qui façonnent une nation. Ils ont du respect, ce n'est pas une mascarade, et ceux qui les photographient – on sait pour quoi ce genre de photos sont faites – ne comprennent rien. Ce sont généralement des touristes béats. Des pantins aux fils apparents dont on devine chaque réplique.

Les plus curieux prêteront attention aux casques.

Bombes d'équitation sur lesquelles sont greffées peaux de léopard, défenses de phacochère, griffes de félin, pattes de lion. Casquettes d'aviateur où reposent des balles de pistolet, chapeaux de cowboy d'où dépassent des plumes d'autruche. Des attributs guerriers en quelque sorte, étudiés avec soin.

Les enfants n'ont pas encore le droit de décorer leurs costumes, c'est un privilège que l'on acquiert avec l'expérience. Pour eux, c'est un amusement, je suis heureux qu'ils en rient, qu'ils nous laissent tout le reste, hormis la joie. On a participé à ce renouveau, à cette possibilité d'insouciance. Les ancêtres se transforment en porte-drapeaux, eux dont les seuls yeux sont une narration historique.

Un peu après, les femmes font leur apparition. Elles avancent, bien plus organisées que les hommes, heureuses de porter haut leurs couleurs. Camaïeu de rouges, de bleus, de verts. Ces cornes sur leurs têtes, ces chapeaux qui en disent long. Cette coiffe donnée à leur mariage.

Elles sont réunies en associations. Red flag, yellow flag, blue flag, et avancent deux par deux, solidaires. Ce sont elles qui portent les responsabilités. Le pas cadencé.

Leur société a toujours été matriarcale.

Un regret se fait sentir. Une délégation présidentielle était prévue, mais ça n'aura pas lieu. Un temps, il avait été question que le président se déplace en personne, mais ce n'était qu'une rumeur, qui a vite été étouffée. Une bougie sur laquelle on souffle.

Beaucoup se plaignent, il aurait dû envoyer quelqu'un en son nom, mais il ne l'a pas fait. Il a d'autres problèmes.

Le passé est bien où il est, disent-ils.

Nous n'avons pas le luxe de nous pencher dessus.

Pour moi, c'est le contraire. Il y a ce que l'on devine, ce que l'on apprend dans les livres, ce que l'on imagine et ce soir, peut-être, il y aura enfin ce que je sais avec certitude.

J'ai étudié l'histoire de ce pays, j'ai interrogé chaque personne que j'ai rencontrée, et là, devant moi, il y a ce témoignage. Un souvenir qui prend forme.

Ceux qui ont les costumes les plus improbables paradent à cheval. Drôle de cavalerie. Plus de six cents Hereros vont venir, c'est ce que j'ai entendu. On attend leur chef suprême, qui ne devrait pas tarder. Au milieu, les curieux se massent aux abords de la route, ne voulant rien manquer du spectacle.

Puis il y a moi, le *coloured*.

Je vois la séparation du bitume et de la terre. Je suis cette ligne indistincte. Héritier de traditions, de contes, de féerie.

Chez moi, les hommes sont blancs, les femmes sont noires.

Depuis deux générations.

Une construction différente. Isolé des uns, pas totalement comme les autres. Un mélange qui change une vie quand on est né en Namibie. Aujourd'hui, c'est une fierté pour certains, à mon époque, c'était autre chose. On se frottait la peau avec du savon, pensant que ça ferait disparaître la couleur. J'avais un copain, Moses, on se retrouvait en fin de journée et, pendant une heure, on essayait de devenir blancs.

La connaissance de son passé…

Si cette journée a son importance, c'est que nous attendons tous l'allocution de l'ambassadeur. Ce qu'il a à dire, mais surtout, en quel nom il le dira.

Cette terre si proche. Qu'à tendre une main.

Ici, on se sent parfois si seuls. Comme si le monde tournait dans un sens et que nous étions à l'arrêt. Ce n'est pas faute de faire de grands gestes.

7.

Sud-Ouest africain, 1892

Sur le toit en zinc des maisons en préfabriqué, de lourdes gouttes faisaient un bruit délirant. Les pluies étaient arrivées plus tôt que prévu. Le désert était traversé d'averses, qui laissaient derrière elles des odeurs lourdes, chargées de poussière. Les lits des rivières se remplissaient peu à peu. Jakob crevait de chaud. Des semaines qu'il n'avait pas eu froid, il en avait même oublié la sensation, celle d'un vrai froid d'hiver, pénétrant. Assis sur une chaise en osier trouée, sous une véranda, il écrivait une lettre à ses parents.

Une fois par mois, il leur racontait sa vie. Une sorte de journal, maintenir l'idée de la famille. Il avait reçu peu de réponses, mais ça n'importait pas. Mettre des mots sur ce qu'il vivait l'aidait à dépasser les événements. Il les imaginait ensemble, son père assis sur le fauteuil de velours rouge, en face de la cheminée qui crépite, sa mère dans son dos, grattant délicatement son épaule du bout des doigts. Si ces deux-là se coupaient progressivement du monde, ils restaient dévoués l'un à l'autre.

Jakob signa et s'épongea le front. Pas encore, mais un jour, il voudrait revoir son *vaterland*. Devant, un impassible rideau de pluie.

Depuis la dernière mission, tout avait changé. De la solidarité des dix-neuf soldats arrivés ensemble, il ne restait pas grand-chose. La certitude d'avoir ôté la vie était un sentiment nouveau pour eux. Aucun manuel ne les avait préparés à ça. Jakob s'en sortait plutôt bien. Je n'ai fait que mon travail, considérait-il, et il avait cette capacité à ne pas tourner dans son esprit les mêmes questions au fil de la journée. Des gens sont morts, c'est comme ça.

Pour d'autres, ce n'était pas aussi simple. Leur regard était devenu fuyant, ils sursautaient au moindre bruit, la nuit ils étaient en proie à de vifs cauchemars, revivant inlassablement cette journée où leurs armes se déchargeaient sur ce jeune Damara. Ils revoyaient son pagne, sa figure, son dos criblé de balles. Ce n'était pas rare que Jakob se réveille parce que son voisin délirait. Il se penchait alors au-dessus du corps faible, dominé par la terreur, essayant de décrypter la condition humaine. Il éprouvait une certaine pitié. Un homme, surtout un soldat, devait se maîtriser. Dans ces moments, il n'avait d'autre choix que de sortir prendre l'air, torse nu, fuyant le sommeil et ses secrets. Il déambulait dans les rues de la jeune ville, dessinée comme un damier. Les missionnaires avaient posé le plancher d'une future église. Ils avaient insisté, ils voulaient un lieu de culte.

Ce Sud-Ouest africain, c'était un laboratoire à ciel ouvert.

Jakob plia sa lettre et se dirigea vers l'*Alte Feste*, où il devait prendre ses ordres. Les soldats étaient de plus en plus nombreux, Pavlov assurait toujours la liaison entre eux et le capitaine. Jakob monta les quelques marches et pénétra dans la cour. Il se dirigea vers l'espace commun, qui occupait toute une aile. Les hommes venaient y chercher leur affectation, boire un café, se raconter leurs dernières missions. Le seul endroit où régnait le calme, presque une insouciance.

Parce qu'il était un des premiers à avoir débarqué ici, Jakob avait droit à un certain respect de la part des nouveaux, qui était accentué par sa cicatrice. La plupart des hommes s'imaginaient qu'il l'avait eue au cours d'un combat. Jakob entendait des rumeurs, qu'il ne démentait jamais.

« Lieutenant, dit-il à Pavlov qui était penché sur un tas de documents.

— Ackermann, quelles nouvelles ?

— Je viens chercher mes ordres.

— Comment se porte Heinz ?

— Bien, je crois.

— Vous croyez ? »

Après la tuerie du damaraland, Arthur avait bénéficié de quelques jours de repos, à l'écart du camp. À son retour, il n'était plus le même.

« Enfin, il reste fragile.

— Le capitaine est préoccupé par son sort, vous savez, il veut lui donner le meilleur.

— Je comprends.

— Vous vous entendez bien, non ? »

Jakob ne savait pas si c'était une question piège. Il hésita, cherchant la réponse adéquate, manquant de naturel. Ils étaient amis, pensait-il, aussi amis qu'on puisse l'être dans ce coin de la planète, mais il n'avait pas beaucoup de points de comparaison. Il s'était convaincu que la solitude était intrinsèque à sa personne.

« Je… je crois, oui. Nous nous entendons bien.

— Venez avec moi. »

Pavlov l'emmena à l'écart et l'invita à s'asseoir. Ses mains épaisses se posèrent sur la table. Ça doit faire mal de s'en prendre une. Jakob était impressionné par la rigidité de ce lieutenant. Pavlov fit craquer ses doigts un à un avant de reprendre. « L'année à venir va être importante. Décisive, peut-être. » Le chancelier von Caprivi, qui avait remplacé Bismarck, avait fait suivre un télégramme à son armée : *Le Sud-Ouest africain, il se trouve que nous l'avons, que c'est un pays allemand, et qu'il faut qu'il reste un pays allemand.* Les soldats s'étaient sentis fiers à la lecture de ces mots. Leurs aventures, leurs sacrifices n'étaient pas vains. « Malgré ces soutiens, il reste le cas Hendrik Witbooi, qui pose des problèmes au capitaine. Ce chef nama entend garder son indépendance. Son peuple n'est pas le plus nombreux, quelques dizaines de milliers d'hommes, mais ils lui sont fidèles, et ils sont bons guerriers... Ce Witbooi est une épine dans le pied, vous saisissez ? Et leurs terres, dans le sud, sont fertiles.

— Je crois, répondit Jakob qui entendait ce nom pour la première fois.

— Il refuse traité après traité. Le capitaine discute avec lui, mais rien n'aboutit. Si une tribu ne se plie pas à notre volonté, alors nous ne sommes pas maîtres de notre territoire. Et vous savez, ce chef fait aussi la guerre aux Hereros, à qui nous avons promis notre protection. Parfois, je me dis que nous aurions dû les laisser s'entretuer. Nous aurions pu prendre les terres, sans avoir à négocier, à passer des accords. Après tout, qu'est-ce qu'on peut attendre de gens comme eux ?

— Je ne sais pas.

— Le capitaine se fait du souci. Il attend les renforts promis, qui n'arriveront pas avant des mois, alors, rien ne l'empêchera d'attaquer. Il veut sa tête. Question d'honneur ! On ne peut pas refuser ses propositions avec un tel aplomb. Et il a essayé la voie diplomatique, vous dira-t-il, seulement, nous appartenons à l'armée.

— Je comprends, lieutenant.

— Il a déjà pris certaines mesures, comme interdire l'importation d'armes dans la région, mais ça ne suffira pas. Vous aurez sans doute un rôle à jouer le moment venu. En attendant, je veux que vous accompagniez Arthur Heinz à Lüderitz, au sud du pays. Des colons ont débarqué à Walvis Bay, vous les mènerez à leurs terres. La colonie doit devenir rentable, et pour ça, il faut l'exploiter. »

Pour ne plus être sous l'emprise de l'Angleterre, Curt von François avait lancé quelques projets d'envergure. Il avait ordonné la construction d'un port, à trente kilomètres au nord de Walvis Bay. Pour le moment, ce n'était qu'un embryon, les prémices d'un grand ensemble. Les hommes avaient creusé des trous dans le sable pour se protéger du soleil et, face à la baie, ils avaient planté un drapeau qui flottait au vent. L'unique marque de leur présence, mais on y apportait le bois, les clous, et bientôt le train.

Ils avaient fait Windhuk, ils allaient faire Swakopmund.

Comme la gangrène qui montre sa première tache avant d'envahir tout le corps, des îlots allemands naissaient un peu partout.

« Là-bas, à Lüderitz, reprit Pavlov, vous pourrez voyager librement. C'est ce qu'il faut à votre camarade. Vous n'aurez pas à vous en faire.

— Je ne m'en fais pas, je suis soldat.

— J'apprécie votre attitude. Ne voyez pas ça comme une punition, mais notre sous-effectif nous empêche d'attaquer les Namas et le capitaine a ordonné que vous soyez avec Heinz. Une présence familière il paraît… Si on est incapable de supporter l'armée, on ne s'y engage pas, si vous voulez mon avis. Ça n'a rien d'un jeu. Les gens comme lui pensent que ça leur donnera du crédit. Ils se trompent. » Jakob était d'accord, seulement il l'aurait formulé différemment, et il appréciait Arthur. Il était une curiosité. Une curiosité qu'il n'était pas censé rencontrer. « Vous partez dans quelques jours.

— Lieutenant.

— Rompez maintenant, et allez prévenir Heinz. Qu'il sorte un peu la tête de l'eau. Tuer un homme n'est pas une chose si affreuse, ce n'était même pas un Blanc. »

*

Jakob et Arthur arrivèrent à Lüderitz à la mi-journée, après un voyage de quelques semaines en carriole. Les dunes étaient plus timides qu'à Walvis Bay. En fait ce n'étaient pas vraiment des dunes, plutôt des rochers, noirs, gris, recouverts de sable. L'atmosphère générale était sereine, malgré le côté inhospitalier du paysage. Ici, on survivait grâce au guano et à la pêche. La ville, bien que petite, avait du potentiel. Une plage permettait aux pêcheurs d'accoster. Des constructions en bois s'alignaient dans ce qui était la rue principale, orientées face à la baie. Quasiment pas un Noir, mais des têtes blondes à la mode d'il y a quelques années. Jakob épousseta son pantalon. L'empreinte de l'homme blanc était partout. Avec Arthur, ils menèrent les colons au bureau principal, où ils furent pris en charge par le maire.

Leur travail accompli, ils partirent flâner dans Lüderitz. Ils trouvaient agréable de ne plus être constamment sur le qui-vive. Cette ville leur apparaissait comme une récompense, un abri préservé de la folie ambiante. Empruntant *Bismarckstraße*, ils découvrirent une série de maisons basses. Certaines colorées, comme on en trouvait en Allemagne. Pas aussi raffinées, bien sûr, mais ils étaient au milieu d'un grand rien.

Au bout de la rue, un peu en hauteur, se dressait une bâtisse blanche plus importante que les autres. En s'approchant, ils s'aperçurent qu'elle n'était pas en très bon état. Jakob avait les yeux levés quand il aperçut à la fenêtre une ombre fine. Un instant seulement, mais cela lui laissa une étrange impression.

« Allons boire quelque chose, nous l'avons mérité. » Arthur avait agrippé Jakob par la manche et l'entraînait vers une taverne.

À quelques pas, ils entendirent des rires légers, ceux des rares femmes ayant eu l'audace de venir ici et qui essayaient de combler leurs journées en plein désert. Des mois qu'ils n'avaient pas été en contact avec la société. Ils avaient vécu au sein de leur régiment, habitués aux vices des soldats, se fondant dans un groupe ou noyés dans des tribus sauvages. L'armée avalait les personnalités alors que la société les faisait ressortir.

Sur le seuil de la porte, Jakob s'arrêta. Il jeta un regard à la maison blanche, puis porta une main sur sa cicatrice. Au sein de l'armée, elle n'était qu'un artifice, une blessure. Ici, il se sentait à nouveau vulnérable et il redoutait les réactions des inconnus. Certains avaient de la compassion, d'autres du dégoût. Et ces hypocrites qui prétendaient le regarder en face, leurs visages se crispaient à chaque fois.

Jamais une femme ne lui avait passé une main tendre dans les cheveux.

L'entaille était profonde, incurvée. Il avait toujours refusé de s'expliquer à ce sujet, il ne trouvait pas la vérité très héroïque et il avait pris l'habitude de se détourner de ce qui pouvait refléter son image. Une vie à se fuir, en quelque sorte. Ici, il devait faire face à un autre problème. Le sel attaquait les replis de la peau, creusait des sillons profonds pour, parfois, laisser sortir un peu de pus. De l'autre côté, le rire de femmes, si proches.

Il poussa la porte.

À l'intérieur, on était loin du luxe de l'Empire. Dans un décor simple, fait de poutres de bois, de chaises bancales et d'un bar, des hommes vêtus de noir buvaient des bières tandis que des femmes, habillées à la garçonne, discutaient, éparpillées dans la salle.

Ils avaient un air que Jakob n'avait jamais vu chez un humain. Une extrême détresse mêlée à la conviction d'avoir fait le bon choix.

Une odeur de merde lui monta aux narines et il eut un haut-le-cœur. Les pantalons de certains étaient maculés de guano. Ça semblait ne déranger personne. Chacun portait sa condition à même le corps.

Jakob prit sur lui et s'efforça de faire bonne figure.

Arthur n'était pas entré là par hasard. Cette taverne louait des chambres et c'est là qu'ils resteraient. Aucune garnison militaire n'avait encore été construite dans la ville. À peine avaient-ils franchi le seuil que les discussions s'arrêtèrent. C'était rare de voir des nouveaux visages. Ils marchèrent jusqu'au bar – la démarche de Jakob mal assurée – où ils se présentèrent au tenancier, qui leur offrit à boire et une soucoupe remplie de bretzels.

Arthur leva son bock. Dès qu'il y avait du monde, peu importe qui, il se sentait dans son élément et attirait la sympathie. Il était de ceux qu'on se flatte de connaître.

« Vous arrivez d'où ?

— Windhuk.

— J'y suis encore jamais allé. En tout cas, c'est rassurant de voir des gens comme vous. Qu'est-ce qui vous amène ici ?

— Nous avons escorté des colons à leurs terres. » Arthur déposa son ordre de mission et quelques marks sur le comptoir, où traînait une mare de bière. « Là-bas, en Allemagne, ils misent beaucoup sur votre ville. » Le tenancier regarda l'argent avec plaisir puis le glissa au fond de sa poche.

Jakob, qui jusque-là avait contemplé sa bière, se décida à la descendre d'un trait. Son verre était chaud à force d'être resté entre ses mains. La mousse dans les poils naissants de sa barbe, le liquide qui désaltère, ce poids qui remonte du fond de l'estomac. Il but si vite que ça lui fit tourner la tête.

« Pas beaucoup de monde vient par ici. Du sang neuf nous fera du bien. Vous allez rester combien de jours ?

— Quelques semaines, peut-être plus. Nous devons superviser la distribution des terres, puis nous repartirons vers Windhuk.

— Ah oui ! Allez, finissez votre verre et suivez-moi à l'étage. Vous verrez, vous y serez à votre aise. »

Jakob n'en revenait pas. Jamais il n'aurait cru que Lüderitz lui offrirait un tel luxe. Ils avaient été installés dans une chambre où traînaient deux lits identiques aux ressorts bruyants et une fenêtre ouvrant sur nulle part, mais une pièce adjacente le réjouissait. Une pièce sombre, avec en son centre une baignoire. Profitant de l'absence d'Arthur, il s'était fait couler un bain. Il fendit l'eau d'un doigt, provoquant un léger remous. Un pied, puis l'ensemble du corps. Les orteils qui prennent vie. Toute une cérémonie. Il ferma les yeux et se détendit, glissant au creux de la baignoire. Sur son bras gauche, une série de cicatrices se succédaient.

On repérait les traces de griffes et de crocs. À l'inverse de son visage, c'était l'anarchie. Les sillons se chevauchaient, partaient à droite, à gauche, on pouvait imaginer avec quelle énergie l'avait attaqué Friza. Il retint sa respiration et bascula son corps sous l'eau. Les yeux ouverts, il regardait des bulles d'air remonter.

Ici, pas de furie, pas de guerre, pas de bruit, pas d'ordres.

Il se mit à penser au monde, en tant qu'espace. Il aimait se représenter une carte marine – il en avait eu une au-dessus de son lit jusqu'à son départ – et naviguer à travers les océans. Chaque côte accidentée attirait son attention. Son moyen d'évasion, l'unique moment où il n'était pas plongé dans ses missions. Quelle tristesse d'être si peu mobile ! Il finit par s'endormir, la tête calée sur le rebord de la baignoire, les poils de son corps dansant comme des algues accrochées à un rocher.

La porte grinça et Arthur pénétra dans la pièce humide. Il semblait avoir retrouvé sa forme d'avant, ce qui réjouit Jakob qui mit un peu de temps à reprendre ses esprits. Arthur était plus à l'aise ici qu'au milieu du désert. Il était à nouveau guilleret comme une fillette, comme si rien de sombre ne lui était arrivé, comme s'il n'avait même jamais ressenti les effets d'un mauvais rhume.

Von François sera heureux, pensa Jakob.

« On est invités à dîner, dit Arthur qui s'arrangeait les cheveux en y mettant une pâte graisseuse. Chez la veuve Lüderitz. C'est un passage obligé, il paraît, et ça nous changera les idées. »

Jakob se frotta les yeux. « Si tu veux. » Une fine couche de poussière flottait à la surface de l'eau. Ses doigts fripés attrapèrent une serviette.

Une fois sec, il se sentit un homme neuf.

Le soir à peine tombé, ils sortirent de leur chambre. Ils avaient fière allure. La douceur de l'air. Si décembre était chaud, ça restait supportable au bord de l'eau. Jakob découvrit que la veuve habitait cette demeure blanche qu'il avait aperçue un peu plus tôt. Ils montèrent les marches du perron, le bois commençait à pourrir, et frappèrent à la porte.

Avec le cérémonial suranné de la vieille bourgeoisie, ils furent introduits au sein des invités. Pharmaciens, aristocrates déplumés, soldats à la retraite, libéraux, le maire, M. Vogt, un homme au fait de toutes les pensées racialistes, et la veuve Lüderitz – leur point commun étant d'être propriétaires terriens. Drôle de tableau. Ils s'étaient tous fait construire une maison ici, voulant se rapprocher d'un semblant de vie. La veuve, bien que son visage trahisse son âge, était d'une vivacité absolue. Ses yeux renfoncés, comme mangés par la graisse, scrutaient les moindres faits et gestes de ses invités.

Sur les murs, la peinture s'écaillait, mais au moins, il y avait de la peinture. Les pales du ventilateur faisaient tournoyer le sable qu'apportaient avec eux les invités. Jakob observait chaque détail, imaginant que tous ces objets appartenaient à une personne quand lui n'avait rien. Une bouée jaune au milieu de l'océan.

Il trempa ses lèvres dans un verre avant d'être pris à partie par les invités, qui se montraient curieux quant aux intentions de l'armée :

Des indigènes pillent les troupeaux, cela doit s'arrêter !

C'est votre responsabilité.

Plus de militaires vont arriver ?

Qu'allez-vous faire ?

Le gouvernement nous avait promis autre chose.

Tous ces Noirs !

Et nos subventions ?

Jakob n'avait pas l'autorité nécessaire, mais Arthur les rassura. Jakob le voyait bien, ils ne venaient pas du même monde. Torchons et serviettes, ou quelque chose comme ça.

Au cours du dîner, les ambitions de l'Allemagne furent détaillées. Jakob n'avait pas grand-chose à dire. Il était soldat, voilà, et faisait ce que le pays lui demandait.

Il se rappela son père. Dans la vie, il y a les suiveurs et les décideurs. Il devait l'avouer, aujourd'hui, à vingt-deux ans, il était un suiveur, mais qu'importe. Avant que le dessert ne soit servi, il se leva de table. Ces discussions lui faisaient tourner la tête et il avait trop chaud. Il s'excusa, personne ne le remarqua. M. Vogt, à l'autre bout, s'était lancé dans une explication sommaire, visant à démontrer la filiation entre le singe et le Hottentot. Comment traitez-vous un macaque ? demanda-t-il à sa voisine, qui rit dans son mouchoir. À le voir avec sa calvitie, son nez empâté et ses bajoues, Jakob pensa qu'il était plus proche des animaux que tous les Hottentots qu'il avait croisés, mais il garda cette réflexion pour lui.

La maison était imposante. Jakob passa à travers une série de pièces où figuraient des photos en noir et blanc avant de déboucher sur un escalier. Il souhaitait être ailleurs. N'importe où.

« Allez-y. Ne vous gênez pas. »

Jakob sursauta, envahi par une soudaine bouffée de chaleur, un enfant qui se fait prendre en volant du chocolat. Il redoutait de se retourner, mais quand cette voix se fit à nouveau entendre, il y fut obligé.

« Que cherchez-vous ? »

Une jeune femme, à moitié allongée sur un canapé. Une cavalière. Jakob fixa les taches sur son pantalon, elle allait pieds nus, ce qui ne collait pas avec l'ambiance de l'autre pièce. Toute en finesse, élancée, presque maigre. Sous ses yeux clairs, quelques taches de rousseur. Des îles à la dérive.

Jakob fut intimidé.

Quelle idée de s'être levé de table. Il le savait, chaque fois qu'il prenait une initiative, cela finissait mal, et il n'était pas à l'aise en présence de femmes.

Dis quelque chose.

« Ce n'est pas ce que vous croyez.

— Je ne crois rien.

— Je veux dire. Je cherchais…

— Par pitié. Vous étiez simplement curieux, il n'y a pas de mal à ça. »

Pas du tout.

Lui-même détestait les fouineurs, mais comment lui dire que, mal à l'aise, il avait préféré fuir ce dîner.

Comme elle le regardait avec insistance, il rougit de plus en plus.

Une goutte glissa dans son dos.

« Vous êtes soldat ?

— Je suis arrivé il y a quelques années, pour venir en aide au gouverneur.

— Ce bon vieux Göring. Il a enfin quitté le pays, à ce qu'il paraît.

— C'est exact.

— Si vous voulez mon avis, notre gouverneur était trop vieux, trop fainéant et trop lâche pour faire quoi que ce soit de bien. Il sillonnait les terres en évitant de rencontrer les habitants de ce pays. »

Les habitants.

C'était la première fois que quelqu'un parlait de ces gens d'une telle manière. Jakob était habitué à entendre indigènes nègres sauvages Hottentots débiles moins-que-rien, mais les habitants. Pendant un bref instant, il les considéra autrement et revit cette famille de paysans qu'ils avaient tuée. Il secoua la tête pour envoyer valser cette image.

« J'imagine que vous êtes venu pour nous protéger d'eux.

— Oui, c'est ça. Vous protéger. » Dit comme ça, ça le rendit fier, il reprit un peu de contenance.

Il ne connaissait rien au monde, elle le voyait bien.

« Je n'ai jamais aimé l'idée qu'une autorité militaire débarque ici. »

Jakob ne sut quoi répondre. D'habitude, les soldats étaient bien accueillis, mais avec cette fille. Relevant la tête, il osa enfin la regarder dans les yeux. Elle cachait autre chose. Elle n'était pas particulièrement belle, mais d'une certaine façon, elle l'attirait, plus par curiosité que par désir. Il avait du mal à détourner son regard maintenant qu'il l'avait vue.

« Pardonnez-moi. Je ne devrais pas être si dure. C'est que je ne pense pas que le Reich comprenne ce pays.

— Je suis venu pour mettre de l'ordre, vous savez. Pas pour faire la guerre.

— Je vous crois. Mais votre seule présence entraînera la guerre.

— Vous l'avez dit vous-même, nous sommes là pour votre protection. »

Vous êtes si naïf, pensa-t-elle. S'il était innocent, ça ne lui traversa pas l'esprit.

Cette discussion aurait pu se poursuivre, mais la veuve et ses invités entrèrent dans un fou rire. Elle tanguait dans un roulis infernal, perdant parfois l'équilibre et se rattrapant de justesse sur le mur.

« Tiens, ma fille Brunhilde. L'un des spécimens les plus rares du Sud-Ouest africain. Elle connaît sans doute mieux le pays que nous tous. Parfois, elle part des jours entiers dans notre ferme, elle dort dans sa carriole, fait du feu… elle tient de son père, je peux vous le dire. Ça ne m'étonnerait pas que sa peau brunisse un de ces prochains jours.

— Maman.

— Elle parle même leur langage, c'est si amusant… Elle dit que c'est à elle de s'intégrer. » Jakob ne manquait aucune de ces paroles. « Enfin, elle dit que je n'y comprends plus rien. »

La veuve présenta ses invités, mal à l'aise de se retrouver dans la même pièce que Brunhilde. Pour finir, elle se tourna vers Jakob.

« Et je vois que tu connais déjà… » Elle frottait le bout de ses doigts ensemble, cherchant un nom.

« Jakob… Je m'appelle Jakob Ackermann.

— Voilà ! »

À voir son embarras, Brunhilde ne put s'empêcher de sourire. Sous son uniforme et sa cicatrice, il avait un air différent, pourquoi pas l'air de quelqu'un qu'elle avait espéré voir arriver depuis longtemps dans ce coin isolé, quelqu'un qui avait encore les idées claires.

8.

Hornkranz – Lüderitz, mars 1893

Deux cent quatorze soldats supplémentaires débarquèrent dans le Sud-Ouest africain. Assez d'hommes pour que von François passe à l'offensive. À quelques centaines de kilomètres de Jakob, dans la chaleur torride des terres, il avait mûri son plan. Hendrik Witbooi ne pouvait rester impuni. Ses rapines, ses affronts, ses guérillas. En Allemagne, son nom commençait à circuler :

Celui qui se dresse contre l'impérialisme

L'homme rouge qui défie l'armée

Von François allait lui faire mordre la poussière.

Ça le faisait saliver cette bataille à venir. Pour être monté si haut, c'est qu'il aimait quand le sang coule. Ou qu'il avait appris à l'aimer.

Avec une partie des soldats, ils se mirent en marche. Le capitaine et quelques gradés étaient à cheval, à l'avant, portant tous les espoirs. Suivait le premier régiment, qui maintenait un semblant d'unité. Derrière, des hommes se battant pour une chose qui leur était supérieure.

Les doutes de ces dernières semaines allaient être dissipés, le capitaine en était convaincu. Bientôt, les peuples du Sud-Ouest africain plieraient sous ses ordres. Au milieu de la nuit bleutée, il fit arrêter la procession. Les soldats étaient épuisés. Les bottes de cuir n'étaient pas faites pour le terrain rocailleux et ils sentaient naître des ampoules sous la plante de leurs pieds.

Von François était un capitaine expérimenté, il savait que des soldats fatigués et démotivés ne valent rien. Combien de guerres perdues à cause de ça. Il passa à travers les silhouettes, slalomant entre des ombres, faisant hennir sa monture, rassurant les plus faibles, posant une main amie, mais autoritaire, sur l'épaule qu'il fallait.

« Nous repartons dans quatre heures, dit-il. Pavlov, j'ai besoin de vous parler. »

Ils se mirent à l'écart. Les hommes préparaient le feu pour la marmite et le café. Un réconfort bien mérité. Débarrassés des attributs militaires, ça avait presque l'air d'un pique-nique, une rencontre d'un club, comme chaque ville en possédait, un rassemblement de passionnés, étendus sur des plaids, se racontant des blagues, profitant d'un moment agréable.

« L'avenir de la région dépend des décisions que je prendrai, commença le capitaine. Hendrik

Witbooi et ses hommes sont à Hornkranz. Je le sais de source sûre. Dans quelques jours, au petit matin, nous les attaquerons. Nous les prendrons par surprise, en les assaillant de deux côtés. Vous guiderez une partie des hommes. Dites-leur qu'ils soient sans pitié. Je les veux morts. Et je veux Witbooi, j'en ferai un modèle. »

Au crépuscule, Pavlov s'adressa à sa troupe. Des garçons si jeunes que leur barbe ne poussait même pas. Certains essayaient d'avoir cette moustache d'empereur, ce n'était pas gagné. Ils avaient beau tirer sur les quelques poils, rien n'y faisait. Pavlov, lui, avait renoncé à tous les artifices. Une coupe de cheveux en brosse, rasé de près. Aucune fantaisie. Une identité qui lui permettait de n'avoir aucune explication à donner. Des feux brûlaient entre les corps raides, donnant un caractère surnaturel à cette scène. Des Européens en costume de guerre au milieu d'un désert africain. Leur seule morale pour les guider.

Pavlov n'aimait pas les longs discours. Ses mots étaient choisis avec soin, sa voix montait, il récitait une seule et longue phrase, redressant le torse, se montrant intimidant. Il les regarda un par un dans les yeux, afin qu'ils soient prêts à donner le meilleur. Pavlov imposait la crainte, ce qui en galvanisait certains, mais il manquait d'une fibre héroïque, il encourageait le combat sans avoir de vision.

Des hommes se mirent à prier, la tête levée vers le ciel, admirant les étoiles, ces étoiles prêtes à leur tomber dessus et dont ils ignoraient tout, y cherchant un signe. Les plus faibles furent pris de tremblements. Ils étaient conscients de leur supériorité, mais demain, il y aurait des coups de feu, demain, il y aurait des vies perdues. Et aucun ne voulait finir étendu dans le sable, les intestins à l'air, la surprise de la mort sur le visage.

Mettre en pratique l'entraînement. Des gestes devenus répétitifs.

Pavlov savait déjà sur quels soldats il pourrait compter. Il enregistra chaque visage, réorganisant son armée dans sa tête. Si la première ligne faiblissait, tout était perdu.

Ceux qui avaient participé à l'expédition contre les Damaras se rappelèrent ce déferlement de coups de feu et, tout en comptant le nombre de soldats, s'imaginèrent ce que cela pourrait donner. Juste avant une bataille, on sait quel genre d'hommes on est. Et beaucoup pensèrent qu'ils étaient des trouillards.

Pour les Namas, la surprise fut totale.

Une véritable plaie, de celles dont il était question dans le grand livre qui leur avait été donné. La plupart périrent nus, dans leur sommeil. D'autres eurent le temps d'attraper une arme et d'essayer de tirer, ou de jeter un regard à l'être aimé, mais les fusils allemands étaient rapides et les baïonnettes pointues.

Les soldats s'engouffraient dans les maisons en adobe et détruisaient tout. Ils avançaient par rangées serrées de cinq hommes. On peut imaginer les cris glaçants, mais les coups de feu couvraient tout autre son.

Au sommet des acacias, dans les nids énormes, colonies de centaines d'oiseaux, le bruit causa la panique. Hendrik Witbooi, en chef prévoyant, avait construit sa maison près de l'enclos à chevaux. Avant que ses ennemis n'aient tout réduit en cendres, il avait réussi à se glisser au milieu de ses bêtes, avec ses plus fidèles guerriers, et à prendre la fuite. Il s'était retourné plus d'une fois, c'est son cœur qu'on piétinait, là-bas.

L'assaut dura la matinée.

Les soldats du Reich avaient soif de sang. Une fois qu'on a la certitude d'être le plus fort, tout change. Les plus peureux se sentaient galvanisés par la facilité du combat et en demandaient plus. La mort s'insinuait par chaque pore de leur peau. Les Namas qui souhaitaient se rendre étaient abattus sans distinction. La pitié n'avait pas lieu d'être. Enfants, femmes, vieillards, tous réunis en une seule catégorie à abattre. Au milieu du chaos, von François finit par ordonner un cessez-le-feu.

Des rigoles de sang creusaient le sable, la terre fumait.

Le capitaine déambula des heures dans le campement. Sur le rebord de sa veste, quelques gouttes disparates. Il commença à frotter, frotter, frotter. Le sang refusait de s'effacer. Du bout de sa botte, il retournait les cadavres, cherchant la figure sanglante d'Hendrik Witbooi, mais rien. Plus il avançait au milieu de ce charnier, plus le capitaine se décomposait. Il fallait admettre la vérité, aussi improbable soit-elle, le chef nama avait disparu.

Von François jura, balança son chapeau au sol, se défoula sur le corps d'une femme étendue. Cette attaque était un échec. Qu'allait-on dire sur le continent ? Un sentiment complexe s'empara de lui, une angoisse sur laquelle on a du mal à mettre un nom et qui s'installe au fond de chaque pensée.

Alors que les soldats regroupaient les prisonniers et les enchaînaient, il se réfugia dans une hutte, cherchant de l'ombre pour apaiser ses maux de tête. Sa gorge sèche, mais il refusait de boire. Des Noirs l'avaient tenu en échec, malgré la violence de son attaque… des Noirs.

Quelques grains de poussière s'étaient logés dans sa barbe, d'habitude si parfaite.

« Capitaine Pavlov était entré, une partie du visage en sang. Vous allez bien ? » Von François se massait les tempes dans une grimace atroce.

« Si je vais bien ? J'ai fait marcher une centaine de soldats sur des kilomètres à la recherche d'un homme. Un homme ! hurla-t-il. Et il n'est pas là. Disparu. Comme le vent qui s'engouffre par une fenêtre pour ressortir par l'autre. Pour quoi allons-nous passer ?

— Je venais au rapport.

— Pour quoi je vais passer ? »

Pavlov considérait que s'engager émotionnellement dans un combat était une faiblesse. Au premier échec, il fallait réattaquer, puis recommencer jusqu'au but recherché. La distance aidait à maintenir en vie. Il s'essuya le front.

« Nous avons tué quatre-vingt-six des leurs. Une majorité de femmes et d'enfants.

— Merveilleux... des tueurs d'enfants.

— Et nous avons une perte. Le soldat Stein.

— Enterrez-le, brûlez le reste. Je veux que vous regroupiez les prisonniers et que vous preniez ce qui a de la valeur. Ivoire, animaux, armes. Ne laissez rien. Si ce Witbooi revient, qu'il trouve une scène de désolation.

— Nous repartons pour Windhuk ?

— Dans la soirée. »

Pavlov avait passé la porte quand von François le rappela. « Lieutenant ! Je veux que les flammes montent haut dans le ciel. Vous comprenez ? Haut ! »

*

« C'est mon tour.

— On avait dit que c'était au mien...

— Voyons, ne soyez pas si impatientes. »

Les femmes voulaient toutes savoir.

L'une après l'autre, elles avaient confié leurs mains à Jakob. Depuis le dîner chez les Lüderitz, ils avaient été invités à plusieurs soirées, où Arthur avait parlé de ce talent inhabituel. Comme les réjouissances étaient trop rares dans ce coin du monde, la veuve avait organisé une séance de chiromancie. Elle avait fait préparer du thé et des gâteaux, et ils s'étaient installés dans la bibliothèque.

Jakob saisit la main d'une nouvelle venue. Au départ, il avait été mal à l'aise. Toutes ces femmes juste pour lui – à vrai dire elles étaient cinq, non, six – puis il s'était laissé aller. Pendant plusieurs heures, il avait parlé de ce qu'il voyait entre les plis des mains ; vous allez rencontrer un homme, la colonie va vous apporter la richesse, votre mari ne peut plus vous voir de là où il est…

Son don – si on peut appeler ça un don, Jakob ne l'aurait pas fait – lui venait de la sœur de sa mère. Tante Eda. Elle était morte depuis quelques années, mais elle lui avait laissé une forte impression. Dans son enfance, son père étant souvent absent, il passait beaucoup de temps chez elle.

Pour sa mère, ce n'était pas très sérieux, ésotérisme, mysticisme, magie noire, en tout cas pas dangereux, comme le pensait son mari. Il avait interdit à sa femme de participer à ces élucubrations, Je ne veux pas qu'elle approche mon fils, mais Jakob avait promis de ne rien dire.

Eda avait servi de cobaye.

Il aimait tenir sa main. Celle de sa mère lui paraissait laissée à l'abandon, tandis que celle-ci était si soignée. Elle sentait même bon. Des mains qui ont une odeur. Ils se retrouvaient dans le petit salon. Elle était allongée, s'offrant à lui. Parfois, elle remontait sa robe jusqu'à sa cuisse, comme si de rien n'était.

Au départ, il avait trouvé agréable de passer du temps en sa compagnie, puis il s'était laissé prendre au jeu, se félicitant de ses encouragements. Pour ses dix ans, Eda lui avait offert un ouvrage, qu'il lisait en cachette, le soir tombé sur Brême. Il se souvenait l'avoir remerciée en l'enlaçant, il avait senti le bout de ses seins contre lui et s'était collé un peu plus. Elle l'avait laissé faire, trouvant, elle aussi, un certain réconfort chez cet enfant.

Au milieu de cette bibliothèque, il eut une pensée pour elle. À côté, Arthur flânait d'une femme à l'autre. Il avait toujours le bon mot et deux sœurs de Munich ne semblaient pas insensibles. Vous êtes si drôle, disait l'une, ce à quoi l'autre ajoutait et si plein d'esprit, ce à quoi Arthur répondait… On devinait quel genre de vie il avait eu. À des kilomètres de Jakob.

Ce fut au tour de la veuve Lüderitz. Elle s'affala dans un fauteuil, tendit sa main à Jakob et le regarda droit dans les yeux. « Alors, jeune homme ! Qu'allez-vous dire à une veuve de cinquante ans, qui fait de la rétention d'eau et qui n'arrive plus à monter à l'étage de sa propre maison ? » Les femmes sourirent, sans savoir si c'était bien ou non. Jakob se tenait devant elle, plus surpris que gêné par ses paroles.

Avec délicatesse, il saisit la main potelée et l'ouvrit dans sa paume. La veuve appréciait la douceur de ses gestes. Jakob se pencha sur les sillons qui marquaient la chair. Des mains si creusées que tout se mélangeait. Au-dessus de son épaule, Arthur regardait, curieux d'entendre ce qu'il dirait.

Alors, alors...

« Je suis désolé, mais je ne vois rien.

— Comment ça ?

— Vos lignes, elles sont trop...

— Trop ?

— Complexes.

— Complexes ? C'est bien la première fois qu'on emploie ce mot à mon égard. Deux choses, soit vous êtes un menteur, soit vous êtes un imposteur.

— Je vous assure.

— Ah, ces jeunes ! On ne peut pas leur faire confiance. » La veuve reprit sa main, louchant dessus pour voir ce qu'elle y trouverait.

Visiblement rien car, dans un éclat de voix, elle invita la troupe à la suivre dans la cuisine. Jakob se retrouva seul. Quelle étrange illusion de société. Quelle étrange manière de vivre cette fin de siècle. Il s'allongea un instant. Il n'aimait pas attirer l'attention, même s'il y avait pris plaisir.

Celui qui se refuse tant de choses de peur de les aimer.

Les yeux fermés, il se laissa aller. Son corps parcouru de soubresauts.

Quand la porte claqua, il se redressa, craignant d'être surpris. Saisi de vertige, il distingua Brunhilde devant la porte, les mains jointes dans le dos, une chemise d'homme suggérant une poitrine de femme. Il agrippa l'accoudoir. Elle ne ressemblait à aucune autre femme.

« Comme ça, il paraît que vous pouvez déchiffrer l'avenir.

— …

— Et de ce pays ? Savez-vous de quelle manière ça finira ? » Jakob se leva et replia ses doigts les uns sur les autres.

« Comment voudriez-vous que ça finisse ?

— J'ai bien une idée, mais je ne pense pas que ce soit compatible avec votre uniforme.

— Ne me jugez pas. Je ne suis pas que ce costume.

— Je sais, c'est juste que… vous savez, quand nous sommes arrivés, il n'y avait rien. Mon père rêvait d'un empire commercial, pas militaire, et je suis de son avis. J'ai entendu que votre commandant menait une vendetta contre les Namas. Je suis certaine que la violence envers eux anéantira nos chances de nous installer ici durablement. Le premier soir, vous disiez que ce pays pourrait devenir une terre de peuplement. Je vous ai entendu.

— Ce n'est pas moi qui décide, vous savez. Que leur trouvez-vous à ces peuples ?

— De la légitimité. »

Il laissa ce mot le pénétrer.

« Je comprends, enfin, je crois, mais je ne suis qu'un soldat.

— Vous êtes un homme Jakob. Et un homme peut tout changer, c'est ce que l'empereur veut nous faire croire, non ?

— Je repars bientôt pour Windhuk.

— Et vous ferez la guerre ?

— Pas si je n'y suis pas obligé.

— Donc vous la ferez. » Jakob baissa le regard. « Vous avez déjà tué ? »

À ton avis ?

« Parfois, on ne peut pas seulement faire ce qu'on veut.

— Et que voulez-vous ? »

Je ne sais pas, pensa-t-il à voix basse.

Il dévisagea Brunhilde, s'imaginant qu'ils avaient droit à un autre avenir que ce qu'on leur avait promis. Ce n'était pas de l'amour, mais l'intuition que deux personnes peuvent construire autre chose que l'évidence. Les sentiments, ici, naissaient plus vite que nulle part ailleurs. Il y avait la recherche de plaisirs, bien sûr, le besoin de se rassurer et la nécessité, intrinsèque à tout soldat en poste à l'étranger, de croire que lui aussi pouvait bâtir quelque chose.

De toute façon, que connaissait-il à l'amour ? Ça n'avait jamais fait partie de son existence, non qu'il ne le veuille pas, mais entre son père et l'entraînement militaire, c'était impossible. Deux mondes antinomiques, comme vouloir arpenter les ruelles de Brême en plein désert africain.

« Quand je serai loin, me permettez-vous de vous écrire ?

— Vous ne serez jamais loin Jakob. Et ne m'écrivez pas, je trouve cela démodé.

— Alors… adieu. » Il se résignait si vite.

« Revenez plutôt me voir. Sans ami, sans uniforme, sans ordres. Et là, nous verrons. Je vous montrerai peut-être un autre visage de ce pays. »

À son insu, Jakob eut l'impression qu'une certaine joie venait d'entrer dans sa vie.

*

À peine le convoi pénétra-t-il dans Windhuk, encadrant les prisonniers attachés par de lourdes chaînes, qu'un soldat vint les alerter de la situation.

« Capitaine, nous avons été attaqués durant votre absence. Des missionnaires ont reconnu Witbooi.

— Les pertes ? répondit von François en donnant un coup à son cheval dont la croupe pissait le sang.

— Ils ont dérobé nos chevaux et blessé cinq hommes. On aurait dit des fantômes. On ne comprend même pas comment ça a pu arriver. »

Von François voulut hurler, mais le cri resta coincé dans sa gorge. Il ne croyait pas que cet affront puisse venir de guerriers indigènes, de fermiers, de Hottentots. Il se rappela le Kaiser et les espoirs qu'il fondait sur lui, il se rappela le discours de Göring et commença à comprendre les propos du vieux gouverneur. Mais à présent, il était le commissaire impérial. Avait-il lui aussi besoin d'aide ? Il était habitué aux champs de bataille, mais la guerre comme guérilla le dépassait. Lui, qui s'était illustré au Congo, au Togo, un capitaine de l'armée coloniale, se retrouvait dans cette posture. Acculé par une centaine d'hommes rouges.

Les jours qui suivirent, il resta enfermé dans son bureau. Devant ses yeux clos, l'image de Witbooi persistait. Il voyait cet homme le narguer, remettre en cause sa légitimité.

Il était le nouveau monde tenu en échec.

Un matin, il demanda de quoi écrire à Pavlov. Il voulait tenter une dernière action. Avec cette lettre, von François n'espérait rien. Il ne savait plus s'il pouvait espérer, seulement, il voulait libérer son esprit.

Au fil des semaines, les colons vinrent se plaindre des indigènes. En Allemagne, les hautes autorités demandaient des comptes, le pays était-il sous contrôle ? et lui ne savait plus quoi faire. Il avait plongé la colonie dans une impasse militariste. D'autant que les victoires de Witbooi étaient sues par les autres peuples.

Ce qu'il avait construit n'était qu'un château de cartes, prêt à s'effondrer au moindre souffle indigène. Pour qu'une telle colonie fonctionne, il fallait beaucoup plus. Lui, mais aussi l'Empire, avaient sous-estimé l'Afrique. Il était assez honnête pour le reconnaître. Amaigri, il devint l'ombre de lui-même. Lui qui avait provoqué une guerre sans savoir la terminer.

En Allemagne, à l'autre bout de deux continents, une question brûlait toutes les lèvres : Comment des hommes noirs à moitié nus peuvent-ils mettre en déroute des soldats européens entraînés ?

9.

Okahandja, janvier 2004

Une des premières choses qu'on apprend, c'est à se méfier des animaux. Le danger peut surgir de n'importe où. Je ne parle pas de l'oryx, bien sûr, notre emblème national, une antilope farouche mais inoffensive, quoique, le soir, aveuglée par les phares, elle aime se jeter sur les voitures. Rien à voir avec le rhinocéros ou l'hippopotame qui, eux, défendent leur territoire. Un regard de travers, une photo trop téméraire, et ils chargent. Quant à l'éléphant, Walt Disney a aidé à en faire un animal au grand cœur, mais seuls les enfants se laissent berner.

Je les adorais quand j'étais petit. Avec mon oncle Reinhardt, le frère de mon père, on roulait souvent vers le lac Etosha, pas loin de l'Angola. Quelques journées volées çà et là. On ne passait jamais de l'autre côté, c'était interdit.

La guerre de la frontière sud-africaine y faisait rage.

États-Unis et bloc soviétique en pleine lutte d'influence. Pour l'Afrique du Sud, il s'agissait surtout de contrôler le Sud-Ouest africain, qui était menacé par des membres de la SWAPO – un mouvement indépendantiste qui avait pris les armes –, alors hébergés en Angola.

On partait de Windhoek et on roulait sans s'arrêter. Encore cette B1. On était sur la route en 1978, quand le gouvernement de Pretoria a lancé son raid sur un camp d'entraînement de la SWAPO, à Cassinga. Les avions nous avaient survolés. J'avais tendu le doigt dans leur direction, ignorant ce qu'ils transportaient. Un peu plus tard, quand on a entendu qu'il y avait eu plus de huit cents morts, surtout des civils, des enfants, on a fait demi-tour.

À chaque voyage, Reinhardt fumait ces clopes marron à l'odeur insoutenable. Il adorait garder les vitres fermées. Il imaginait tant de choses qu'il finissait par y croire. Comme sa barbe n'avait jamais poussé, il faisait jeune, Reinhardt. Il avait un beau visage, rempli de tics, à la limite d'exploser, mais beau. Il répétait souvent, En Afrique, il n'y a que la nourriture qui court, et ça faisait rire tout le monde.

Une fois, on s'est fait tabasser. Tout était ma faute. À cette époque, on se faisait souvent arrêter. Triste duo.

Aujourd'hui, il n'y a pas de rancœur, du moins pas officielle. Tout le monde vit ensemble. Une population civilisée et métissée, qui regarde en avant, mais les couples mixtes restent rares. Certains pensent que le Blanc est encore le meilleur moyen de grimper dans l'échelle sociale. Il y a des femmes prêtes à tout pour en avoir un pendu à leur bras.

Pour beaucoup, le passé n'est qu'une construction informe. Ce qui compte, c'est le futur. Et pour le construire, il faut pardonner, en tout cas, ne pas ruminer les mêmes idées toute la journée, parce que ça ne mènera nulle part.

Arrête un peu avec tes histoires, m'a-t-on souvent répété.

Ce continent a beau être le plus vieux, il est à la traîne. Nous, on est encore jeunes. On a le monde comme exemple.

Dans son garage, Reinhardt avait un de ces pick-up où on peut installer une tente sur le toit. Ça m'a toujours fasciné. Il partait voir le monde quand ça lui chantait, sans demander l'autorisation. Avec mon père, ils s'aimaient, mais ils étaient incapables de s'entendre. Pas facile, parfois, de sentir que l'amour paternel ne vient pas forcément d'où il devrait venir.

Cette voiture, c'était un fantasme de liberté, une possibilité de prendre le large dès qu'on le désire.

Si ça pouvait être aussi simple pour moi.

J'admirais sa conviction et sa capacité à se trouver chez lui n'importe où. Une qualité qui me fait défaut. J'ai besoin d'un cadre, d'une manière de penser. Laissez-moi seul et je sombre. Reinhardt, il disait noir, puis blanc, puis rien, en étant à chaque fois convaincu de ce qu'il racontait. Il s'installait à même le sol, sur la terre battue, ou dans la suite d'un bel hôtel, mangeait un quignon de pain rassis ou une cuisse de springbok, qu'il faisait passer à grandes rasades de vin de Stellenbosch. Il vivait pour des idées qui n'étaient pas les siennes mais qu'il s'appropriait, sans jamais se demander si c'était bien ou non, moral ou pas.

Et les gens l'aimaient pour ça. Malgré son inconstance et tout le reste.

Un visage qui, rien qu'à le voir, vous rendait heureux, sachant faire passer les angoisses d'un quotidien parfois dur au second plan, vous rappelant par un sourire que ce n'est que la vie qui passe.

Un jour, on s'est fait charger.

L'éléphant s'est arrêté à un mètre de la voiture et l'a frappée avec sa trompe. Comme s'il jouait du tambour. Sauf qu'il nous avertissait. Dégagez, vous êtes chez moi.

Bien sûr, Reinhardt, il a essayé de démarrer. Il était tellement paniqué qu'il s'est pissé dessus. C'est la seule fois où je l'ai vu perdre ses moyens, mais je pense que ce n'était pas pour sa vie, mais pour la mienne. Il était comme ça. Un homme dévoué.

C'est la dernière fois qu'on est allés à Etosha ensemble.

Ensuite, un serpent a eu raison de lui, au Botswana, où il pensait faire fortune. Enfin, c'est ce qui nous a été rapporté. Personne ne savait qu'il s'y trouvait, on a appris sa mort deux mois plus tard, il avait disparu, les autres s'y étaient presque habitués, puis voilà que la nouvelle était tombée comme un cheveu sur la soupe.

Son cercueil a été rapatrié en Allemagne, pas en Namibie.

Il avait toujours des idées loufoques, Reinhardt, et ça lui a coûté la vie. Et ça a arraché une partie de la mienne.

Je ne peux pas dire avec certitude que ça a eu un impact sur le départ de mon père. Il n'avait que lui ici, enfin, à part ma mère et moi. J'étais jeune et parfois la mémoire préfère relayer certaines informations loin, dans le fond de l'esprit. Cette mort, je n'y crois toujours pas, Reinhardt doit être quelque part, racontant une de ses histoires, jetant un œil derrière son épaule, fuyant le temps, voulant être partout à la fois, voulant être le monde.

Peut-être que secrètement, il prend des nouvelles de moi ; c'est ce que je me dis certains soirs.

Cette histoire d'éléphant, en tout cas, personne ne l'a jamais sue. Elle reste en moi comme un moment sacré. Une chose intime que je dois garder à l'écart des dangers de ce monde, une manière de faire vivre Reinhardt.

Tout ça, c'était longtemps avant de connaître Hanna, avant que le centre de ma vie ne change.

10.

Windhuk, 2 janvier 1894

L'agitation était plus bruyante que dans leurs souvenirs. Des soldats s'affairaient de tous les côtés, des constructions de bois avaient été montées, de longs hangars dessinaient de larges rues. Jakob et Arthur avaient passé un certain temps hors de Windhuk. À leur départ de Lüderitz, ils avaient dû rejoindre un détachement chargé d'assurer le maintien du protectorat en pays herero.

Pendant des mois, ils avaient paradé d'un village à un autre, montrant l'uniforme et leurs longs fusils. L'isolement les avait rapprochés plus encore. Ce n'est pas tant qu'ils avaient des points communs, mais la présence de l'autre était devenue familière, presque indispensable. Jakob espérait repartir en mission dans le sud. Il n'avait pas d'attente particulière, seulement il aurait aimé revoir Brunhilde. Après tout, il était l'un des premiers à être arrivés, il pensait avoir droit à quelques privilèges. Arthur était certain de pouvoir le suivre, ils avaient ce projet commun, sans toutefois l'assumer pleinement.

Ils avaient appris que de nouvelles recrues étaient arrivées dans le Sud-Ouest africain, ils ne s'attendaient pas à en voir autant. Cette vision paralysa Jakob. Pour une fois qu'il voulait se distinguer, voilà qu'on lui rappelait qui il était. Il n'y avait aucune différence entre lui et ces hommes, alors comment bénéficier d'un traitement de faveur ? Arthur éprouvait la même chose, pas pour les mêmes raisons. Si l'effectif armé était si important, c'est qu'une guerre se préparait, et il ne voulait plus de la guerre. Leurs discussions, leurs espoirs, ce n'était que l'imagination qui parlait.

Dans une des salles du fort, ils tombèrent sur Pavlov. « Que se passe-t-il ? commença Arthur, d'une voix tremblotante.

— Ah ! vous revoilà, vous avez raté beaucoup de choses. C'est la folie ici.

— Que font tous ces soldats ?

— Witbooi, c'est la raison de ce remue-ménage. Vous n'ignorez pas qu'on a été battus. Le Reich n'a pas apprécié. Il a investi beaucoup dans cette terre, et von François… Vous verrez, il n'est plus le même. »

Pendant que Pavlov expliquait le désastre de la situation, Jakob ramassa un journal sur le coin d'un bureau. En Une, il était question du

Sud-Ouest africain. En dessous du titre *Nos soldats sont-ils à la hauteur ?* une illustration montrait un indigène, des dents comme des crocs, mordre dans le bras d'une enfant blonde, une lance dépassant de son ventre sanglant, tout ça avec une érection diabolique et un gland lustré. Au loin, des fermes allemandes brûlaient. Jakob fut pris d'un malaise. Cette représentation était grotesque, fausse, ridicule.

Il passa à l'article.

Les indigènes étaient décrits comme des sauvages, pillant tout sur leur passage, ne respectant pas la vie humaine, violant les femmes blanches, réduisant à l'esclavage les enfants, dévorant les corps des hommes, se baladant nus pour terroriser les *pauvres* Blancs. Un tas d'ignominies, propagande terrible contre tout un peuple. Jakob n'avait pas d'affection pour eux, mais il était surpris qu'à des milliers de kilomètres on les représente de cette manière. Il s'imagina les petits-bourgeois, après le déjeuner du dimanche, buvant un cognac de France et devisant sur la race humaine, leurs femmes coincées dans un corset, plaignant les soldats obligés de se confronter à ces *nègres*. Et leurs enfants, qui, dès le plus jeune âge, entendaient ces théories, qui n'avaient rien vu de la vie mais qui savaient mépriser ce qui était différent. Était-il comme eux ?

C'était son héritage, son patrimoine génétique et culturel, et il participait à la propagation de ces idées ; il en était l'initiateur, en quelque sorte. Parfois, ces pensées s'installaient en lui, comme une fenêtre ouverte sur la mer d'où on ne peut détacher le regard.

Quelques lignes plus loin, un journaliste avait écrit sur l'attitude de von François au combat. Ce héros de la nation était tourné en ridicule.

Un homme qui ne sait pas tuer des *noirs* – c'était écrit en minuscule.

Des *noirs*, insistait le journaliste, comme si ce mot, d'apparence banale, avait en fait un pouvoir immense, était chargé d'un sens que tous comprenaient. Ah oui ! les *noirs*. Une caricature montrait le capitaine déguisé en femme, une plume d'autruche dans le cul et un Hottentot monté sur son dos, en pagne, qui lui donnait un coup de cravache. Quel irrespect. La nation oubliait les hommes qui lui avaient permis d'exister. Les peuples en liesse de 1871 négligeaient l'Histoire. Le confort et la propriété les avaient rendus cyniques.

Jakob relâcha le journal, dégoûté.

« Et vous ne savez pas tout, continua Pavlov. Le capitaine va nous quitter. Un homme est arrivé aujourd'hui à Swakopmund, pour le remplacer. Un certain Leutwein. Il fait route pour Windhuk.

— Après ce qu'a fait le capitaine ? C'est injuste.

— Injuste, Ackermann, sérieusement ? C'est la décision du Reich et on n'a rien à en dire. Cette terre leur importe beaucoup plus qu'au départ. La découverte de minerais, près des côtes, change la donne. Alors qu'on espérait des terres et du bétail, voilà qu'on trouve de plus en plus de matières premières. Plus rien ne sera comme avant, je peux vous l'assurer. Des géologues ratissent chaque parcelle de ce pays, analysent chaque roche. C'est une guerre d'usure qui va se mettre en place, le Reich a changé ses vues et ses ambitions quant à ce pays.

— Et quelles sont les intentions de ce Leutwein ? reprit Arthur, de plus en plus fébrile.

— Agrandir la colonie, favoriser le commerce, tout le baratin… il vient surtout régler son compte à Witbooi. Le monde a les yeux rivés sur nous. Le chef nama s'est réfugié à quelques centaines de kilomètres, dans le Naukluft, au beau milieu du désert. L'armée n'a plus le choix. L'affrontement est inévitable, surtout que les Anglais racontent à qui veut l'entendre que nous ne savons pas vaincre un chef de l'armée rouge. Vous pensez, l'attrait des minerais leur ferait perdre la tête à ceux-là. Ils guettent nos erreurs comme un loup affamé.

— De qui prend-on nos ordres maintenant ? demanda Jakob, qui ne savait plus quoi penser.

— Toujours de moi. Je garde la tête de notre régiment, mais une fois Leutwein arrivé, je serai soumis à ses choix. Lui seul décidera pour nous. J'espère que vous avez profité de votre escapade, ce n'est pas près de se reproduire. » Pavlov dévisagea Arthur, l'air de dire, Toi, rien ne te protégera plus.

« Et tenez-vous prêt, ça ne m'étonnerait pas qu'on parte pour le désert prochainement. »

Jakob était contrarié. Quatre années qu'ils avaient débarqué dans le Sud-Ouest africain. L'ordre avait peu à peu été établi et beaucoup de populations avaient été matées, pourtant, il ne se sentait pas en terre allemande. La majorité de ses compatriotes étaient des soldats. Il comprenait ce que Brunhilde disait, le futur d'un pays ne se construit pas de cette manière.

Au fil des événements, il avait aperçu la possibilité de devenir à son tour un colon. Il n'avait pas de quoi acheter des terres, mais son engagement pourrait lui valoir certains droits. Un jour. Comme il n'avait personne à qui en parler, il pensait que le capitaine accepterait de le rassurer, peut-être de l'aider. Avant de partir, il pourra intervenir en ma faveur, se répétait Jakob.

Il entra timidement dans son bureau. Les coudes appuyés sur une table, von François se tenait dans une demi-obscurité, les mains couvrant son visage. Une odeur de renfermé, presque de mort.

Jakob se souvint quand il avait dû accompagner sa mère voir la dépouille de tante Eda. Quel drôle d'effet ça lui avait fait, ce corps si charmant dénué de vie, posé entre des fleurs, souriant à moitié.

Dans le fond, une malle était fermée.

« Capitaine ? Capitaine, c'est moi, Jakob Ackermann. Vous vous souvenez ?

— A-c-k-e-r-m-a-n-n.

— Oui.

— Je sais qui vous êtes.

— Je viens vous voir car j'ai appris. » Von François releva la tête et fixa Jakob. Il ne restait rien de l'homme arrivé ici en 1889.

« Vous avez appris ?

— Désolé que vous deviez partir.

— Ne le soyez pas. Vous n'étiez même pas là. Tout ça c'est la faute de ce Witbooi. Wit-booi ! »

Sur la table, Jakob aperçut des lettres. Il crut voir la signature du chef nama, en bas de page.

« Avant qu'il ne soit trop tard, j'aimerais vous dire que…

— Ne me remerciez pas.

— Ce n'est pas ça. Enfin, je songe à retourner à Lüderitz. Pas encore, bien sûr…

— Lüderitz ? Et qu'y a-t-il là-bas ?

— Rien, dit Jakob en rougissant. Simplement, il n'y a pas la guerre.

— La guerre ! Von François marqua une pause. Je ne connais même pas cette ville. Je suis allé à peu près partout, sauf là. Vous êtes engagé, je vous rappelle.

— Je sais, mais peut-être que si vous intervenez.

— Et je ne crois pas que votre père apprécierait.

— Mon père ? » Jakob ne comprenait pas ce qu'il venait faire dans la discussion.

« Nous avons combattu ensemble contre la France. Wilhelm Ackermann. Il était sous mes ordres. Un bon soldat, le sens du sacrifice. Il m'a dit que vous aussi, vous aviez ces qualités, si on savait les provoquer.

— Pardonnez-moi Monsieur, mais qu'a-t-il à voir avec mon affaire ?

— Votre affaire ? Celle de quitter l'armée, de vous installer dans le sud… Il a tout à voir Ackermann. Asseyez-vous. » Jakob s'exécuta. Même s'il n'en avait aucune envie, il respectait la hiérarchie. La lampe à huile faisait briller le front du capitaine. « Si vous êtes ici, c'est grâce à votre père. Quand le Reich m'a muté, il a été mis au courant et m'a demandé de vous intégrer. J'ai insisté auprès du Kaiser et vous avez fait partie du voyage. Une bouche de plus ou de moins à nourrir, qu'est-ce que ça change ? »

Jakob avait du mal à comprendre.

Il se recula sur sa chaise, regrettant d'avoir franchi cette porte, regrettant de s'être adressé à un homme qui a tout perdu et à qui il ne reste que la vérité.

« P… Pourquoi ? reprit-il. L'armée m'a dit que j'avais été choisi parmi des milliers de soldats.

— C'était le cas des autres. Mais les services entre officiers sont fréquents.

— Vous voulez dire…

— Que votre père a favorisé votre départ. Il m'a dit que c'était pour votre bien. Quelques années hors d'Allemagne feraient de vous un homme, ou quelque chose comme ça. » Von

François se leva et posa la main sur l'épaule de Jakob. « Ne me demandez pas pourquoi. De toute façon, ça ne change rien. Vous êtes ici, avec nous. Vous êtes l'un des nôtres, et je ne vous sortirai pas de l'armée. Pas parce que je ne le peux pas, mais parce que votre père ne le voudrait pas. Je reste attaché à certaines valeurs, vous comprenez ? »

Jakob n'était pas sûr. Son père s'était-il débarrassé de lui ? À Brême, il avait pensé faire partie de l'élite, en fait, tout avait été arrangé. Mais pourquoi envoyer son enfant à des milliers de kilomètres ? Un enfant qu'on a vu naître, qu'on a élevé, qu'on a nourri. Et sa mère, était-elle au courant ? Sa cicatrice avait-elle un rôle là-dedans ? Il l'avait sentie, cette distance qui s'était imposée entre eux, au fil des ans. Il n'était pas l'enfant rêvé, d'autant qu'il était le seul, mais de là à se débarrasser de lui. Ne pas le voir tous les jours était peut-être plus facile, plus facile de ne pas être confrontée à sa descendance si pathétique.

Il sortit sans rien dire de plus. À ce moment, il sut que sa vie allait changer. Comme il y a des années il avait perdu son innocence avec la mort de Friza, il perdit là ce qui restait de sa jeunesse. Plus encore que les morts qu'il avait provoquées, que les combats auxquels il avait participé, que son engagement militaire, c'est cette révélation, cette trahison, qui le fit passer à l'âge adulte.

D'un coup, il se sentit livré à lui-même. Isolé dans la tourmente, n'ayant personne à qui se raccrocher. Puisque c'est ainsi, je resterai dans l'armée, jusqu'à la fin, je ferai ce que le monde attend de moi, se dit-il. Il acceptait ce destin, quitte à enfouir ses sentiments, quitte à se punir lui-même. Une décision prise à la va-vite, incluant un sacrifice qu'il ne contrôlait pas. Le capitaine s'était montré honnête avec lui, tant mieux. Et tant mieux qu'il quitte cet endroit, personne d'autre ne devait être au courant.

Un secret avec lequel Jakob aurait à composer, une certitude qu'on s'impose, faute d'avoir le cran de tourner le dos, de décider par soi-même. Plus facile de foncer dans une brèche ouverte par d'autres que de tout recommencer.

Il se souvint de cette soirée où il avait appris pour sa mutation. Un officier était venu lui remettre une convocation. Il avait une semaine pour se préparer. Il avait trouvé que le délai était très court. Voilà pourquoi. Car il était venu se greffer au dernier moment. Il était comme une excroissance.

Oui, une excroissance.

Ce soir-là, il était rentré chez lui, heureux d'annoncer la nouvelle, impatient de partager la reconnaissance de ses talents. Le jour du départ, il s'était senti triste. La culpabilité de laisser ses parents seuls le rongeait, mais il avait embarqué, avec l'intention de les rendre fiers.

Je fais ça pour vous, avait-il crié depuis l'embarcadère. Le Sud-Ouest africain serait un moyen d'excuser certaines de ses faiblesses.

Aujourd'hui, au bord d'une allée sableuse, dans ce fort surgi au milieu de rien, il comprit le grotesque de la situation, la mascarade de ces adieux.

Alors qu'il ruminait cette histoire, Pavlov vint le trouver. La nuit tombait et le lieutenant avait un air qui ne lui correspondait pas. Il avait déboutonné sa chemise et semblait soucieux.

« Ackermann, suivez-moi.

— Quoi ? répondit-il d'une voix déformée.

— Ne posez pas de question. Venez. »

Avant que von François ne reparte, les soldats qui l'avaient accompagné se réunirent. Pour les archives du Reich. Ils s'alignèrent, entourant leur capitaine, le père de Windhuk, le père de Swakopmund. Des visages fermés. Ce soir-là, ils ressentaient tous la nostalgie de la fin des vacances. Leur groupe avait subi des pertes, ils s'étaient éloignés progressivement, s'étaient délaissés, certains avaient critiqué l'attitude d'Arthur et ses passe-droits, mais ce soir, ils disaient adieu à leur chef, à leur unité, et ils le faisaient ensemble.

Jakob à l'écart, le regard dans le vague. Ses doutes étaient plus profonds, une nuit de sommeil ne les effacerait pas. Derrière, un acacia étendait ses branches, dessus un drôle d'oiseau. Jakob envia la nature, ne pas avoir de sentiments.

En un clic, la photo était prise et chacun repartait à ses occupations, se sentant un soldat, non plus un groupe.

11.

Sud-Ouest africain, mars à mai 1894

L'*Alte Feste* s'apprêtait à accueillir son nouveau commandant. Theodor Leutwein venait avec des ordres précis : stopper la rébellion nama, mettre fin aux combats, donner un statut politique et économique au protectorat, tout ça en respectant le budget imposé par le Reich. Leutwein n'avait jamais vu aucun Nama, aucun Herero, aucun Damara, mais il savait que ces peuples se faisaient la guerre et il avait la connaissance de l'Afrique. Pour lui, la règle était simple. Diviser pour mieux régner apparaissait la meilleure stratégie. La pire des choses serait une alliance des peuples indigènes. On ne les considérait pas capables d'un tel acte, on ne les considérait pas capables de grand-chose, mais lui savait que cela pourrait arriver alors, le pire serait à craindre.

À l'inverse de von François, qui avait pris son temps avant d'agir, Leutwein souhaitait que les choses aillent vite. Pas le temps de s'ennuyer avec des détails.

La supériorité commence par le sentiment qu'on en a.

Pavlov lui montra son bureau, où traînaient encore quelques affaires du capitaine. Il regarda ça avec calme, pas étonné du côté spartiate de la pièce, il en avait vu d'autres. La première nuit, il demanda au lieutenant de lui livrer son expérience du pays. N'omettez aucun détail. Pavlov raconta ce qu'il savait. Sans sentiment, gardant une distance avec les événements. Comme militaire, il n'y avait pas mieux.

Je veux que nous marchions sur Witbooi, conclut Leutwein au petit matin. Le chef était toujours retranché dans le Naukluft, où les dunes sont rouges et où les arbres morts forment des sculptures. Il en était convaincu, une fois les Namas défaits, une paix durable serait instaurée dans le pays. En lisant les lettres que von François et Witbooi s'étaient échangées, il fut étonné des capacités de raisonnement et de la conviction du Nama.

Von François, lui, n'était plus qu'un souvenir. Il attendait à Swakopmund un bateau pour regagner l'Allemagne. Leutwein était le *Landeshauptmann*.

Le lendemain, il passa en revue ses hommes, disposés en U devant le fort. Jakob se tenait droit lorsqu'il arriva à sa hauteur. Leutwein était petit, des traits sévères. Un homme de volonté, mais qui sait le garder pour lui. Il avait gravi les échelons un à un pour finir ici, responsable du protectorat du Sud-Ouest africain.

Il se montra satisfait de la troupe.

Un bon soldat est celui qui obéit.

Le silence était perturbant, mais le commandant n'était pas le genre à s'émouvoir ou à lire des présages dans son quotidien.

Après quelques jours, il prit la plume et écrivit la première d'une longue série de lettres adressées à Hendrik Witbooi. À un homme qu'il n'avait jamais rencontré, mais qui lui était pourtant proche, il raconta ses pensées, ses envies, ses visions. Il lui apprit le départ de von François, ce qui était la preuve que cette guerre était sans espoir pour son peuple. *Si je parviens à vous tuer, vous et tous vos hommes, la guerre cessera, mais si vous parvenez à me tuer, ainsi que tous mes hommes, elle ne cessera pas le moins du monde, car le Kaiser d'Allemagne prélèvera sur son immense armée le double ou le triple d'hommes et les enverra ici, avec de nombreux canons supplémentaires, et il vous faudra tout reprendre à zéro*[1].

Leutwein voyait la guerre comme un moyen, non comme une finalité. La destruction de son ennemi n'était utile qu'en dernier recours. Après l'envoi de cette lettre, il partit avec ses soldats

1. *Votre paix sera la mort de ma nation*, Le passager clandestin. Trad. Dominique Bellec.

pour le Naukluft. La procession était immense, démesurée. Des fourmis à l'échelle du monde, des géants à celle du pays. Des dizaines de carrioles tintinnabulaient, contenant du matériel de cuisine, des tentes, des armes, des réserves d'eau. Une ville entière se déplaçait et ça faisait du bruit. Les armes mises à part, il y avait quelque chose de biblique à voir ces hommes marcher au milieu de nulle part.

Il n'était pas rare que le convoi soit ralenti par des évanouissements.

Insolation, fatigue.

Leutwein exigeait le maximum.

Les plus faibles avaient le droit de se reposer une journée, quelques heures, cinq minutes, dans une carriole. Pour ceux qui avaient débarqué il y a peu de temps, la chaleur était l'ennemi le plus perfide. Mais il n'y avait aucune place pour les sentiments. Ils portaient les ambitions d'un empire.

Jakob fut frappé par la diversité des paysages. Plus ils progressaient et plus la vie devenait hostile. Plus d'arbres, mais des roches, des montagnes, des couleurs surprenantes. À part ces bêtes – oryx, impalas, koudous, autruches – qui les accompagnaient le long du chemin, comme pour vérifier qu'ils restaient dans le rang, qu'ils ne perturbaient pas trop l'ordre naturel, la vie dans ce désert était suggérée plus que montrée.

En avril, ils commencèrent à dresser un camp. Jour après jour, Leutwein gagnait en sympathie. Il vivait au milieu de ses soldats, tout en étant intransigeant avec les missions. Là où von François était distant, respectueux de la hiérarchie, Leutwein était un homme accessible. Bien qu'il soit leur supérieur, il comprenait ce que vivait chacun de ces hommes. Pour obtenir le maximum d'eux, c'était la position à adopter.

Le 4 mai, un messager apporta la réponse attendue, que Leutwein lut à l'abri dans sa tente. À cette lettre, suivrait immédiatement une autre, ainsi de suite pendant des jours. Le pays dépendait de cet échange épistolaire. Un fil de soie prêt à rompre n'importe quand. Witbooi, qui ignorait les circonstances exactes de l'arrivée de Leutwein, s'exprimait ainsi :

Cher Monsieur,

[…] Vous me demandez si je veux conclure la paix avec vous ; et deuxièmement, si je veux la guerre. Voici ma réponse.

Von François sait parfaitement, et vous le savez vous-même, bien qu'étant alors absent, que j'ai toujours préservé la paix avec von François et avec tous les Blancs. Von François ne m'a pas attaqué au nom de la paix […] ni à cause d'une quelconque offense de ma part, en mot ou en acte, mais parce que je refusais à abandonner ce qui m'appartient et suis fondé à revendiquer. […]

Moi seul ai le droit de disposer de ce qui est à moi. Si quelqu'un le réclame, je peux décider à ma guise de le lui donner ou non. […] Jusqu'à ce jour, je reste abasourdi et stupéfait qu'un grand homme comme von François ait pu mener contre moi un assaut aussi pitoyable et macabre, d'abord en me coupant mes fournitures d'armes, puis en m'attaquant alors que j'avais les mains vides. Je n'aurais jamais cru von François capable d'une telle conduite, parce que vous, les Blancs, êtes les plus éduqués et les plus civilisés, et que vous nous enseignez la vérité et la justice. [...]

Dans votre lettre, Votre Honneur annonce que von François est retourné en Allemagne et qu'à sa place vous avez été envoyé par le Kaiser pour me détruire, à moins que je ne fasse la paix. À cela, je réponds comme suit.

La paix est quelque chose d'institué par Dieu sur terre, et selon Ses propres mots, il y a un temps pour la guerre et un temps pour la paix. Et je ne refuserai pas la paix si et quand Votre Honneur s'adressera à moi en toute amitié et toute droiture pour la rétablir. Von François a dérangé ma paix ; et si vous êtes venu pour rectifier tous les torts commis illégalement contre moi par von François, pour faire disparaître les motifs qui ont poussé von François à faire disparaître mon village et pour restaurer la paix, alors je ne résisterai pas et donnerai la paix à Votre Honneur, pour la gloire du Seigneur. Voilà principalement ce que je souhaite dire.

Je vous salue cordialement,

Votre ami

Capitaine Hendrik Witbooi

*

*Campement devant les montagnes
du Naukluft, 5 mai 1894*

Au capitaine Hendrik Witbooi,

[...] Le Kaiser allemand prend toutes ses obligations au sérieux, y compris celles qui découlent de son statut de Protecteur du Namaland. [...] Que vous ne nous ayez jamais fait de tort à nous autres Blancs, je le sais très bien, mais ce n'est pas pour notre propre compte que nous vous avons attaqué, mais, comme je viens de le dire, pour le compte du calme et de la paix au Namaland.

Je ne puis affirmer que le bon monsieur von François vous ait déjà expliqué tout cela ; j'ai tendance à penser que si et que, depuis trop longtemps, vous refusiez de le comprendre. Quoi qu'il en soit, il ne sert pas à grand-chose de disserter sur le passé. Notre devoir est désormais de parler de l'avenir. Et sur ce point, votre réponse me semble tout sauf claire. Je vous ai expliqué que vous n'aviez plus d'autre alternative que la soumission inconditionnelle à la volonté de Sa Majesté ou la guerre jusqu'à l'anéantissement. J'attends sur ce point une réponse sans équivoque. [...]

Nous serons en guerre contre vous personnellement aussi longtemps que vous vous considérerez comme le chef suprême du Namaland et penserez pouvoir châtier à votre guise les autres capitaines. Vous avez peut-être pu agir ainsi par le passé, mais Sa Majesté désire maintenant y mettre un terme.

Leutwein, Commandant

*

Naukluft, 7 mai 1894

À l'estimé commandant impérial allemand,
Cher Monsieur,

[…] Je réponds à Votre Honneur de la manière suivante sur les deux points. En ce qui concerne la paix, je le répète : je suis de tout cœur pour la paix et désireux de la faire, pour la gloire du Seigneur. Votre Honneur ne doit pas en douter. Quant au traité que vous cherchez à conclure avec moi, c'est cette même question qui a conduit von François à m'attaquer et c'est donc une chose sérieuse. Vous êtes pressé, dites-vous, et n'avez que très peu de temps, mais pour moi aussi la pression et la contrainte sont trop grandes pour pouvoir donner à Votre Honneur une réponse maintenant, tout de suite. […]

Acceptez la trêve que je vous offre et retournez à votre base en paix pour y attendre ma réponse sur ce second point ; car la paix que nous négocions n'est pas une question légère qui peut se résoudre en un instant ou en un jour : c'est une question sérieuse et sacrée.

Avec mes salutations, Votre Excellence,
Votre ami,

Capitaine Hendrik Witbooi

*

Campement devant les montagnes du Naukluft, 7 mai 1894

Au capitaine Hendrik Witbooi,
Mon cher Capitaine,

Une guerre honorable est préférable à une paix douteuse. Si je quittais ce lieu sans autre chose qu'un espoir de paix, sans avoir obtenu votre soumission for melle à la volonté du Kaiser allemand, il ne s'agirait alors que d'une paix douteuse. Bien que je ne sois dans ce pays que depuis peu, je sais que depuis 1884 – soit depuis dix ans –, vous vivez de rapines et de massacres alors que vous avez conclu plus d'un traité de paix. Aussi ne vous laisserai-je pas de répit tant que vous ne vous serez pas rendu ou que vous n'aurez pas été anéanti, même si cela doit prendre des mois ou des années. Si c'est si difficile pour vous, mais si vous souhaitez cependant la paix pour votre peuple, pourquoi ne renonceriez-vous pas à votre souveraineté ? Nommez à votre place l'un de vos fils et laissez-le conclure ce traité.

Dans cette hypothèse, je vous garantirais la vie sauve et un droit de résidence à l'extérieur du Protectorat. Je répète : la paix sans une soumission explicite au Protectorat allemand n'est plus possible pour vous ou pour votre peuple. Ceci est mon dernier mot sur le sujet.

Le Landeshauptmann impérial allemand,
Leutwein, Commandant

*

Malgré la présence militaire, Hendrik Witbooi ne voulait pas céder la partie. Les conditions des Allemands étaient trop lourdes et équivalaient à gâcher sa liberté et celle de son peuple. Leutwein, l'empereur, le Reich exigeaient trop. Non seulement ils voulaient les soumettre, mais ils voulaient aussi leurs terres, leurs armes, leurs soldats, leurs richesses. Qui accepterait cela ? pensait le chef nama qui, de son côté, avait offert sa paix à Leutwein, une paix reconnaissant la légitimité des deux peuples.

Le Namaland s'était fait dans les larmes, le sang, le doute, il ne pouvait être défait selon le désir d'un chef européen.

Alors qu'ils avaient prévu de marquer une trêve, Leutwein ordonna à Pavlov de mener une attaque éclair. « Pas question de perdre des hommes, mais ils doivent vivre dans la peur. La peur que l'Empire marche sur eux et les écrase, vous comprenez. Qu'ils sentent sur eux l'ombre d'un soldat du Reich à chaque heure du jour. » Leutwein n'aimait pas ces pratiques déloyales, mais il n'avait pas le choix. Les négociations étaient trop lentes et pendant qu'il était occupé ici, qui sait ce qui pouvait arriver dans les autres terres. « Je veux qu'ils se sentent pris à la gorge, qu'ils ne respirent que l'odeur de nos fusils. Chaque deux jours, Pavlov, que vos hommes attaquent leur camp. Faites un roulement, formez des unités mobiles d'une dizaine d'hommes. Variez les horaires, les lieux, et qu'ils n'hésitent pas à tirer.

— Vous voulez la guerre ?

— Pas la guerre. Je veux la terreur, qu'ils sachent qu'ils ne seront jamais en sécurité tant qu'ils ne se seront pas rendus. »

L'après-midi, le lieutenant réunit quelques hommes, dont Jakob et Arthur. Pavlov pensait qu'un combat si simple, dont ils auraient l'initiative, pourrait remettre Arthur dans le droit chemin. Il leur expliqua ce qu'il attendait. Personne ne trouva rien à redire.

Aux écuries, ils sellèrent les chevaux, vérifièrent les armes puis partirent à l'heure où le soleil est le plus chaud. Le campement des Namas n'était pas loin. En formation serrée, ils avançaient au petit trot, aucun d'eux ne comptait se mettre en danger.

Au détour d'une dune, ils virent apparaître les tentes. Quelques troncs morts délimitaient le campement, personne ne montait la garde. Ils étaient en pleine négociation et Witbooi avait confiance en l'homme blanc.

Jakob n'arrivait pas à se concentrer, il n'arrêtait pas de jeter des coups d'œil à Arthur. Il sentait le pas incertain de son cheval. Ne fais pas l'idiot, pensait-il. Son amitié voulait le préserver, mais des vies étaient en jeu. Il ne remettait pas en cause la décision de Pavlov, mais il trouvait prématuré de l'envoyer au front. Le pas cadencé des chevaux. Les cavaliers s'étaient mis d'accord sur la tactique.

Garder cette allure, serrés les uns aux autres et, à dix mètres, décharger les armes avant de repartir au galop. Un seul passage suffirait.

À ce moment, Arthur comprit qu'il n'était pas fait pour la guerre. Tout son corps lui disait d'arrêter, de faire machine arrière. Il savait que l'unité faisait la force, qu'il ne pouvait rompre les rangs, mais comment aller contre soi ? Alors qu'ils approchaient, Jakob sentit qu'il allait flancher. Il se saisit de sa bride, essayant de maintenir le mouvement, mais Arthur n'avait pas le cran nécessaire. Il appuya sur ses étriers de tout son poids, Jakob faillit tomber et la colonne de cavaliers se sépara.

Les soldats furent déstabilisés.

Arthur s'arrêta net. Jakob croisa son regard, puis continua. Les Namas les avaient aperçus et, alors qu'ils s'apprêtaient à tirer, ils essuyèrent des coups de feu. Une première rafale de balles, puis une seconde. Les Allemands ripostèrent comme ils purent, mais la fuite semblait la seule issue. L'un d'eux fut touché à l'épaule. Son os éclata dans un cri de douleur.

Jakob fit demi-tour, couché sur son cheval. Un œil derrière lui, les Namas marchaient vers eux, décidés à ne pas les laisser s'en tirer à si bon compte. Les chevaux partaient dans tous les sens.

Arthur n'avait pas bougé. Immobilisé par ce qui arrivait, il était incapable de prendre une décision. Plusieurs cavaliers passèrent à sa hauteur, sans s'arrêter, il était celui qui avait tout fait rater. Jakob arriva en trombe. Il agrippa ses rênes. Arthur n'était qu'un corps, vidé de toute substance. Il serrait fermement le cuir de sa selle, mais ne semblait pas réagir. Jakob talonna son cheval, tenant à bout de bras celui de son ami.

Une balle alla se loger dans le sable, à quelques centimètres d'eux.

Jakob faisait les cent pas devant une tente. Il savait ce qui devait arriver et voulait l'éviter. Ils étaient revenus depuis deux heures, deux heures durant lesquelles il avait préparé son discours.

Il le vit à son visage fermé.

Pavlov marchait vers lui comme une furie. Rien ne se mettrait en travers de sa route. Il avait un côté effrayant, cruel, bien qu'il fasse ça pour maintenir une cohésion entre ses hommes.

Jakob hésita, il savait qu'il y avait un risque à s'interposer, mais il se plaça devant l'entrée de la tente.

« Il est là-dedans ?

— Lieutenant, s'il vous plaît.

— Écartez-vous, Ackermann. Ce n'est pas de votre ressort. » Pavlov agrippa la toile.

« Attendez, ça ne servira à rien. Vous savez qu'il est faible.

— Faible ? Vous vous moquez de moi ? J'ai un blessé à l'infirmerie dont le bras est foutu et dix hommes qui réclament sa tête. Croyez-moi, il ne va pas s'en tirer comme ça.

— Je comprends, lieutenant, mais… il n'assume pas. »

La respiration de Pavlov s'accéléra.

Quelques curieux jetaient des regards dans leur direction.

« Oh, je sais ! Il n'y a rien à espérer de lui, je vais lui dire en face. Et je me fous de savoir qui est sa famille. Il vous a tous mis en danger. Maintenant, laissez-moi passer. »

Jakob s'écarta, il comprenait l'énervement de Pavlov. Heureusement qu'il n'y avait eu aucun mort, sinon qui sait ce qui serait arrivé. L'attitude d'Arthur était impardonnable, mais il éprouvait une certaine compassion. Il colla son oreille et entendit le lieutenant jurer comme il n'avait jamais entendu un homme le faire. Personne n'avait osé parler à Arthur de cette manière, mais au fond, il savait lui aussi que c'était justifié. Il tenta de s'excuser, le lieutenant ne voulut pas l'entendre.

Quand Pavlov ressortit de la tente, Jakob le suivit.

« Lieutenant, j'aimerais vous parler.

— Ce n'est pas le moment. »

Le campement défilait, Jakob était obligé de courir après lui. « Que comptez-vous faire d'Arthur ?

— L'expulser. Je ne veux pas d'hommes sur qui je ne peux pas compter.

— Vous n'y arriverez pas. »

Pavlov s'arrêta, les mains posées sur ses hanches. « C'est une menace, Ackermann ? »

Jakob eut un mouvement de recul. « Non, non, surtout pas. » Il baissa le regard. « Pardon si je me suis mal exprimé. Je, je pensais à une autre solution.

— Une solution ?

— Je sais que vous êtes responsable de nous. Si vous déclariez Arthur inapte au combat et que vous le renvoyiez à Windhuk, tout le monde serait gagnant. Leutwein ignore peut-être qui il est, mais il le saura vite.

— Les soldats espèrent autre chose. Ils demandent réparation.

— Je sais, mais c'est vous qui décidez. Il pourrait être placé à l'infirmerie. Plus personne ne serait en danger à cause de lui. Il serait tenu à l'écart du champ de bataille et vous ne l'auriez plus dans les pattes. »

Pavlov prit un moment.

Si ça ne tenait qu'à lui, il aurait placé Arthur en prison quelques semaines – ce qu'il avait fait était de la désertion, rien d'autre –, puis l'aurait renvoyé chez lui, la honte sur les épaules, mais il n'était que lieutenant et il avait eu l'occasion de voir ce que les gens avec de l'influence peuvent faire au cours de sa carrière.

« Je veux qu'il soit parti dès ce soir. Débrouillez-vous, mais je ne veux plus avoir affaire à lui. »

*

L'attitude des Blancs laissait Hendrik Witbooi perplexe. Ils étaient censés être évolués, avoir un code de la guerre et voilà qu'ils se comportaient comme des mercenaires. D'un côté, Leutwein voulait discuter, de l'autre, ses hommes tiraient sans relâche. Conscient de la puissance ennemie, il souhaitait trouver un accord qui pourrait satisfaire les deux partis. *Les souverains de différents pays et royaumes qui concluent des traités le font en frères, dans le but de vivre en paix et pour s'entretenir des questions importantes et graves qui affectent leurs nations et leurs peuples. Cependant, chaque souverain demeure le chef autonome de sa terre et de son peuple.*

Le commandant s'exaspérait de ces lettres. Le sang était la seule réponse. Oui, Witbooi avait accepté une paix et un traité, mais sans prendre en compte les conditions demandées. Pressé d'en finir, il chargea Jakob d'apporter sa réponse.

Accompagné d'un jeune Nama, ils prirent la direction du campement. Depuis qu'ils les avaient attaqués déloyalement, Jakob redoutait leur réaction. Ils étaient partis à l'aube. Le Nama allait pieds nus tandis que Jakob sentait les grains de sable s'engouffrer dans ses bottes. C'est là, au sommet d'une dune, qu'il se rappela Brunhilde.

Sur cette terre, il avait trouvé des choses à l'opposé. Il se sentit coupable de penser à elle alors que le destin de nombreux hommes était en train de se jouer. Avant midi, ils arrivèrent. Jakob s'imagina mener un homme rouge dans les ruelles de Brême, à la rencontre du maire. Ma place n'est pas au milieu d'eux, pourtant il devait tenir son rôle.

Quand il serra la main d'Hendrik Witbooi, il se sentit petit.

Cet homme était un géant, mais il n'en jouait pas.

Un garçon lui apporta un bol de lait de chèvre. « Buvez, dit le chef à son attention. Vous avez fait une longue route pour venir me rencontrer. »

Jakob aspira une gorgée. Il grimaça tant le lait était chaud, ce qui fit sourire Witbooi, qui n'avait pas le visage d'un homme en guerre. Jakob était gêné. Sous un grand chapeau beige, deux yeux noirs le fixaient.

Il osait à peine tenir ce regard.

Witbooi avait les mains ouvertes, posées sur ses cuisses. Une certaine candeur se dégageait de son corps. Des pommettes saillantes. Une barbe grisonnante.

Quand Jakob eut fini, le chef semblait prêt à parler. Il expliqua ses désirs de paix et de respect pour leurs deux peuples. Il fit à Jakob l'effet d'un homme intelligent, qui, s'il en avait eu les moyens, aurait pu diriger ce pays. Dans son campement,

Jakob n'avait aucune considération, mais confronté à eux, c'était plus délicat.

Souvent, il avait entendu des colons parler des maltraitances qu'ils infligeaient aux indigènes. Il les assimilait à des bêtes, comme on le lui répétait sans cesse, mais il était forcé d'admettre, face à Hendrik Witbooi, qu'il s'était trompé. Ces Noirs, ils étaient bien humains. Ils souffraient eux aussi. Ce qu'on leur faisait subir avait un impact. Sur leurs désirs, sur leurs familles, sur leurs rêves.

Jakob lui remit la lettre.

Quand il eut terminé de lire, Witbooi la plia en quatre et la glissa dans la poche de sa veste. Il dit à Jakob qu'il pouvait passer la nuit avec eux s'il le souhaitait. Que c'était plus sûr de ne pas partir le soir et qu'il s'en voudrait si un homme périssait par sa faute. Un homme. Il ne faisait aucune différence entre eux. Jakob accepta, n'imaginant pas une minute que ce pouvait être un piège.

Leutwein buvait un thé, en bras de chemise, quand Jakob pénétra dans sa tente. Un lit de camp à même le sable, une bassine d'eau, un miroir, un portemanteau où pendait une veste remplie de médailles.

« Alors, Ackermann ? Quelles nouvelles du front ?

— Commandant, le chef Witbooi vous salue. Il m'a remis une lettre…

— Assez des lettres ! Dites-moi ce qu'il vous a raconté. Je lui ai concédé un délai de réflexion jusqu'au 1er août. D'ici là, le Reich nous aura envoyé d'autres hommes, et alors, nous les vaincrons.

— Il vous remercie pour le cessez-le-feu, il compte sur vous pour tenir votre promesse et il souhaite, lui aussi, que le sang cesse de couler.

— Et lui, va-t-il tenir sa promesse ?

— Il l'a assuré.

— Quelle impression vous a-t-il faite ? » Jakob prit le temps de réfléchir.

« Celle d'un homme d'honneur.

— D'honneur… n'employez pas ce mot à tort et à travers. Peu de soldats savent ce qu'est l'honneur et les sacrifices demandés en son nom.

— Il espère aussi vous rencontrer.

— Bien. Leutwein resta pensif un instant avant de reprendre, et dites-moi, à quoi ressemble-t-il ? » Jakob ne savait pas trop quoi dire. Un seul mot vint à son esprit. Pas une phrase, mais un mot.

« Imposant.

— Imposant… c'est tout ? On peut dire que vous êtes un homme de peu de paroles, Ackermann. Allez vous reposer maintenant, et laissez-moi cette lettre », conclut le commandant en se redressant.

Alors qu'il lui tendit la lettre, Jakob sentit comme un frisson, ce qui l'amena à demander, Connaissez-vous mon père, commandant ?

12.

Okahandja, janvier 2004

Sous le soleil de midi, les voitures sont étendues, ne jetant aucune ombre.

L'effervescence de la journée électrise l'air ambiant. Des rejetons en mal d'amour hurlent, Regardez-moi, je suis au monde, crient-ils, sauf qu'aujourd'hui, on s'intéresse au passé.

La procession va pouvoir partir. Le chef herero est arrivé, il est descendu de voiture, dans son élégant costume, a tendu une main à l'ambassadeur, qui a un air pincé.

Nous sommes des centaines, en vérité des milliers.

Je sens le soleil sur le haut de mon crâne, où mes cheveux commencent à s'envoler. Pas loin, une femme ouvre sa boutique. Un endroit perdu, où on trouve du Coca dans des petites bouteilles en verre poli. L'événement de la journée lui passe au-dessus de la tête. Sa vie est une répétition de gestes que rien ne peut chambouler. Chaque matin, elle s'obstine à balayer son bout de désert pendant vingt minutes, puis dispose ses produits un à un à leur juste place, et, le soir venu, elle range cela avec calme et maîtrise.

À côté, un jeune garçon regarde sans comprendre. C'est pour toi qu'on est là, ai-je envie de lui dire. Sur une table, des morceaux de pastèque. Il en aspire le jus, puis croque dedans à pleines dents et, avant d'avaler dans un bruit terrifiant, il forme un canon de mitraillette avec ses lèvres et expulse une série de pépins noirs sur la terre battue tout en riant. Ses chaussures sont trouées. Sur son visage, l'innocence est presque une insulte.

Qui sait ce qu'il a entendu au cours de son enfance ?

Un instant, j'hésite à partir. J'attends les nouvelles de Ludwig, mais existent-elles vraiment ? M'aideront-elles à comprendre autre chose que l'évidence ? Les quelques terrasses de la rue Voortrekker sont prises d'assaut. C'est un mélange de curiosité, de modernité, de traditions.

Mon enfance, moi, a été séparée en deux. Une première partie, heureuse dans l'ensemble bien qu'entourée de tristesse, et une seconde, allemande. Linéaire et encadrée.

J'ai grandi dans un des quartiers de Katutura, avec des amis de ma mère. Ils louaient une maison en briques, peinte en jaune – à l'époque, on ne pouvait pas être propriétaire –, avec un petit parterre de pelouse devant et un hibiscus qui poussait contre un mur.

Je ne sais pas si ce sont mes plus belles années, en tout cas, elles étaient les plus simples. Une manière de vivre que je comprenais, un fonctionnement que je maîtrisais.

Chaque chose à sa place.

Il y avait de la joie, de l'entraide, un peu de violence, parfois.

Et l'isolement, mais les règles comprises, on met tout dans des cases.

Quand on est enfant, on ne se rend pas forcément compte. On sait qu'il y a une injustice, mais on ne peut pas mettre un nom dessus. On sait qu'il y a des endroits où on ne peut pas aller, mais dans un pays si sauvage, c'est normal, se dit-on. On sait que le soir, il vaut mieux être chez soi avant le couvre-feu, avoir rapidement parcouru les six kilomètres qui nous relient au centre de Windhoek.

Puis je ne suis pas né à Katutura.

Mon père est parti quand j'avais dix ans. À part avec Reinhardt, j'ai essayé d'effacer mes souvenirs de la période qui précède ce moment. Ce n'était pas la réalité. Mon père disait ne pas supporter cette vie, alors il s'est enfui. Quand je vois ce que ça devait être à l'époque, ségrégation, racisme, je ne peux pas lui en vouloir. Je ne sais même pas comment il a pu vivre avec ma mère sans s'attirer de problèmes. Si je lui en veux, c'est d'avoir fui seul, de ne pas, au moins, nous avoir proposé de venir avec lui. Un matin, il était là, la seconde d'après, il avait disparu.

Je me souviens le voir claquer la porte, comme chaque jour. Ce geste de la main qu'il avait, en regardant droit devant lui, comme si sa tête était ailleurs, mais son corps encore avec nous. Les effluves de son parfum qui restent un peu après son départ, comme un fantôme.

Le soir, il n'est pas rentré.

On s'est inquiétés.

Le dîner a refroidi longtemps.

Deux semaines après, on recevait une lettre. Pleine de courage. Il était retourné chez lui, en Europe, mais il assumait la paternité. Les billets qui se trouvaient dans l'enveloppe devaient être son idée de cette paternité. Il demandait si on acceptait de régler quelques affaires pour lui, comme s'il était en voyage et qu'il envoyait un mémo à sa secrétaire.

Ma mère a pleuré pendant une semaine.

Pas par amour, mais parce qu'elle n'avait pas la possibilité de faire comme lui. Un monde si injuste. Je crois qu'elle l'avait oublié pendant quelques années et qu'on lui rappelait ce jour-là. Il avait une chose, banale, anodine, qu'elle ne posséderait jamais. Née au mauvais endroit, dans un monde trop jeune. Comment consoler ça quand on est un enfant… Elle méritait autre chose. Elle aurait dû naître maintenant, en 2004, non, plus tard encore, en 2024, ou 2084, à supposer qu'il y ait encore une terre.

Dans le mois qui a suivi ce départ, nous avons rejoint les quartiers réservés aux gens comme nous. La bulle qui nous maintenait à l'abri a explosé comme un ballon qu'on perce. Nous n'avions plus de garant, nos voisins nous supportaient à cause de mon père, de sa nationalité, de sa famille, là-bas, à Munich, de son travail dans les mines, mais ma mère, seule avec un enfant, dans cette grande maison.

L'année de ma naissance, le plan Odendaal allait être appliqué. En route vers les *homelands*. Des hommes relégués sur des terres arides. Sans eau. D'autres réserves, toujours plus loin. Un « développement séparé » des individus…

Certaines idées traversent les siècles.

Ça avait fait tout un ramdam, qu'on avait tu à coups de matraque. Moi je rappliquais avec un double héritage, bien plus qu'une double nationalité. Un héritage qui me valait le respect, qui aurait pu me procurer du travail, de l'admiration et un autre, si légitime pourtant, qu'il aurait fallu taire, ignorer, enfermer au fond de la cave s'il ne s'était pas affiché sur ma figure.

À Katutura, je fabriquais des mondes inconnus. J'inventais des histoires sur cet ailleurs, où on entend le cliquetis des parapluies sur le bitume, où le temps est gris, où les immeubles sont hauts et où les voisins ont inventé les grands principes. J'emmagasinai des images qui étaient nourries de mes lectures enfantines et des journaux que je trouvais dans la chambre de ma mère.

Un monde si différent.

Un monde auquel je voulais parfois appartenir, fait de princesses, de royaumes, de diadèmes, où tout semblait facile. Pas d'attaques d'animaux, pas de militaires, pas d'apartheid, un endroit où on pouvait parler de tout, même si on était enfant. Un monde où on pouvait se déplacer librement ; le monde de mon père.

Je n'ai jamais connu celui par qui tout a commencé.

Sur les photos que j'ai de lui, ce soldat, il me ressemble assez. Quelque chose dans les yeux qui me déstabilise. Souvent, je reste des heures à fixer ce regard, essayant de décrypter ce qu'il veut me dire à travers les âges.

Personne n'est très loquace sur le sujet. À part un nom, je dispose de très peu d'informations. Sommes-nous réduits à une simple filiation ?

Katutura reste dans ma mémoire comme une construction erronée de l'Histoire, mais c'est chez moi. Sauf situations exceptionnelles, les Africains n'étaient pas autorisés à vivre dans d'autres quartiers.

À dix-sept ans, le premier bouleversement est arrivé. Je l'ai connu, cet autre monde, cet ailleurs.

Différent de ce que j'imaginais.

Une déchirure, qu'il a fallu dépasser.

Un aller simple pour rejoindre mon père. Toutes ces années il avait eu la générosité d'envoyer de l'argent, là, sa conscience, face à ma solitude, l'avait poussé à me récupérer. Je ne suis pas sûr qu'il ait alors mesuré toutes les implications.

J'avais juste enterré ma mère – elle avait eu la terrible idée de faire une crise cardiaque un dimanche, en revenant de la messe les bras chargés d'eau, je me rappelle son corps sur le sable jaune, les mouches autour, les curieux qui s'agglutinent ; j'ai passé une partie de ma vie à détruire cette image, à essayer de la remplacer – que je me retrouvais dans l'avion, lançant un regard à travers le hublot, dix mille mètres au-dessus d'un continent que j'allais abandonner pour plus de dix ans. Je laissais le désert, la séparation des peuples, la honte, je disais subitement adieu à un pays incapable de se gouverner seul, écrasé par les autres qui s'en servaient comme d'un terrain d'expérimentation, mais qui m'avait pourtant offert la vie, qui puisait ses sources dans ce que je ne comprenais pas, et je n'avais aucune idée de ce que j'allais trouver.

Les yeux clos, je reconstruisais petit à petit le sourire de ma mère. Celui qui me restait de cette époque où elle riait souvent.

C'était mon premier voyage sur de si longues distances – je n'étais allé qu'en Afrique du Sud, avec mon père. Un Blanc et son boy, pensaient les gens qu'on croisait. Mon père y faisait souvent des allers-retours. L'entreprise minière pour laquelle il travaillait était basée là-bas. Quand il était absent, ma mère refusait que je sorte seul. Un instinct de protection. Elle laissait les volets fermés. Nous vivions dans le noir, ce que je ne comprenais pas, je voulais être comme les autres, j'étais comme les autres enfants.

Dans notre quartier, certains voyaient d'un mauvais œil de nous avoir comme voisins. La plupart nous assimilaient au personnel de maison, ranger, récurer, faire les commissions, s'occuper des bêtes, mais ils s'inquiétaient de ne pas nous voir partir, le soir venu. Des yeux curieux traînaient aux abords de chez nous. Ces femmes qui souriaient à mon père quand on marchait ensemble nous insultaient dès qu'il n'était pas là. Ma mère ne lui en a jamais parlé. Elle devait s'estimer heureuse, j'imagine.

Je me rappelle certains mots qu'on employait.

Je ne me rendais pas vraiment compte de leur brutalité. À l'école, ce n'était pas mieux. Mon père avait insisté pour m'inscrire dans cette institution privée, où se retrouvait l'élite de la ville.

Nous avions obtenu un rendez-vous, le directeur avait fait de ces yeux quand il m'avait vu... J'ai fini dans une école de seconde zone, pour Métis. Plus tard, j'ai rejoint l'école de l'Église catholique, qui avait ouvert ses portes aux non-Blancs. On était quelques *coloured*, souffre-douleur placés au dernier rang.

L'odeur de cigarettes est la seule chose qu'il me reste de ces heures d'avion, et ce sachet marron dans lequel j'ai vomi plus d'une fois. Et le sourire d'un homme, aussi, qui était chargé de me ramener chez moi, comme il disait, mais chez moi, j'avais l'impression de l'avoir quitté quelques heures plus tôt. J'avais trouvé étrange qu'un Blanc montre autant d'intérêt pour un adolescent comme moi.

Là-bas, en Europe, j'ai été en colère, mais je n'ai trouvé aucune réponse.

L'injustice dont j'avais été victime me sautait aux yeux. Tous mes repères étaient bouleversés, d'autant que j'avais continuellement froid, un froid qui m'empêchait d'agir, qui me paralysait.

Des montagnes de glace envahissaient mon cerveau. Des stalactites accrochées aux parois de mon crâne.

Chaque système nerveux congelé.

Le manque de lumière. La neige.

Et tous les gens que je croisais avaient encore une mère.

Je me suis intéressé à l'héritage, le mien, celui de mon pays. J'ai appris ce débarquement de colons qui ont fait main basse sur un sol qui n'était pas le leur, j'ai appris l'horreur, mais je n'ai pas su quoi en faire. J'ai vu de mes yeux le monde qu'ils ont voulu bâtir et celui qu'ils ont voulu effacer. J'ai essayé de tracer des lignes, de recouper des événements entre eux, de trouver des correspondances pour me réapproprier ma propre histoire, mais chaque fois que je me faisais un jugement, il était tout de suite remis en cause. J'étais jeune et je découvrais à quel point l'Histoire qu'on maintient vivante est modulable et subjective. Le Sud-Ouest africain a été une répétition avant le grand bal. La modernité avant l'heure. Mais personne ne voulait m'écouter.

Je me suis écrasé.

Un mégot passé négligemment sous une semelle.

Puis je n'avais aucun sou en poche, mon père avait fait fortune, en tout cas pour celui qui vient de Katutura, alors j'ai fait profil bas. Il n'aimait pas entendre parler de mes histoires d'Africain, comme il disait, ça avait été une étape pour lui, il l'avait vécue à fond, allant jusqu'à s'installer avec une Noire malgré ce qu'on en dirait, malgré les avis contraires et les regards de biais. Une rencontre inhabituelle de deux personnes, dont l'une a tout à perdre, dont l'autre a tout à découvrir.

Puis avec Reinhardt, ils n'étaient pas nés en Afrique. Ils étaient partis jeunes, suivant leurs parents, tous deux ingénieurs et tués dans une explosion, des dizaines d'années plus tard. Rien ne les avait prédestinés à cette vie.

Cette période était désormais oubliée, et il voulait que je le respecte.

C'est ce que j'ai fait.

Un don de ma personne pour les autres.

Aujourd'hui encore, même si ça fait des années qu'on ne s'est pas vus. Il ne vient plus ici, c'est un vieil homme maintenant, et je ne retourne plus en Allemagne.

C'est mieux comme ça.

13.

Sud-Ouest africain, juin à septembre 1894

Jakob avait écopé du tour de garde. Avec un type d'Hambourg, ils tournaient dans le village de Khauas. Une nuit claire. Jakob s'amusait à pousser des cailloux avec sa botte. Aucune envie d'entamer une discussion.

Dans son ennui, il pensait parfois à Brême, puis ses pensées allaient sur ses parents, ce qu'il ne voulait pas. Après son accident, il y avait eu dans chaque événement familial une sorte de lourdeur. Tu devras te battre plus que les autres, répétait sa mère. Il grandissait vite. Son père en voulait toujours plus. L'été, pendant deux semaines, ils s'installaient à la maison du lac, héritage maternel. Chaque matin, Jakob était obligé de faire l'aller-retour à la nage jusqu'à l'autre rive. Plus d'une heure dans l'eau. Parfois, il glissait sous la surface, retenant son souffle le plus longtemps possible, ignorant que son père arrêtait lui aussi de respirer, le surveillant de loin et prêt à se jeter à l'eau. C'était il y a longtemps.

Jakob redoutait de tomber dans une vie pleine de regrets. Ces vieillards, assis sur un banc et qui refont sans cesse l'histoire. Ce qu'il aurait dû vivre chez lui, il ne le connaîtrait jamais. Pas de retour en arrière, sa confiance avait été ébréchée et il n'arriverait pas à prétendre être un autre. L'armée soutenait ses doutes, il était avachi dans ses bras, et il avait besoin de ce cadre.

Au milieu des bruits nocturnes, ils distinguèrent des chuchotements. Leutwein avait pourtant ordonné un couvre-feu.

Ce n'est probablement rien.

Ils s'approchèrent d'un mur, passèrent la tête. De l'autre côté, une dizaine d'hommes noirs se déplaçaient le dos voûté, pensant la nuit leur meilleure alliée.

Je dois agir, se dit Jakob.

« Allez chercher du renfort, murmura-t-il à l'autre. Je reste. »

C'est avec ce genre de situation qu'il pouvait se découvrir, lui qui essayait de se détacher de l'empreinte du passé. Il chargea son arme. Des branches mortes craquèrent sous son poids. Recroquevillé sur lui-même, il passa à nouveau un œil. C'est ce qu'il pensait. Le chef Andries Lambert et ses hommes prenaient la fuite.

Avec le cessez-le-feu accordé à Witbooi, le commandant était passé à d'autres affaires, voulant profiter de chaque instant pour imposer sa domination. Quand il avait entendu parler du vol de bétail dont une tribu placée sous protection avait été victime, il y vit un moyen d'imposer sa puissance et de signer de nouveaux traités.

Sur la grand place, il avait jugé le responsable du vol, Andries Lambert. Celui-ci avait alors reconnu la prééminence allemande et avait été libéré sur sa bonne parole. Sauf que l'affaire était loin d'être réglée.

Jakob regarda derrière lui.

Les renforts n'arrivaient pas.

Sortant de son ombre, le fusil pointé en avant, il interpella les fuyards.

Il ne voyait rien très clairement, bien qu'ils soient dans les derniers jours de pleine lune. Il avait repéré Lambert, qui s'était glissé derrière ses hommes. Le fusil de Jakob pouvait tirer deux coups, pas plus, et ils le savaient. Afin de défendre leur chef, ils formèrent un rempart devant lui et reculèrent vers un fossé. Jakob se dit que Lambert allait fuir d'une minute à l'autre. Il ne réfléchit pas plus longtemps et tira dans le lot. La détonation se répercuta dans le champ alentour. Un des leurs, malchanceux, s'effondra.

Jakob visa à nouveau, le canon un prolongement de son regard. Il ne voulait pas tirer, mais il n'avait pas le choix.

À quel moment les événements ont dégénéré ? pensa-t-il.

Il regrettait l'ère von François, il regrettait l'ère de la construction. À l'époque, ils étaient si peu que tout était possible. Les libertés qu'il avait pu prendre lui apparaissaient comme une autre vie. Son avenir dépendait d'ordres qu'il prenait auprès d'un homme qui avait lui-même les siens, et ainsi de suite. Il ne restait rien des vingt-et-un soldats du début, ni de leur naïveté. Les quelques survivants, Pavlov, Jakob, Arthur… qui avaient été surnommés les autochtones, s'habituaient chacun à sa façon à ce pays, avec plus ou moins de succès.

Sa main se mit à trembler. En face, les hommes s'étaient ragaillardis et, ne voulant pas mourir, semblaient prêts à fondre sur lui. Pour les impressionner, Jakob avançait à petits pas, sachant qu'il était en position de faiblesse. À sa ceinture, un couteau. Tirer, puis se saisir de la lame et blesser le premier venu. Toucher les organes, la tête. Si on ne venait pas à sa rescousse dans les secondes à venir, il ne donnait pas cher de sa peau, mais il se battrait. Dans ce monde, perdre la vie n'avait rien d'exceptionnel.

Un second coup de feu partit.

Jakob sursauta. Ça ne venait pas de lui. Il se demanda s'il avait été touché. Peut-être dans le dos ?

Un troisième coup se fit entendre. Puis d'autres. Les hommes tombaient comme des mouches, immobilisés par le destin. En se retournant, Jakob aperçut une rangée de soldats, déshumanisés. Des mains, des bras, des armes. Les hommes de Lambert qui n'étaient pas tombés, comprenant leur défaite, s'écartèrent pour laisser leur chef à portée des fusils. Loin dans la nuit, une vache meugla, un cri de douleur, victime d'un rôdeur nocturne. Une perpétuelle lutte pour la domination.

Leutwein arriva, frais comme si c'était le matin. Jakob vit une excitation dans son regard. « Puisque c'est ainsi, vous verrez demain », dit-il aux belligérants avant d'aller le féliciter. « Jeune homme, vous avez fait du bon travail.

— Merci commandant.

— Deux fois que vous servez notre cause. Je m'en souviendrai, conclut-il en tapant sur son épaule. L'armée vous est redevable. »

Le lendemain, Lambert fut jugé. Ça ne dura que quelques minutes. Leutwein était juge et bourreau et n'avait aucune compassion. Il condamna Lambert à mort, qui fut exécuté aux yeux de tous. Pendu à un arbre centenaire.

Son corps se balança au gré du vent pendant plusieurs journées, comme un symbole. Comme une menace. Ce n'est qu'au bout de quelques heures que les oiseaux vinrent becqueter ses yeux.

Après ça, Leutwein profita de la déroute pour confisquer armes, bétail, ivoire, terres. Il réquisitionna les chevaux et conclut de force un traité de protection avec le nouveau chef, qu'il avait lui-même désigné. Il ne laissa que les restes et quelques marks. La loi africaine était ainsi. Des Blancs pouvaient débarquer dans les campements, assassiner les chefs, piller les réserves et repartir comme si de rien n'était. Tout était provoqué par de vils prétextes ; et il valait mieux ne pas se plaindre.

Leutwein avait effectué une bonne opération. Il ne restait que le cas Witbooi, qui allait être réglé rapidement, il en était certain. Il cracha sur le sable rouge, monta à cheval et prit la direction du Naukluft.

De retour au campement, il permit à Jakob de prendre quelques jours de repos et lui donna une prime. Pour votre courage et votre sang-froid, l'armée aurait besoin de plus d'hommes comme vous. Un jour, peut-être, il pourrait en profiter, en attendant, il se fit remettre une fiole d'alcool qui circulait entre les soldats et s'isola dans sa chambre. Une demi-heure plus tard, il s'effondra. Il espérait dormir tard, peut-être se réveiller quand le cas Witbooi serait réglé.

Dans sa case, Leutwein trouva une lettre. Le cessez-le-feu courait pour quelques semaines encore et le chef nama espérait une issue pacifique. Pendant deux mois, Witbooi avait réfléchi au problème, à ces hommes illégitimes venus réclamer ses biens. En toute honnêteté, il ne comprenait pas ces histoires de traité de protection.

Fatigué de ces discussions, de ces lettres, de ces promesses, Leutwein organisa une rencontre secrète. Comme preuve de sa bonne foi, il laissa au Nama l'initiative du lieu.

Avec Pavlov et deux soldats, ils partirent à la tombée du jour. Les instructions de Witbooi étaient claires. À environ quatre kilomètres au nord, ils trouveraient une maison en pierres, au milieu d'un champ rocailleux. Il les attendrait là, sans armes. Ces abris étaient construits par des familles nomades qui s'y installaient quelques mois, jusqu'à ce qu'il n'y ait plus de gibier, jusqu'à ce que la terre ait livré toutes ses ressources. Parfois, ils réutilisaient cette habitation des années plus tard.

Pavlov était nerveux. Il pressentait un piège.

« Ne vous inquiétez pas, lieutenant, tout ira bien.

— Je doute qu'on puisse leur faire confiance.

— Ne sous-estimez pas votre ennemi. Même chez eux, on respecte une certaine parole et, si c'est un piège, notre armée les écrasera au matin, tous autant qu'ils sont. »

Pavlov n'était pas convaincu. Lui-même était prêt à saisir toutes les occasions. Les chevaux butaient parfois sur des pierres. Les couleurs des dunes et des rocs changeaient avec la lumière. Si vive en pleine journée, elle se faisait plus douce, plus accueillante.

Hendrik Witbooi les attendait depuis un bon moment.

Debout devant l'entrée de la maison, il avait les mains jointes dans le dos. Il était venu à pied, avec deux hommes. Aucun ne portait d'arme, pas même une lance.

Pavlov jetait des regards autour, il s'attendait à une embuscade, à ce que des centaines de Namas soient cachés derrière les dunes, qui était assez idiot pour aller voir l'ennemi désarmé. Leutwein sauta de cheval. Les deux hommes se saluèrent et rentrèrent dans la case.

De petites ouvertures laissaient circuler le vent. Une lanterne éclairait la pièce unique. Witbooi avait installé des tabourets creusés dans le bois. C'était la première rencontre, bien qu'elle ne soit pas officielle, entre un chef indigène et un commandant des troupes coloniales. Ils se tenaient à quelques centimètres l'un de l'autre. Avec ce temps de réflexion, Leutwein espérait que Witbooi reconnaisse leur souveraineté et que tout finisse. Ce n'était pas le cas.

La discussion s'anima vite, chacun défendant sa vision de l'ordre du monde. Dehors, Pavlov gardait une main sur son arme. Les Allemands et les Namas se tenaient de part et d'autre de la maison, évitant de se jeter des regards. La tension entre eux s'accentuait à mesure que l'entretien s'éternisait. Pour Pavlov, c'était une hérésie, l'ennemi numéro un du Reich se tenait là, à quelques mètres. Il n'avait qu'à sortir son arme, abattre les deux gardes, défoncer la porte et tirer une balle en plein cœur de Witbooi.

Tout serait alors fini.

Combien d'hommes sauvés ? Certes, ce n'était pas très honorable, mais après, c'est le résultat qui compte.

À l'intérieur, Witbooi avait exposé ses objections.

« Je vois, répondit Leutwein, vous devez vous rendre compte que votre refus de vous soumettre équivaut à une déclaration de guerre. Vous êtes un chef perspicace, j'eus espéré que vous saisissiez les avantages que vous auriez pu tirer d'un accord avec nous. L'époque des capitaines indépendants est révolue. Que vous l'acceptiez ou non. »

Witbooi le regardait dans les yeux. Une part de lui comprenait cette ambition démesurée, ce qu'il ne comprenait pas était la manière. Bien qu'il craigne la force allemande, il était prêt. Le fait que Leutwein se tienne là, devant lui, prouvait qu'ils n'étaient pas si forts qu'ils le prétendaient.

Les siens avaient déjà mis les soldats allemands en déroute, alors pourquoi seraient-ils aujourd'hui battus ? Raisonner ce commandant était inutile. Le monde ne serait plus jamais pareil, il allait le faire savoir.

« Vous dites, cher ami, que vous allez punir mes crimes par vos armes, au nom de la souveraineté de votre pays. Mais comprenez-moi, de ma vie je n'ai jamais vu votre Kaiser. Comment pourrais-je l'avoir offensé ?

— Vous jouez sur les mots.

— Vous devez voir les événements d'un autre point de vue. Cette terre nous appartient, et ce n'est pas un péché ni une faute que de vouloir la gouverner comme bon me semble. Mon peuple est libre. Tout comme le vôtre.

— Vous savez très bien qu'il ne s'agit pas que de ça. Les peuples libres, comme vous les appelez, qui ont accepté de traiter avec nous en ont retiré de grands avantages.

— Celui de vivre sous votre coupe. Je mourrai honnêtement pour mes idées quand vous, vous vous parez de l'apparence de la vertu pour nous exterminer. » Le chef nama déstabilisait Leutwein. « Ce n'est pas ça…

— Alors partez. Retirez-vous avec cette paix que je vous ai offerte. » Leutwein fixa Witbooi. Il n'avait pas besoin de répondre à ses propos. « Cette fois, nous nous battrons en retour. Je n'ai pas déclenché les hostilités. Je ne suis pas responsable du sang à venir.

— Je crains que le sang, ce soit le vôtre.

— Vous êtes un grand peuple, avec votre savoir et votre technologie, mais vous dépassez les limites. Je suis en paix avec ma conscience. Pouvez-vous en dire autant ? »

Leutwein le dévisagea, des traits d'or creusaient ses rides. Son expression avait changé. Aucune partie de son corps ne manifestait de haine, mais il irait où ses convictions l'emmènent. Quel gâchis, pensa Leutwein.

Lorsqu'ils ressortirent de la maison, la nuit les avait envahis. Witbooi partit à pied avec ses hommes, comme il était venu.

Sa silhouette filiforme.

« Commandant, que s'est-il passé ?

— Dans quelques jours, nous les attaquerons.

— Vous voulez dire que tout ça n'a servi à rien.

— Au contraire, Pavlov. La confrontation est inévitable, nous le savons depuis des jours. Il fallait simplement l'accepter. Repartons maintenant.

— Attendez. » Pavlov sortit son arme de son étui. « Ce serait si simple de l'éliminer. Il n'a aucune garde, nous sommes à cheval. Tout serait fini. Le Reich vous a envoyé pour ça. Vous avez la possibilité d'éviter une guerre. On n'aura qu'à l'enterrer, personne n'en saura rien. Je vous garantis que ce peuple ne se battra pas sans son chef.

— Il est tard, lieutenant, il est temps de rentrer. »

S'il y avait une autre solution, Leutwein l'ignora. Ne pas se soumettre au Kaiser était une menace pour la sécurité du protectorat, qu'il s'agisse de Witbooi ou d'un autre.

Le matin du 27 août, il ordonna l'attaque.

Malgré lui, Jakob y prit part. Il tira plusieurs coups de feu, espérant ne blesser personne. La charge ne dura que quelques heures. Question guérilla, les Allemands étaient dépassés, mais face à un ennemi à découvert, ils étaient invincibles. Les Namas se rendirent après un bref combat. La résistance avait fait son temps.

Witbooi, voulant épargner son peuple, signa un traité de « protection et d'amitié ». Ses guerriers devinrent la propriété de Leutwein. Leur identité était supprimée, effacée pour être reconstruite selon la volonté d'autres individus. Le chef obtint tout de même des conditions avantageuses. Leutwein avait décidé de favoriser une bonne entente entre eux. Il l'avait toujours clamé, détruire les indigènes n'était pas son plan, il voulait les soumettre.

Le commandant fit suivre la nouvelle à Berlin, qui se dépêcha d'envoyer plus de colons pour prendre possession de la terre. Une nouvelle phase de construction débutait. Rentabiliser chaque parcelle récupérée.

Leutwein était un visionnaire.

Les villes allaient pouvoir s'étendre, le chemin de fer être lancé par la Lenz & Company. Savoir-faire allemand et main-d'œuvre africaine.

L'Allemagne pouvait être fière de ce qu'elle accomplissait sur ce sol et Leutwein était la figure de cette réussite. Rien ne pourrait gâcher son ascension.

14.

Okahandja, janvier 2004

Je me tiens à l'écart, adossé contre un muret. Comme *coloured*, on m'a appris que je n'appartenais à aucun groupe. Sur la porte de la maison, à Katutura, la lettre G s'affichait, un peu passée par le temps, mais elle était bien là. *Gemeng*, les inclassables mélangés.

Le chef herero se recueille. Il s'est mis à genoux. Ses lunettes noires cachent peut-être des larmes.

Le cœur est gros.

Une pierre grise. Où est enterrée la dignité d'un peuple. Quelques mots gravés pour dire que là, sous la terre, repose un homme qui a été notre égal. Maharero. L'ambassadeur se tient à côté. Sa gêne grandit, il est le seul Blanc dans ce petit périmètre. Je lui trouve un air amusant. Avec son index, il replace sans cesse ses lunettes qui glissent à cause de la transpiration.

Derrière, des gerbes de fleurs passent de main en main.

Des slogans s'élèvent.

Des femmes pleurent comme si on leur avait arraché leurs nouveau-nés. Des arbres poussent au milieu d'une terre aride. Des palmiers plantés par l'homme se dorent au soleil. Un bougainvillier dégénéré s'est enchevêtré dans la carcasse d'un camion. En face de l'église, il y a une casse automobile. Des vieilles Volkswagen, des Mahindra, qui ont trouvé refuge ici. Un type fait marcher une scie électrique et éventre l'une d'entre elles. Ça a l'air de le faire jubiler. La graisse de ses bras tressaute.

Au loin, j'aperçois Ludwig, un bus l'a conduit depuis l'aéroport. Sa silhouette. Chapeau en cuir vissé sur la tête, fausse griffe de lion dans la lanière… Pourquoi tout le monde a besoin de se déguiser quand il vient en Afrique ?

Il me fait un signe. Il a l'air aussi excité qu'une jeune fille qui va à sa première soirée, certaine qu'elle deviendra une femme à l'arrière d'une voiture. La passion éternelle entre un mélange de skaï, de transpiration juvénile et d'odeur de tabac froid.

Il n'a pas beaucoup changé depuis les bancs de la fac. Oxford bleue, veste à carreaux sur l'épaule, un look d'enseignant qu'il cultive avec grâce – sans son chapeau ridicule, bien sûr, qu'il a dû se payer en transit à l'aéroport de Johannesburg. Un jour, une fille de première année l'a appelé Professeur, je crois que ça reste son plus beau fait de guerre de toute la période universitaire.

Ça fait cinq ans que je ne l'ai pas vu, il a encore ce ton mollasson, mais bienveillant, sympathique. De bonnes manières, mais trop poli. Son visage s'est un peu arrondi, il a pris du ventre. Je sais qu'il s'est marié entre-temps.

C'est agréable de voir un visage familier.

Un regard suffit pour revivre des années, un gouffre déstabilisant où on a envie de se perdre. Je vais lui raconter ce que je sais, il ne gardera que ce qui l'intéresse, mais je serai honnête. Ces réflexions que j'ai eues avec le temps. Ce qu'il cherche, c'est une histoire accrocheuse, mais l'amitié, c'est surtout contenter les autres. Et je ne peux pas oublier que c'est lui le premier qui est venu s'asseoir à côté de moi, quand j'avais dix-neuf ans et que j'étais un peu paumé.

C'était intéressé, je l'ai découvert après, mais ça ne change rien.

Il avait surpris la conversation de deux filles, à l'heure du déjeuner, Hanna et une autre, dont j'ai oublié le nom, à mon sujet. Apparemment, c'était rare de voir des étudiants avec une mine bronzée en janvier. Il avait flashé sur la petite brune et il s'était dit que j'étais un moyen de leur parler. Ça a marché. Enfin, pour Hanna et moi.

Je les laisse à leur cérémonie et je pars le retrouver.

Sa main moite. Il n'est pas habitué à cette chaleur. Il me prend dans ses bras. Un réconfort. Ça fait si longtemps !

Je l'emmène vers une tente blanche, où des femmes proposent des jus de fruits pressés. Il passe un mouchoir sur son front et en descend un cul sec.

Les gestes entre nous sont naturels, francs, certaines expressions oubliées ressortent, comme si on était encore des ados. Des images blotties dans le fond d'une mémoire qui ressurgissent.

Une anecdote en entraîne une autre, comme si nous ne nous étions jamais quittés. Le flot de sa voix.

« Comment va Hanna ?

— Bien. Elle a changé, tu sais, elle gère le parc botanique de la ville.

— Et sa carrière de diplomate, c'était bien ça, non ?

— Presque, avocate. Oubliée quand elle a posé le pied en Afrique.

— Ça me ferait plaisir de la voir.

— À Windhoek, peut-être. Tu restes combien de jours ?

— Seulement quatre. Je n'ai pas pu avoir mieux. Et ton père, toujours à Munich ? »

La dernière fois que je l'ai eu au téléphone, c'était le cas. Il venait de m'apprendre qu'il avait des problèmes au foie. Des années que je ne bois plus et voilà que ça m'arrive. Tu as plus de quatre-vingts ans, je lui ai répondu avant que la ligne ne se coupe. Ça a grésillé, puis plus rien. Aucun n'a eu le courage de rappeler.

C'est comme ça. On a fini par se parler par messages interposés. Je sais qu'il a revendu sa maison, il y a deux ans, pour un petit appartement du centre-ville. L'hôpital est au coin de la rue, un homme prévoyant.

Il y vit seul.

Un peu de calme après l'agitation. D'autres enfants, d'autres femmes, ça n'a jamais été son plan. Il avait plus de quarante ans quand il m'a eu, c'est bien suffisant.

« Tu l'as vu, récemment ?

— Pas vraiment. »

Plus qu'un père, il est une extension de moi, la garantie de ne pas être complètement seul au monde. Et les occasions sont rares, Munich est loin.

Ludwig engouffre un de ces chaussons fourrés au bœuf. Sa joue forme une boule. Il essaie de fairc comme s'il ne se brûlait pas.

« Il faut que je te montre. »

Le temps qu'il allume son ordinateur, je vois le visage réjoui d'un groupe de femmes. L'espoir qu'elles portent.

« Regarde ça, il me tend sa machine et fait défiler une série de photos, j'ai fait transformer mes vieilles pellicules. »

Je me vois à vingt ans, Hanna, lui, ce groupe d'amis que nous étions. Je nous trouve beaux.

Des noms me reviennent. Aujourd'hui, ils sont une adresse mail sur laquelle j'envoie parfois mes vœux. Je me rappelle cet été. Au bord de la mer Baltique. Ma vie enfin acceptée, je laissais ce passé pour l'avenir, loin de me douter que ça ressurgirait plus tard. Loin de me douter que l'ignorance n'est pas une solution.

« J'ai aussi ce que tu m'as demandé.

— Vraiment ? » Je n'osais pas lui en parler. Plusieurs fois, j'ai fait une demande officielle au gouvernement allemand pour avoir accès à certaines archives, mais ça m'a été refusé.

« Ça n'a pas été facile, me dit-il. Pourquoi ça t'intéresse tant ? Et pourquoi cet homme en particulier ? »

Je n'ai pas dit toute la vérité à Ludwig.

« Mon histoire est liée à celle de ce pays, et à cette journée. Je ne t'en ai jamais parlé, mais mon grand-père était lieutenant au sein de l'armée coloniale. Envoyé dans le Sud-Ouest africain pour faire valoir les droits de l'Allemagne. J'aimerais en savoir plus. »

Un ongle passe entre ses dents.

« Après toutes ces années ?

— Quand j'ai débarqué à Munich, ça m'obsédait, puis tout s'est tassé. Il y a eu Hanna, vous. J'ai eu l'esprit ailleurs. La Namibie était à peine un pays, alors tu imagines. Et vous étiez tous si sûrs de vous, si enthousiastes. Je ne voulais pas avoir à me justifier. Je voudrais comprendre un peu mieux, saisir dans quelles circonstances un soldat a fini avec une femme comme ma grand-mère, pourquoi il a fait ce choix-là, comment il s'est comporté avec ma mère.

— J'espère que ce que j'ai trouvé t'aidera. Avec seulement un nom, ça n'a pas été facile. Tu aurais dû me raconter au téléphone.

— Je sais, mais… j'étais gêné. »

Il s'essuie les doigts.

« Tout est sur l'ordinateur. »

Des réponses si proches, comme je mets un visage sur l'amitié avec Ludwig, j'ai l'occasion de le faire avec ce passé, avec mon héritage. Mais maintenant que c'est là, j'hésite.

Je l'ai tant voulu que je reste indécis.

« Tu veux qu'on parle de cette journée avant ?

— Euh… oui, je pensais…

— Qu'est-ce que tu aimerais savoir ? » Il se redresse, sort un petit calepin.

« Commence par me dire à quel point c'est important. Une cérémonie commémorative changera beaucoup de choses ?

— Ce n'est pas dans ce sens-là qu'il faut aborder la question. La plupart de ces gens ne veulent pas de véritable changement, ils veulent qu'on reconnaisse les faits, qu'on les accepte. Arrêter de faire comme s'il ne s'était rien passé. Et je te parle d'une réparation morale. »

Il y a tant à dire.

Ludwig est le seul Européen à avoir fait le déplacement. Le seul qui prête de l'intérêt à cette journée, qui veut en parler.

C'est étrange pour moi d'être en face de lui et de raconter l'histoire du Sud-Ouest africain, de la Namibie. Un pays qui, lui comme les autres, ne les a jamais intéressés. Une terre obscure d'où je débarquais, impossible à placer sur une carte. L'Allemagne avait alors d'autres préoccupations qu'un apartheid lointain, que le destin d'un pays à l'identité usurpée.

Puis j'étais allemand, moi aussi.

J'avais un passeport, document que ma mère n'a pas pu avoir. Elle n'était pas mariée légalement à mon père, plutôt une union scellée dans l'intimité. Je ne connais pas bien l'histoire de leur rencontre, mais je sais qu'elle est tombée enceinte très rapidement. Elle était employée municipale, ce qu'elle a arrêté de faire quand ils ont emménagé ensemble. Pour l'avoir sortie de là, je voue une admiration à mon père, un respect, qu'il s'est ensuite acharné à détruire. En commençant par se désintéresser de notre sort. En tout cas, leur soi-disant mariage n'avait aucune valeur juridique. Pas de ça pour les couples mixtes – les lois de ségrégation sont restées en vigueur jusqu'à la fin des années 1970. S'il y avait bien des lois d'immoralité, mon père, en tant qu'étranger, arrivait à s'en sortir, d'autant qu'il avait de sérieux appuis en Afrique du Sud, et ma mère avait pris du côté européen. Par rapport à moi, elle avait la peau très claire. Certains se sont laissé abuser, une Blanche qui aime un peu trop se mettre au soleil…

Un jeu continuel de cache-cache avec les autorités.

On avait un ami à l'université, fils de diplomate, qui avait passé cinq années en Chine. On nous comparait souvent.

Un exotisme, rien de plus. Quelques mots baragouinés dans une autre langue.

Ils ne voyaient pas un Africain, mais un garçon à l'enfance différente. Je n'avais pas grandi avec l'ombre de la Seconde Guerre mondiale, mais avec celle de l'époque coloniale, je ne connaissais pas les événements de 1972, aux Jeux d'été. Une partie de moi était allemande, mais elle ne correspondait à rien. J'avais tout à apprendre. Ce qui a favorisé l'éloignement de ma terre.

À voir Ludwig aujourd'hui, je pense qu'il comprend à quel point ils étaient loin de la réalité. Un Européen d'adoption, rien de plus. Il est penché sur son calepin, prêt à tout enregistrer. À me poser des questions avec vingt ans de retard.

Studieux comme il l'était avant.

Il a encore ce tic de fourrer le bout de son stylo dans l'oreille.

15.

Windhuk – Lüderitz, janvier à février 1895

Plus d'une femme, dans cette histoire, a été abusée, plus d'un enfant, plus d'un homme ont été battus au nom de l'empereur. Plus d'une blessure, d'une cicatrice portent la marque d'un Européen venu revendiquer des territoires au nom de la civilisation.

Leutwein était convaincu que le nombre de soldats ne changerait plus la donne maintenant que Witbooi était vaincu. Une approche diplomatique restait la meilleure manière de gouverner.

Favoriser l'économie, pas la guerre.

Des pensées qui n'étaient pas partagées par l'ensemble de ses compatriotes. La majorité des colons, à demi-mot, blâmaient son autorité, lassés de devoir traiter avec des indigènes. Beaucoup le critiquaient sur sa magnanimité, son humanisme envers eux.

Au milieu de cette nouvelle énergie, certains soldats purent choisir leur affectation. Jakob décida de partir en garnison à Lüderitz, pour six mois. Cette ville surprit le commandant. Là-bas, il n'y avait aucun problème, la vie y était ennuyeuse pour un soldat, mais Jakob avait ses raisons. Avant de refaire ce long voyage, il passa voir Arthur, qui était de plus en plus faible.

Maladie des nerfs. Apparemment, c'était déjà arrivé dans sa famille.

Ne t'inquiète pas pour moi, je serai bientôt sur pied, Jakob ne savait pas s'il pouvait croire en ces paroles, mais il s'apprêtait à partir et il n'était pas doué pour rassurer les autres. Il avait fait son maximum, c'est grâce à lui qu'Arthur pouvait rester à l'infirmerie et échapper à la réalité de la guerre. Arthur en était conscient, il avait voulu le remercier, mais la situation était vite devenue gênante. Une chose partagée entre eux seuls. Ils savaient sans avoir à la nommer.

Ils passèrent la soirée ensemble.

Arthur raconta sa jeunesse, l'histoire de son père, haut fonctionnaire, et de ses ambitions. Il était heureux d'avoir quelqu'un à qui parler. Les autres soldats ne lui prêtaient aucun intérêt. Il avait plusieurs fois eu l'opportunité d'embarquer pour le pays, mais il ne voulait pas encore. Cela ne faisait que six années qu'il était ici et pour rentrer fièrement, il devait au moins passer dix ans à l'étranger, alors, il dirait adieu à l'armée et repartirait vers la douceur de la vie. Une conviction que Jakob appréciait. Lui avait renouvelé son contrat. Suite à la découverte des manigances de son père, il avait émis le souhait de rester au sein de l'armée coloniale pour une durée indéterminée. Il n'envisageait aucun retour, la perspective de sa gêne le paralysait.

Dans quelques jours, il serait à Lüderitz, si bien qu'il n'y pensait pas.

« À cause de Brunhilde, n'est-ce pas ? dit Arthur en se redressant. Tu peux me le dire.

— C'est que… je ne sais pas. Peut-être. Je ne suis pas le genre à tout sacrifier, mais on est si seuls parfois. J'aimerais sortir la tête de l'armée, retrouver la sensation qu'on peut faire ce qu'on veut, décider de ce qui nous arrive… » Les yeux de Jakob s'étaient illuminés, une lumière qu'Arthur n'avait pas perçue avant.

« Je te comprends.

— Ce que je veux, c'est de la compagnie, rien de plus.

— Tu as de la chance. Moi, je suis bloqué là, un bon à rien.

— Ne dis pas ça.

— C'est la vérité. Je suis inutile à mon pays. » C'était vrai, ils en étaient conscients, mais parfois l'engagement va au-delà de ça.

« Tu as déjà accompli de grandes choses.

— Pas comme toi. Tu marches sur les pas de l'Histoire, tu es dans tous les bons coups.

— Il y en a certains que je t'aurais laissés… Et je te rappelle que ce n'est pas moi qui décide.

— Qu'est-ce que ça change ? Au moins, tu restes libre. »

Jakob n'en était pas sûr. Chacune de ces décisions avait été prise en réponse à un événement qu'il n'avait pas provoqué. Il se demanda comment Arthur pouvait se méprendre à ce point. Si quelqu'un était libre, c'était lui. Il suivait la route qu'il avait décidée, sans se soucier de ce qu'on pourrait en dire.

« Et toi, qu'est-ce qui t'attend au pays ? Dans quatre ans.

— Au pays ? », répondit Jakob qui ne lui avait pas dit que son engagement était reconduit. Il n'aurait jamais compris et Jakob n'avait pas envie de s'expliquer.

« Oui, de la famille, des amis, un travail ? »

Un travail ? Qu'est-ce que tu veux que je fasse ?

Jakob n'avait aucune qualité, pensait-il, aucune formation. Tuer des Noirs n'offrait pas d'avantage en Allemagne. Quant à une carrière de bureaucrate, cela lui faisait trop peur.

Ces années passées et il n'avait rien appris.

Dix-neuf ans, vingt ans, vingt-cinq ans…

« Oh, rien de spécial, je… je verrai bien.

— Tu pourras toujours me rejoindre à Berlin. J'ai de grandes idées. Ces colonies offrent des opportunités que tu n'imagines pas. Il faudra qu'on en parle, un jour, que tu viennes me voir.

— Si tu veux… » Jakob ne pensait pas à l'avenir, en tout cas pas à si long terme. « Il faut que j'y aille, demain, je me lève de bonne heure et je dois voir le commandant avant. Repose-toi, nous nous reverrons bientôt.

— Six mois. Une broutille dans ce monde.

— Tout ira bien ?

— Ne t'en fais pas pour moi. »

Jakob lui sourit, ce qui amusa Arthur. Il avait une de ces têtes avec sa cicatrice, et c'était rare de voir quelqu'un se réjouir dans ce foutu pays. Arthur ne regrettait rien, il n'était pas ce genre-là, mais il aurait parfois voulu, pendant une journée, une seule, un peu de confort. Oublier l'armée vingt-quatre heures, comme Jakob s'apprêtait à le faire.

*

Lüderitz s'était étendue en quelques années. Elle accueillait plus de colons et de nombreux indigènes déambulaient dans ses ruelles sableuses depuis que le Reich les avait privés de leurs terres. Jakob emprunta la rue principale. Au bout, la maison de la veuve Lüderitz était dans un état plus pitoyable que la dernière fois. Jakob n'avait pas mis Brunhilde au courant de son retour. Cela faisait longtemps et il n'avait pas oublié ses paroles. Ne m'écrivez pas.

Avant de la revoir, il voulait s'installer et se rendre présentable. Il avait six mois devant lui, six mois durant lesquels ses activités seraient réduites, alors rien ne servait de se presser. Il fallait le reconnaître, ici, il s'était familiarisé avec la patience, terminée l'excitation incontrôlable, du moins pour le moment. Il retrouva le chemin de la taverne où il avait séjourné avec Arthur. L'administration coloniale lui avait gardé la même chambre.

« Monsieur Ackermann, quel plaisir, dit le tenancier qui n'oubliait jamais un nom.

— Je vais rester avec vous quelque temps.

— Votre chambre est prête, nous avons reçu un ordre exprès. Ma femme va vous accompagner. »

Jakob suivit son épouse à l'étage. Une femme petite et ronde, sur laquelle on avait envie de laisser traîner ses mains.

Il retrouva ce lit, cette baignoire, d'autant qu'il avait la chambre juste pour lui. La tranquillité de l'endroit lui plaisait, c'est ce dont il avait besoin. Il posa son barda dans un coin, entrouvrit la fenêtre et s'allongea. Du bout du pied, il enleva une botte, puis l'autre, enfonça sa tête dans l'oreiller. Le bruit des ressorts.

Il était dans un des seuls endroits où il se sentait à l'abri. Une petite unité de cinq soldats était en poste ici. Cinq hommes servant à montrer l'uniforme, pas plus. Cinq hommes qui n'avaient jamais eu à utiliser leurs armes.

En bas, il entendit l'agitation grandir. Des voix de femmes, un peu de musique, des hommes qu'il devinait avoir bu. Une légère odeur de guano qui remonte par l'escalier et qui pique les narines. Il s'endormit sans prendre le soin d'enlever ses habits ni de déballer ses affaires.

En se levant, il se sentit heureux. Il fit couler un bain, plongea son corps dans l'eau fraîche. Passa un pantalon de coton bleu, une chemise blanche et une veste beige. Dans cet attirail, il ne se reconnaissait pas.

Face à son reflet, il se trouva beau. Comme si ce changement physique lui avait enlevé le poids de la guerre qu'il avait faite.

Il mit un chapeau à large bord, de manière à ce que sa cicatrice ne soit pas trop visible, et sortit. Comme il l'avait pensé la veille, il se rendit à la grande maison blanche.

Sur le perron, il eut une petite appréhension. Brunhilde avait peut-être changé. Il se frotta les mains et sonna.

Des pas de l'autre côté, puis la porte s'ouvrit en grand.

« Oui…

— Brunhilde. » Quand il enleva son chapeau, elle le reconnut.

« Jakob ! vous êtes revenu. » Prise au dépourvu, elle s'empourpra. « Que faites-vous ici ?

— Je suis en poste pour six mois. Je suis arrivé hier. Comment… Comment allez-vous ?

— Bien. Vous avez tant de choses à me raconter. » Une gêne, puis un silence. On entendait sa mère crier derrière. « Je suis… je suis un peu occupée, là, mais que diriez-vous d'un déjeuner ? À midi. »

Il n'espérait pas mieux.

« Rejoignez-moi dans le fond de la baie, il y a un petit restaurant. » Alors qu'il repartait, Brunhilde le retint, posant une main sur son épaule. « Jakob, je suis heureuse de vous voir. »

Il avait arpenté la côte deux fois, sans rien trouver. Étrange qu'un restaurant soit né dans cet endroit. Midi passé de dix minutes et il détestait être en retard. Le fond de la baie.

Bien sûr, il aurait pu demander son chemin, mais il n'y avait personne. Des bras de pierres formaient des petits fjords isolés où les algues venaient s'échouer. Des otaries hurlaient, se dorant la pilule au soleil. Un concentré d'iode. Il se sentit frustré devant ces minutes qui défilaient. Chaque fois qu'il s'agissait de son propre plaisir, les événements prenaient une tournure inattendue.

Un mollusque qui n'a pas trouvé refuge.

Avec les années, sa mère s'était convaincue que son accident n'était pas arrivé par hasard et que le bonheur le plus légitime pour une femme lui avait été enlevé. Jakob avait fini par accepter ce comportement. Il avait eu l'opportunité d'y penser et certains aspects de sa personnalité lui apparaissaient plus clairement. Cette culpabilité, l'impossibilité d'être satisfaite. Était-il pareil ? En tout cas, sa mère lui avait transmis, sans doute de manière inconsciente, si ce n'était pas le cas il n'était pas prêt à se l'avouer, ses doutes et l'avait puni de ne pas avoir pu être un bon enfant. Un enfant normal, et pas un être dont il ait constamment fallu s'excuser.

Il s'apprêtait à se rendre chez Brunhilde, imaginant quelles excuses il lui sortirait, quand il vit une silhouette faire de grands gestes dans sa direction. Comme il n'y avait personne d'autre, il s'approcha, un peu gêné, le doigt sur la poitrine, marmonnant « moi ? ».

« Ah Jakob ! vous voilà. Elle était essoufflée.

— Je vous ai cherchée partout.

— Je sais, maintenant je suis là, venez. »

Elle l'emmena au pied d'un phare en construction où un colon avait monté un petit étal et proposait de déguster des huîtres. Lorsque les livraisons le permettaient, il offrait un verre de riesling avec, mais c'était assez rare.

La couleur de la pierre aux alentours, presque blanche, surprit Jakob, qui avait du mal à savoir si c'était accueillant ou non. De l'autre côté de la baie, la ville étendait ses quelques maisons, comme un défi à la nature, comme une construction parfaite dans un univers imparfait.

« Alors Jakob, racontez-moi. »

Il y avait tant à dire qu'il ne savait par où commencer ; il n'était pas question des morts, des attaques, du sang, des blessés, mais il raconta ses aventures, comme si ça avait quelque chose de romantique. Il se comparait presque à Marco Polo, La Pérouse, Magellan, découvreurs de nouveaux mondes. Après tout, il avait droit de se laisser aller. Avec elle, il n'avait pas peur, elle lui donnait un certain courage, comme il avait pu le ressentir avec Eda.

En Allemagne, il avait rêvé de rencontrer une fille, mais ça n'était pas arrivé. Les Allemandes, celles restées au pays, n'étaient pas faites pour lui. Elles s'arrêtaient à sa cicatrice et à ce qu'on en dirait. Brunhilde avait l'air de passer au-dessus.

Au cours de cet après-midi, Jakob retrouva l'innocence d'une vie éloignée de la guerre. Brunhilde rit plusieurs fois lorsqu'il lui raconta les aventures des soldats, qu'il tournait volontiers en ridicule. Même Arthur en prit pour son grade. Il aurait pu dire n'importe quoi, ça l'aurait réjouie. Rien ne l'obligeait à être ici, avec lui, elle le désirait, et c'était nouveau pour Jakob.

C'était nouveau qu'on apprécie sa présence sans arrière-pensées.

*

M. Vogt, le maire de Lüderitz, était un homme borné. En plus de son physique repoussant, de sa puanteur, de sa grossièreté, il ne connaissait rien, à part les théories en vogue sur la suprématie blanche. Propriétaire de nombreuses terres, il était le genre d'hommes à battre « ses nègres », comme il les appelait et, la nuit venue, à se glisser dans les draps des femmes. Il en avait déjà engrossé deux, qu'il avait immédiatement bannies de sa propriété. Comme il n'était pas marié – aucune femme n'aurait voulu de lui sans en être forcée – il s'en cachait à peine.

Il avait eu de l'armée deux hommes pour défendre ses terres. Au départ, il s'était fait passer pour quelqu'un de bon, fréquentant les missionnaires afin qu'ils lui envoient les indigènes privés de terres. Il les faisait travailler pour une misère, aucun n'avait la force de se battre. Ils avaient été défaits et l'homme blanc imposait un respect, une supériorité qu'on ne remettait pas en cause.

Ainsi, ce M. Vogt aimait parler d'une dégénérescence de l'homme blanc à l'homme noir – personne n'a jamais vu la peau d'un Noir blanchir ! – il avait lu Gobineau et ses idées sur l'inégalité des races, il s'était rendu dans ces zoos humains où, entre macaques et chimpanzés, des Noirs étaient enfermés dans des cages pour divertir les familles désireuses de se rapprocher de Dieu ; il aimait l'idée de hiérarchie, était adepte de craniométrie et autres pseudosciences, il avait entendu parler de Blumenbach, de Francis Galton, il connaissait le nom d'Herbert Spencer, était d'accord avec le darwinisme social, avec l'idée d'une sélection naturelle à son avantage, avec celle de lutte raciale, de racisme scientifique et il suivait avec attention les publications, qu'il se faisait envoyer du pays, du biologiste et philosophe Ernst Haeckel, dont il retenait ce qu'il voulait.

C'est ce M. Vogt qui accueillit Jakob à la porte d'entrée.

La veuve donnait un déjeuner et Brunhilde l'avait invité. Le maire ne le reconnut pas sans son uniforme, il l'avait à peine croisé lors de son premier séjour dans la ville. Il fit une grimace qu'il n'essaya pas de cacher quand il vit le trou que formait sa blessure. Ben, mon gars ! en voilà une sacrée gueule, c'est ce que lut Jakob dans son regard.

Il le fit passer au salon, où plusieurs colons paressaient autour d'un buffet. L'oisiveté coloniale à son paroxysme. Brunhilde s'ennuyait dans un coin, mais retrouva son entrain à la vue de Jakob. Elle se fraya un chemin jusqu'à lui.

« Jakob, vous voilà enfin. Vous êtes la seule personne que j'avais envie de voir. »

Une possibilité de bonheur, de ne plus être seuls, apparaissait comme évidente et il y aurait bientôt un cap à franchir. Jakob remit une bouteille à la veuve, qui l'appréciait de plus en plus, voyant sa fille heureuse à ses côtés.

Au centre de la pièce, M. Vogt racontait une de ses histoires. Ce matin, il avait rué de coups un de « ses nègres », pour se mettre en forme. Je ne fais plus d'exercice à mon âge… seulement le passage à tabac, et il riait dans un rire gras et sonore, ses bajoues s'excitant comme une gelée anglaise. Jakob dégueulait ces paroles, lui qui était sans doute le plus proche des indigènes, lui qui savait différencier un Nama d'un Herero d'un Damara, mais il ne dit rien. Il baissa le nez dans son verre et but à petites gorgées. L'expérience lui avait appris à se comporter de cette manière.

Vogt riait tellement qu'il était au bord de l'explosion. Au coin de ses lèvres, un dépôt de bave se formait. Jakob ne pouvait s'empêcher de le fixer. Il aurait aimé que sa cervelle éclate et que des bouts visqueux viennent se coller aux murs. Il aurait alors regardé ce gros corps sans tête en souriant. Parfois, il avait ce genre d'idées.

Les autres, autour, riaient, impressionnés par la carrure de cet homme. La veuve Lüderitz ne l'aimait pas particulièrement, mais il faisait partie des meubles, et il avait connu son mari il y a des années, alors elle tolérait ses frasques.

Jakob regardait le plafond s'effriter quand Brunhilde se dirigea vers Vogt.

« Et dites-moi, monsieur, il paraît que vous aimez le charme de certaines d'entre elles.

— Comment, jeune fille ?

— À ce qu'on dit, vous avez quelques enfants métis.

— Un peu de tenue. Moi, et une nègre ! Non mais vous m'avez bien regardé.

— Vous êtes un fardeau pour ce pays, votre manque d'humanité nous amènera au bord du gouffre.

— D'humanité… n'employez pas ce genre de mots, je vous assure. Ma chère, dit-il à la veuve, je ne savais pas votre fille si passionnée. » Vogt était un peu décontenancé par l'attitude de Brunhilde. Il n'avait pas l'habitude qu'on lui parle de cette manière. « Dites-moi, reprit-il, votre fille devrait aller vivre chez les indigènes, elle pourrait leur enseigner ce qu'est l'humanité. » L'assemblée s'esclaffa.

« Vous ne vous souciez donc que de vous-même, répondit Brunhilde.

— Et pourquoi devrais-je me soucier d'une chose dont tout le monde se moque ? Ces gens-là n'ont rien d'humain… au sens européen, j'entends. »

Jakob se demandait où il avait atterri. Ce sont eux qui représentaient l'avenir ? Il n'avait aucune sympathie pour les indigènes, sauf peut-être pour Witbooi, mais comme Leutwein, il pensait qu'ils étaient nécessaires à ce sol.

Il s'avança, désireux de clore cette discussion.

« Je ne pense pas que vous connaissiez quelque chose d'eux, monsieur.

— Et vous, jeune homme ? Encore un de ces défenseurs, vous êtes de mèche avec les missionnaires ou vous voulez vous faire remarquer ?

— J'ai connu Hendrik Witbooi, et croyez-moi, c'est un homme de valeur. Vous imaginez que tout vous appartient car l'Empire vous l'a remis, mais c'est faux.

— Bon sang ! ces jeunes idéalistes. Vous rêvez, ce pays appartient à l'Allemagne et ces gens n'ont aucune valeur. Regardez ce qu'ils ont accompli sur cette terre. Rien. Nous faisons de ce pays ce que bon nous semble, que ça vous plaise ou non. D'autant que ces sauvages, ils n'ont pas d'histoire, pas de compréhension des événements. Vogt sourit. Pas d'historicité, si vous voulez.

— Je ne suis pas d'accord. » Jakob continua à parler, sans savoir s'il croyait en ce qu'il disait ou non, mais aimant être contre cet homme, se trouvant une identité en s'opposant à lui.

« Eh bien ! ce pays change. Comme quoi, pour être un nègre, il ne suffit plus seulement d'avoir la peau noire. » Vogt fixa Jakob, se sachant en sécurité.

Ses poings se serrèrent. Non, ce n'était pas le lieu. Pour la première fois, Jakob existait, il ne fallait pas gâcher ça. Brunhilde posa sa main sur son épaule et lui glissa à l'oreille que ça ne valait pas le coup. Accompagnez-moi dehors plutôt, venez.

Ensemble, ils arpentèrent les ruelles sableuses. De plus en plus de commerces naissaient dans la grande rue. Contrairement à Windhuk, cette ville avait été bâtie par des commerçants. Ça avait presque un air de conquête de l'Ouest.

Près de la jetée, les barques des pêcheurs attendaient d'être remplies. Une sérénité. Quelques lanternes éclairaient l'horizon, des feux allumés pour les retardataires. La lune qui reflète son argent sur l'eau. Ne manquaient que des arbres, gigantesques, et des fleurs.

Brunhilde passa son bras dans celui de Jakob. « Alors comme ça, vous avez connu Hendrik Witbooi. On dit beaucoup de bien de lui, même en Allemagne, il paraît qu'il attire la sympathie.

— Je l'ai rencontré une fois. » Jakob ne voulait pas raconter dans quelles circonstances. Il n'avait pas oublié que juste après, l'armée l'avait défait, et qu'il y avait pris part.

« Quel effet vous a-t-il fait ?

— Celui d'un homme de valeur, comme je l'ai dit. Il n'est pas comme vous et moi. C'est sûr, nous étions en guerre, mais… Il a pris la bonne décision pour son peuple. »

Silence.

Les vagues comme une invitation au voyage.

L'air chaud, chargé d'odeurs, qui arrive des terres.

« Celle de vivre selon votre volonté.

— Brunhilde… ce n'est pas aussi simple.

— Je sais, désolée, c'est que j'ai du mal à m'empêcher de penser que notre place n'est pas ici.

— Notre place ?

— La vôtre, Jakob. Pas vous, mais votre uniforme. » Comme le visage de Jakob s'obscurcit, elle reprit « D'ailleurs, je vous trouve beaucoup mieux sans. »

16.

Kolmanskop, 2 février 1928

Il passe sa main dans les cheveux, d'avant en arrière.

La migraine ne le quitte plus depuis longtemps. Parfois, le sifflement dans ses oreilles reprend, comme un rappel de ce qui est arrivé. Il n'aime pas repenser à cette journée d'août.

Des détails sont pourtant là pour lui rappeler chaque moment passé ici.

Le théâtre de ses malheurs à quelques encablures.

L'homme, il l'a appris, ne recule devant rien, décidé à faire d'un monde ce qu'il n'aurait jamais dû être.

Il se lève avec le soleil, sans rechigner. Il ne traîne plus au lit, se laissant aller à des rêves éveillés, vivant des vies imaginaires et les arrangeant pour en être le héros. Désormais, c'est une vie à l'identique. Sur le rebord d'une commode, son casque traîne, plein de poussière. L'espoir d'un jour meilleur qui ne s'est jamais manifesté.

Il en a connu des folies, celle-là est peut-être la plus absurde.

Les diamants.

La richesse à n'importe quel prix.

Depuis des années, des hommes cherchent. Peu importent l'Histoire, les conflits, les directeurs ; les pierres restent la priorité. D'abord des Allemands, puis des Anglais, des Sud-Africains et des Ovambos, embauchés par la compagnie. On dit que leurs conditions de travail sont acceptables, mais personne n'y regarde de trop près, et si certains se plaignent, on ne les entend pas.

On a déjà dit tellement de choses.

Lui, il est superviseur. Un travail au milieu de l'échelle sociale. Mieux que les Noirs, mais basique pour les Blancs. Il veille à ce que les mineurs fassent bien le travail d'extraction. Il gère une équipe de plusieurs hommes, lui-même est géré par quelqu'un d'autre.

Cette bicoque autour de lui.

Cette chambre qu'on lui a donnée, ce dortoir où la vie des hommes célibataires s'étend. Dans un coin, un lavabo est rempli d'une eau boueuse, la seule fenêtre est obstruée par ce qui a servi de drap, un jour. Une tache jaune pisse décore le plafond.

Des murs gris et impersonnels.

La rigueur allemande à son paroxysme. Des rangées de bâtiments tristes qui se suivent. Rien à l'horizon. Le village a été conçu pour être fonctionnel, pas fantaisiste. Il a entendu que les quelques maisons privées sont décorées avec soin, mais il n'y a jamais été invité. On dit que les murs sont bleu, orange, vert et qu'on sert les repas dans de la porcelaine.

Pas loin, une cahute où un tube métallique coule vers une fosse commune, ramassis de ce que l'homme essaie de cacher.

Et ce sol poussiéreux. Partout.

Le confort, ça fait longtemps qu'il a oublié ce que c'était, il ne s'en rappelle même plus, la sécurité d'une chambre cossue.

Ses souvenirs, il préfère ne pas les invoquer.

Puis il est mieux loti que les mineurs. La vie lui a appris qu'il y avait toujours pire que soi. Surtout si on est né du bon côté.

Il enfile sa paire de bottes. La gauche a du mal à rentrer.

Il est obligé de forcer. Il soupire.

Les miroirs ont été bannis de la pièce. Pour l'instant, il n'a pas touché le jackpot, en presque vingt ans, mais ça viendra. Il a toujours su être patient. Parfois, il a l'impression d'avoir passé sa vie à attendre. Ce qui le dérange, c'est qu'il ne sait pas quoi.

Le parquet craque. La porte doit être ouverte, il doit plonger dans cet infini, seul, sans personne qui le soutient. La famille est un mot qui n'a plus de sens.

Les barrières sont tombées, mais il n'est pas libre.

Quand il passe le nez dehors, l'agitation est totale. Il fait glisser une glaire à sa bouche. Ce matin, le vent est chargé d'embruns.

Tard hier soir, lui ne travaillait pas, des hommes ont trouvé des diamants gros comme les poings d'un enfant. La compagnie est heureuse. Elle a récemment changé de main. Pas pire que leur prédécesseur, pas mieux non plus.

De chaque compagnie, eux n'ont eu droit qu'au visage du responsable, le reste n'est qu'un flou immense. Des hommes, des machines, des robots ? Une nébuleuse, un être désincarné, les pieds ancrés en Europe, cette terre qu'il n'a pas revue.

Les mineurs deviennent fous, ils s'organisent comme ils peuvent.

Des cris partout.

Des ordres. Ici, ce ne sont pas des tendres, chacun veut sa part du gâteau. Ils s'imaginent que si ce sont eux qui rapportent le pactole, ils pourront en bénéficier, mais ils se trompent. Les diamants appartiennent à la compagnie. Ce qu'on peut espérer, c'est une promotion. Passer de mineur à superviseur. Quelle perspective ! Ou avoir quelques bénéfices en nature, en plus de la viande qu'ils distribuent en début de semaine.

Au milieu du désert, les ombres des maisons s'élancent vers l'infini. Elles dansent sur l'étendue jaune et grise, montant et descendant les dunes et les roches. Le soleil oblique, qui s'étire avant une nouvelle journée.

À cette heure, la nature semble joueuse.

Cette terre paraît presque humaine.

Face à tout ça, il se demande ce qu'il fait encore là.

Un regard au loin, l'air est déjà lourd, annonciateur de grosses chaleurs. Il ferme les yeux, aspire. Il n'y voit rien.

Il descend l'allée sableuse, salue les autres d'un signe de main. Ces gens qui sont ses égaux, mais qu'il sent si lointains. Presque d'une autre galaxie. Le train est prêt à partir, cette petite ligne qui traverse le village en direction des carrières. Celle où il travaille n'est pas loin.

Cinq kilomètres.

Il pose un pied, s'assoit sur le banc de bois. Dur. Ses os souffrent. Le train gémit, toussote, puis se met en marche. Lentement, puis il prend de la vitesse. Les retardataires courent, s'agrippent et sautent à l'intérieur.

Encore une nouvelle journée.

Il a arrêté d'en faire le compte.

Le sol est si riche et lui n'a rien. De toute façon, s'il faisait fortune, qu'en ferait-il ?

17.

Lüderitz, mars 1895

Quand Brunhilde lui proposa de rafistoler la maison de sa mère – réparer la balustrade, poncer la façade, repeindre le bois dans sa couleur d'origine –, Jakob accepta tout de suite. Il y vit même une aubaine. Ça la gêna qu'il refuse d'être payé, mais quand elle proposa de s'occuper des déjeuners, chacun y trouva son compte.

La veuve était heureuse qu'un homme s'occupe de cette maison. Elle n'était pas immortelle et elle voulait le meilleur pour sa fille. De là à dire que Jakob était le meilleur, il y avait un monde, mais tout de même.

Avant de commencer, il se mit en tête de lui trouver un cadeau, quelque chose qui lui permette de se distinguer. Sa mère était sensible à chacune de ses attentions. Un bouquet de lys sauvages et il avait la sensation qu'elle l'aimait plus que tout.

Il palpa les pièces que lui avait remises le commandant et emprunta la rue commerçante. Les magasins proposaient essentiellement des produits de la vie de tous les jours. Nourriture, soins du corps, outils, armes. Il passait de l'un à l'autre, insatisfait.

Une devanture finit par attirer son regard.

La sonnette en cloche de vache tinta, un homme l'accueillit. « Bienvenue au comptoir de la dentelle. » Jakob n'était pas trop à l'aise. Ce type parlait avec un accent français prononcé, feint ou pas ? difficile à dire. « Je suppose que c'est pour votre fiancée.

— Pas tout à fait. »

L'homme lui fit faire le tour du propriétaire.

« Là, on est sur une dentelle à l'aiguille, vous pouvez toucher, allez-y. Là, c'est au crochet, vous sentez la différence ? » Des dessous de plat, des chemisiers, des sortes de chapeaux, des choses dont Jakob ignorait le nom et l'utilité.

Sa main allait de l'un à l'autre. C'est vrai que c'est beau. Il s'arrêta sur une nappe de table.

« Monsieur est connaisseur. Dentelle de Bayeux, réalisée aux fuseaux. Avec ça, vous êtes sûr de faire sensation. »

Sensation, c'est exactement ce qu'il voulait. Un bref regard à sa montre lui indiqua qu'il prenait du retard.

« Et combien ça vaut ? »

Le vendeur s'éclaircit la voix, il avait de ces manières celui-là. « Avant de parler chiffres, dit-il, rendez-vous compte de la qualité du produit, ça vient de France. C'est censé aller au Cap, mais j'arrive à en intercepter de temps en temps.

— D'accord, le prix, s'il vous plaît. » Jakob devait déjà y être depuis cinq minutes. Le vendeur griffonna une note qu'il lui montra discrètement, comme s'ils faisaient une transaction interdite.

Jakob crut avoir une attaque. « Autant que ça ?

— Je vous l'ai dit, ça vient de France. » Qu'est-ce qu'il en avait à faire, Jakob, que ça vienne de France. Il sortit ses pièces et les tendit à l'homme. « Pour ça, vous avez quoi à me proposer ?

— Allez plutôt voir au bout de la rue, il y a une Hottentote qui vend des broutilles, de l'artisanat qu'elle fait avec ce qu'elle ramasse sur la plage. Vous devriez trouver quelque chose à votre goût. »

Jakob ressortit furieux. Quel con, celui-là. Tout en se hâtant, il passa devant la femme dont il avait parlé. Il ne voulut pas s'arrêter, mais il fit tout de même demi-tour.

Elle lui exposa quelques bijoux, franchement moches, taillés dans la corne d'on ne sait quoi. Alors qu'il s'apprêtait à repartir, elle sortit d'une poche un foulard noir qu'elle ouvrit avec soin. Allez, disait Jakob. Elle découvrit un peigne sculpté. À première vue, c'était plus un objet de décoration, mais elle lui montra qu'il servait bien à se coiffer. Dans ses cheveux crépus, l'espacement des dents était parfait. Le manche était habilement travaillé en forme de coquillage.

« Je le prends. Combien ? »

La femme regarda sa main ouverte, dévoila ses dents, qu'on aurait dit fossilisées, s'empara de trois pièces et lui remit l'objet. Il la remercia, comme si elle venait de le sauver, prêt à l'embrasser, puis partit en courant.

Il toqua deux coups et Brunhilde vint ouvrir.

« Jakob ! vous êtes tout essoufflé, ça va ?

— Je suis un peu en retard, désolé.

— Ne vous en faites pas, arrivez quand vous voulez. Vous avez le temps de prendre un café ou vous préférez vous y mettre tout de suite ?

— Non, un café, c'est bien… »

Jakob serrait son objet. Il n'avait pas eu le temps de l'emballer, il se demanda comment lui offrir. Brunhilde lui tendit une tasse brûlante.

« Vous êtes sûr que ça va, Jakob ?

— Oui, tout va bien.

— Vous trouverez le matériel dans le vestibule. Vous me direz s'il manque quelque chose.

— Je m'y mets tout de suite après. » Lance-toi, c'est le moment. « Avant, je voulais vous donner quelque chose. Désolé de vous le présenter comme ça, mais… j'ai pensé que ça vous ferait plaisir. »

En voyant le peigne, elle ne put retenir un rire. C'était à la fois le cadeau le plus grotesque et le plus mignon qu'on lui ait fait.

Elle s'en saisit. Une attention si délicate. Merci Jakob.

Quand elle voulut l'essayer, ils comprirent que ce n'était pas adapté à une chevelure lisse comme la sienne. Ils en rirent. Pour le moment, c'était la seule chose qu'il pouvait lui offrir.

Ça lui prit une semaine pour réparer la balustrade. C'était plus compliqué que ce qu'il avait imaginé et Brunhilde venait souvent le distraire. Chaque soir, il rentrait épuisé, mais content. Tout son être basculait vers une vie anodine et ça avait un côté agréable.

Alors qu'il commençait à croire cette situation durable, un soldat vint le trouver. Il était en train de monter un échafaudage pour s'attaquer au ponçage et à la peinture.

« Jakob Ackermann !

— Oui.

— Il faut que vous nous accompagniez. Il a beaucoup plu dans les terres et un glissement de terrain a tué plusieurs vaches à proximité de la ferme de M. Vogt.

— On en aura pour combien de temps ?

— Nous y serons dans la journée. Après, ça dépendra de la situation.

— Je vous retrouve au poste, le temps de me changer. » Cette perspective ne lui plaisait pas. Aider ce Vogt à la place de rester auprès de Brunhilde.

Elle parut déçue de le voir partir.

Il était pressé, mais elle tint à l'accompagner jusqu'à sa chambre. Devant la taverne, ils restèrent sur le seuil un instant, n'osant prendre de décision. Des jours qu'ils passaient ensemble, il devait sortir quelque chose. Des heures à se raconter des vies imaginées, la leur allait-elle changer ? Il se tordait les mains, comme il en avait l'habitude. Elle voulait le bousculer, mais elle restait une femme, ils restaient perdus au fond du monde, et les règles ne pouvaient être chamboulées. Ne sachant comment s'y prendre, il finit par lui proposer de monter.

Vous verrez où je vis, comme ça.

Jakob ne savait pas trop quoi faire avec Brunhilde. Dans les escaliers qui grincent, il vit sa main sur la rambarde, agrippant délicatement le bois. Il sentit le sourire de la femme du tenancier dans son dos. La salle entière suspendue à ce couple, sachant ce qui devait arriver.

Un tour de clé et ils se retrouvèrent seuls au monde.

Brunhilde effleurait chaque objet du bout des doigts, cherchant le regard de Jakob. Il voulait tendre les bras et l'enlacer. L'espace d'un instant, il crut – il en était presque certain – que c'est ce qu'elle lui demandait.

Fais-le, disait-elle, ce moment n'appartient qu'à nous, mais il se racla la gorge et passa dans la pièce à côté. Personne ne lui avait appris comment se comporter avec une femme. Pas le genre de sujet qu'il abordait avec son père, comme si les deux s'étaient convaincus qu'un tel moment ne pourrait jamais arriver. Seulement, ils n'avaient pas prévu le Sud-Ouest africain. Aujourd'hui, sa maladresse était un handicap. Jakob préférait ne rien tenter que de se tourner en ridicule.

Il faut que je me dépêche, dit-il en fourrant ses affaires dans un sac, la voix déformée. Brunhilde entendit l'eau couler, puis Jakob qui se changeait, ne comprenant pas qu'il l'ait laissée en plan.

Quand il ressortit, il était en uniforme.

Elle se rappela qui il était.

Ces quelques jours ne correspondaient pas à la réalité. Il n'était pas ce jeune homme timide qui arrivait chez elle excité et qui lui offrait des cadeaux sans raison. Non. Il était un soldat, prêt à intervenir à n'importe quel moment. Quand il saisit son arme, il vit le dégoût qu'elle afficha. Ce bout de métal et de bois avait tué des gens, des innocents, elle en était convaincue. Il voulut la cacher, mais elle était bien trop grande. Jakob avait deux facettes, comme son visage, la partie droite était enfantine, innocente, quand sur sa joue gauche, se lisait l'horreur. Pourtant, Brunhilde ne regardait pas cette cicatrice comme une chose atroce. Elle n'en était pas dégoûtée, mais elle la considéra comme un symbole.

Jakob se rapprocha et posa la main sur son épaule. Il voulait quelque chose avant de partir, la certitude que lorsqu'ils se reverraient, ils seraient plus que des amis. Je ne souhaite pas vous mettre en retard, dit-elle en se détournant. Il avait manqué sa chance. Elle avait été prête à s'abandonner, mais tout s'était effondré.

Il passa une main dans ses cheveux, Je vous verrai à mon retour, pour les travaux, et sortit en vitesse, lui laissant le soin de fermer la porte. Un lien s'était brisé. Elle resta seule quelques instants, s'imprégnant de son monde, de ses odeurs.

Elle souffrait de solitude, mais Jakob, un soldat ?

Avait-elle seulement le luxe d'avoir des convictions ?

Il retrouva Vogt à la fin de la journée. Avec ses hommes, ils étaient regroupés autour d'une coulée de boue qui avait tué une dizaine de vaches. Quand il arriva, Vogt tapa son chapeau contre sa cuisse, Il ne manque plus que ça, l'ami des nègres.

Jakob jeta un œil vers le ciel. Souvent, les orages éclataient en fin de journée et duraient peu de temps. Il n'avait aucune idée de la manière de traiter ce conflit.

Les hommes de Vogt amenaient leurs bêtes d'une terre à l'autre en passant sur un territoire nama et, lors de la coulée de boue, des vaches des Namas s'étaient mêlées aux leurs, ce qui avait causé une sacrée panique. Vogt exigeait qu'ils paient pour les animaux morts, les Namas idem, etc. Situation compliquée car ce peuple bénéficiait de l'accord de protection du Reich.

Pour le maire, les choses étaient simples, ses hommes avaient des fusils, les Namas étaient désarmés, voilà ; ils étaient blancs, eux étaient noirs. Il avait déjà choisi ses animaux et celui qui résisterait aurait droit à du plomb dans le cul. Jakob était le plus expérimenté, c'était à lui de trancher.

Déjà, il ordonna aux hommes de rengainer leurs armes.

Vogt s'approcha de son épaule. « Vous n'allez pas donner raison à ces nè… à ces indigènes tout de même. Nous faisons partie du même camp.

— Ah oui ?

— À Lüderitz, nous nous sommes mal compris, Ackermann.

— Parce que vous vous souvenez de mon nom maintenant, monsieur Vogt ? Vous savez que j'ai l'appui du commandant Leutwein et que je déciderai en toute impartialité ce qu'il est juste de faire. Ces peuples bénéficient de notre protection et de notre amitié. »

Vogt renâcla à l'oreille de Jakob.

« Vous me faites rire avec votre amitié… Ne faites rien que vous pourriez regretter. Leur protection ne doit pas se faire au détriment de citoyens allemands. J'ai des relations et cette ville, Lüderitz, c'est la mienne. Ses habitants sont à ma botte. Même cette Brunhilde.

— Cette place, on vous y a mis, vous ne l'avez pas acquise. » Jakob s'était approché. Leurs visages presque collés.

Vogt le trouva effrayant. Sa cicatrice, le ciel qui tonnait, son allure, d'habitude chétive, mais là, Jakob s'était métamorphosé, comme s'il abritait en lui un autre homme. Il recula.

Jakob ordonna d'abattre les vaches qui étaient enlisées. Leur meuglement l'ahurissait. Le chef de la tribu nama prit un soin extrême à sacrifier ses bêtes. Leur mort allait au-delà du simple profit. La tribu se mit à chanter alors qu'ils récoltaient le sang. Vogt, dans son coin, riait, tout en les imitant.

La décision de Jakob fut immédiate.

« Qu'on prélève six bêtes du troupeau de Vogt et qu'on les remette aux Namas. Et pour avoir traversé leurs terres illégalement, que M. Vogt leur offre trois veaux, parmi les plus gros. Nous partirons quand la transaction aura eu lieu. Les Namas, au même titre que M. Vogt, sont nos alliés et nous nous trouvons sur leur territoire. Allez », dit-il aux soldats.

Les hommes du maire se mirent en travers de leur route. Jakob était calme. Il avait une armée derrière lui quand Vogt avait quelques colons mercenaires. Il serra les bras sur sa poitrine et attendit que les hommes s'écartent.

« Ça va, dit Vogt. Qu'ils les prennent, mais ce n'est pas fini entre nous, Ackermann. »

Une heure après, l'échange avait eu lieu et chacun repartait dans son coin. Ça s'est bien passé, pensait Jakob, demain je rentrerai à Lüderitz. En attendant, il ordonna qu'un campement soit monté pour la nuit.

« Voilà, voilà, qu'est-ce qui vous prend de taper comme un fou ? dit la veuve en ouvrant la porte.

— Ah, c'est vous ! Je veux dire, Brunhilde est là ?

— Non ! enfin si, mais elle est souffrante. Elle ne veut pas être dérangée. » La veuve vit son air perdu. « Un coup de fatigue, rien de grave. Vous la connaissez, c'est une jeune femme indécise, et je crois que votre situation ne lui plaît pas.

— Ma situation ?

— Votre engagement. Bon, mettez-vous au travail plutôt, vous la reverrez bientôt. » La veuve avait été attendrie, mais le naturel revenait vite au galop.

Jakob récupéra ses affaires et, son échafaudage monté à l'aide de quelques planches, il s'attaqua à la façade de la maison. Il n'arrivait pas à s'enlever de la tête cette idée que tout avait changé. Il travailla, sans faire aucune pause, jusqu'à ce que le soleil se mette à décliner.

Le cinquième jour, il ne tenait plus. Depuis son retour, il ne l'avait pas vue et il voulait savoir à quoi était dû le malaise de Brunhilde. La veuve absente, il se risqua à l'étage. Lorsqu'il arriva à une porte entrouverte, il entendit Qui est là ? Maman, c'est vous ?

« Non, c'est Jakob. Il n'était pas sûr de lui, mais il était allé trop loin.

— Jakob ? Attendez une minute… Entrez. » Il passa la porte et la découvrit allongée. Il était gêné de la voir ainsi, jamais il n'aurait imaginé être à nouveau inconfortable en sa présence. Ce qu'ils avaient construit n'avait aucune valeur. « Jakob, que faites-vous ici ?

— Je voulais avoir de vos nouvelles.

— Je vais bien, je suis juste un peu fatiguée. Comment avancent les travaux ?

— Bien.

— Et quand repartez-vous ? »

Il ne comprenait pas son ton, il y a une semaine tout était possible. Pendant quelques jours, il l'avait tenu, ce rêve d'un abri.

La peinture écaillée au bout de ses doigts.

« Vous êtes sûre que tout va bien ? Je vous ai donné des raisons d'être distante ?

— Non, Jakob, non… mais c'est compliqué.

— C'est à cause de ma cicatrice ? C'est mon visage qui vous repousse ? » Elle lui avait envoyé des signes prometteurs et là, elle se comportait comme avec un inconnu. « Vous savez, je vis avec cette tête depuis mes sept ans. Je vois les regards qu'on me lance. Des regards horrifiés, alors pourquoi pas vous ? Vous savez ce que ça fait de susciter cela ? Au fond, je suis peut-être plus proche de ces hommes, ces Africains que le monde décrie, qu'ils placent à une échelle différente de l'humanité…

— Arrêtez Jakob, vous vous trompez. D'abord, je me moque de votre cicatrice, et si je ne vous ai pas revu, c'est que vous nous quittez bientôt.

— Dans trois mois.

— Oui, et après ? Vous savez ce que je pense de votre engagement militaire. Je ne veux pas vivre avec un soldat.

— Je pourrais changer.

— Ce ne sont que des mots Jakob… Parfois, j'ai l'impression que vous ne comprenez pas ce qui se joue ici.

— Mais…

— Et je sais ce que vous avez fait. J'ai entendu parler des batailles dans le Naukluft. Combien d'hommes avez-vous tués ? »

Beaucoup trop.

Ce fut la seule réponse qui lui vint à l'esprit, mais il la garda pour lui. À la regarder, il avait envie de rester à ses côtés, mais il n'aimait pas cette attitude. Elle s'était rapprochée de lui, et voilà qu'elle voulait le faire changer. Oui, il avait tué, oui, il était un soldat, mais son pays s'était fait grâce à des hommes tels que lui, qui garantissaient la paix. Le mal était plus profond, il le comprit à cet instant. Elle remettait en cause l'existence même de l'armée alors que c'est ce qu'il avait toujours connu.

« Je ne sais pas Brunhilde. C'est…

— Ne vous en faites pas. Bientôt, j'irai mieux, alors nous parlerons. J'aime vous avoir à mes côtés. »

Tout ça, c'était pour elle. Cette vie de civil ne lui convenait peut-être pas, après tout.

Comme il s'était engagé, il se remit au travail, réfléchissant à une manière de faire évoluer la situation. Dans le ciel, des mouettes se battaient pour un poisson. Les plumes tourbillonnaient jusqu'au sol. Jakob s'acharnait à arracher des morceaux de bois mort, s'abîmant les mains, se rentrant des échardes sous les ongles, quand Vogt passa au bas de la maison.

Lorsqu'il le vit, il se rappela ce qu'il s'était passé il y a quelques jours. D'un bruit de bouche, il arrêta son cheval. Jakob était à trois mètres au-dessus, perché sur son échafaudage, le soleil lui tapant dans le cou.

« Eh ! Toi là-haut, Ackermann… Tu te souviens de moi ? »

Jakob ne lui prêta pas attention. Il n'était pas midi, mais Vogt avait bu. Il tenait à peine sur sa monture.

« Oui, toi ! J'ai pas oublié, tu sais. Aider les nègres. Les préférer à moi… Je pourrais te faire expulser, le larbin. La veuve, elle me mange dans la main. Mais c'est la fille qui t'intéresse, toi… »

Dans sa chambre, Brunhilde crut reconnaître la voix de Vogt. Elle se rendit au deuxième étage, de manière à voir sans être vue. En ouvrant la fenêtre, elle fut surprise par une bourrasque de vent. Elle vit Jakob, et Vogt, qui s'égosillait, proférant des insultes, des menaces.

Jakob essaya de détourner son attention.

« Hein, continua Vogt, tu crois qu'un gars comme toi et une fille comme elle. T'es moins que rien ici. Moins que ces sauvages même, pour venir à leur rescousse. Au fond, on est pareils, tu devrais aller voir des négresses pour te satisfaire. »

Jakob serra si fort son pinceau qu'il le brisa. En un éclair, il descendit de l'échafaudage. Il arriva en courant sur Vogt, qui était en train de mimer une fellation, l'agrippa par la veste et le tira à terre. À l'étage, Brunhilde assistait à tout. Elle lui criait de s'arrêter, mais au fond, elle était heureuse qu'il ait réagi. Elle vivait ce moment par procuration. Une fois le maire au sol, Jakob le fit rouler sur lui-même, puis le rua de coups, en plein dans les flancs, dans le visage, il se mit à califourchon au-dessus de lui.

Du sang se mêlait à la terre. Jakob commença à le frapper de toutes ses forces, ses poings serrés entre eux. Le maire essayait de résister, mais Jakob était trop fort et avait trop de colère.

Quand elle vit qu'il ne s'arrêtait pas, Brunhilde hurla au secours.

Jakob était devenu fou et elle avait peur qu'il le tue. Elle redoutait qu'il soit mis en prison et qu'elle ne puisse jamais le revoir. À cause de ses cris, plusieurs hommes sortirent des bâtiments. Cinq d'entre eux furent nécessaires pour le tirer à l'écart.

Vogt étendu, presque mort.

Jamais il n'eût pensé qu'on puisse s'en prendre à lui de cette manière. Les soldats en poste arrivèrent à leur tour et embarquèrent Jakob, qui avait sa chemise tachée de sang et ses poings abîmés.

Il fut placé dans une cellule tandis que le maire était emmené en urgence chez le médecin. Il lui faudrait des jours, mais il allait se remettre. Comme les soldats n'avaient aucune idée de la décision à prendre concernant Jakob, ils envoyèrent une lettre à l'État-major. En attendant, personne n'avait le droit de s'adresser au prisonnier. L'accès fut même interdit à Brunhilde.

La prison.

Jakob ne trouva pas ça désagréable. Ici, au moins, il était à l'abri de toutes déviances. Les murs rapprochés l'apaisaient, rien ne pouvait l'atteindre. Les soldats étaient mal à l'aise de détenir un des leurs, mais ils n'avaient pas d'autre choix. C'était la première fois que cette petite ville avait affaire à une si grande violence.

Après une semaine de doutes, il fut libéré. Un des soldats lui remit une lettre de Leutwein – des pattes de mouche entourées de cercles – qui le sommait de rentrer à Windhuk. Le commandant avait ordonné qu'aucune poursuite ne soit faite à son encontre.

Avant de repartir, Jakob passa voir Brunhilde. Quand elle le vit avec ses affaires, elle comprit qu'il partait pour de bon. L'échafaudage n'avait pas été enlevé, elle allait penser à lui chaque fois qu'elle le verrait. Elle voulait dire certaines choses, mais sa mère veillait au grain, ne souhaitant pas d'un scandale pour ses vieux jours.

Jakob ignorait quand ils se reverraient. Il ignorait même s'ils se reverraient. Il voulut lui dire de venir à Windhuk, ça lui permettrait de voir du pays, mais il ne le fit pas.

Il salua la veuve, puis tendit sa main bandée vers Brunhilde.

Alors, c'est comme ça, ils devaient se quitter avec cette froideur.

Elle avait peut-être fait une erreur. Si elle ne s'était pas cachée, ces événements n'auraient jamais eu lieu. Elle se sentit perdue, et coupable, elle qui avait oublié qu'au milieu de ce rien, chaque action comptait. Elle se rapprocha de Jakob et lui déposa un baiser sur la joue, près de la cicatrice, ce qui le surprit tout en l'apaisant.

« Écrivez-moi », lui glissa-t-elle à l'oreille avant qu'il ne disparaisse.

18.

Lüderitz – Windhuk, avril 1895

Jakob traînait des pieds. Conscient de la faveur que lui avait faite Leutwein, avoir quitté Lüderitz dans ces conditions ne le réjouissait pas. Cette fuite, c'en était bien une, le laissait amer. L'autorité avait encore décidé pour lui, sans qu'il l'ait affrontée. Un coup dans l'estomac.

Il avait fait la majeure partie du voyage vers Windhuk à cheval, en compagnie d'un soldat. Il avait pris son temps, arriver en retard était sa rébellion, son coup de poing sur la table. C'est plus de trente jours après son départ forcé qu'il se rapprochait de la ville. L'autre soldat était parti rejoindre Swakopmund avec les montures, si bien que Jakob était seul, et à pied.

Sous les étoiles, il monta sa tente une dernière fois. Il était devenu expert à ce jeu-là. Enfant, il avait campé au lac Roofen, dans le Brandebourg.

Sortie scolaire. Dans ce genre d'endroits, les insectes sont partout et la nuit, on les entend voler autour de ses oreilles. D'autant qu'il était avec ses camarades d'école, et il ne les aimait pas. Sa cicatrice faisait de lui un enfant à part. Il se souvenait qu'aucun parent n'avait accepté qu'il dorme chez eux, comme si sa figure abîmée reflétait ce qui se cachait en lui. Au fond, il avait toujours été un être solitaire, pas parce qu'il l'avait cherché, mais parce que les autres le lui avaient imposé ; jusqu'à ses parents.

Il alluma un feu. À quelques mètres, des hommes avaient aplani le terrain et commençaient à poser les rails. Tout convergerait vers Windhuk, le centre névralgique de la colonie. Des buissons secs volaient au vent. Sur le sable, il arrivait à repérer les traces. Serpents, scorpions, scarabées… Si insignifiant que ça pouvait vous enlever la vie dans un souffle.

Cette partie du pays était tellement hostile qu'il se demandait comment il s'y était habitué, comment ça avait pu devenir son quotidien. Foutu pays où, sans boire des litres d'eau chaque jour, on meurt, comme ces cadavres sans chair, ces squelettes à vif qu'il croisait, posés sur le sable. Rien n'indiquait qu'avant, ils avaient été des êtres vivants. Un soldat lui avait raconté que plus à l'est, ils étaient tombés sur un cimetière d'éléphants. Le spectacle le plus improbable qu'il ait vu. Des centaines de pachydermes étendus au fond d'une cuvette, cachés du monde. Personne n'avait été en mesure de dire pourquoi ces bêtes se regroupaient pour mourir. Il y avait encore beaucoup à apprendre de cette terre.

Pendant trois mois, Jakob avait été loin de l'autorité et il n'avait pas cherché à savoir, il ignorait comment les événements avaient évolué. Witbooi respectait-il son engagement ? D'autres peuples s'étaient-ils révoltés ? Il contempla ses mains en espérant qu'elles n'aient plus à tirer.

Il souffla sa lampe et s'endormit sur ces questions, entouré du vide et pensant qu'il aurait les réponses bien assez tôt.

Au matin, il fut réveillé par le vent d'est.

Ça avait commencé avant que le soleil ne se lève, mais il ne s'était pas inquiété, il somnolait à moitié et avait pensé rester dans sa tente jusqu'à ce que ça se calme, sauf que ça ne s'était pas calmé. À moitié comateux, il avait préféré le confort d'un rêve. Sa tente formait un dôme où s'entassaient des milliers de grains de sable. Windhuk n'était plus très loin, il était à la limite du désert, mais il n'était pas sûr de se repérer, et marcher dans ces conditions n'était pas l'idéal.

Dehors, le vent se déchaînait. Des vagues déferlant sur la toile.

Dans cinq minutes, si ça ne s'est pas calmé, j'y vais, ne cessait-il de se dire depuis un certain temps.

Il sortit ses affaires de son sac et se fabriqua une sorte de chèche, qui lui couvrait la tête et la bouche. Une ouverture au niveau des yeux. La tente n'allait plus résister longtemps. Jakob se dit qu'il était un idiot, qu'il aurait dû partir dès que le vent s'était levé. Il serait alors à Windhuk, contemplant la tempête du haut de son mirador. Assez de tout remettre à plus tard. Ne pas confronter ses parents, ne pas être franc avec Brunhilde, ne pas prendre de décisions…

S'il restait là, il allait être enterré vivant et personne ne le retrouverait jamais ; peut-être que si, alors il aurait droit à son nom – dans le meilleur des cas – et un petit encadré dans un journal : Un soldat tué par une tempête de sable. Ça sonnait pathétique après ce qu'il avait entrepris ici. Jakob commençait à manquer d'air. Il passa son barda sur son ventre. Un instant, il se demanda si le vent serait assez puissant pour le faire quitter le sol.

Il se voyait décoller et voler, voler, voler.

Son arme pendait dans son dos. Un ennemi contre lequel elle ne pouvait rien. Ne pas aggraver la situation, la surmonter.

La jointure de ses doigts blanchit tant il serrait fermement son couteau. Il se tenait sur les genoux, prêt à bondir, prêt à aller au combat. Il était le gladiateur qui attend de monter dans l'arène. Son père lui avait raconté les aventures de ces hommes, ces esclaves en quête de liberté qu'ils pouvaient gagner par le sang – avant qu'il n'ait son accident, son père lui racontait toutes sortes d'histoires. Mais dehors, il n'y avait rien d'autre que la nature. Pas de rétiaires, pas de mirmillons, pas d'hoplomaques, comment se souvenait-il de ces noms à cet instant précis ? Il regarda sa boussole. Direction nord/nord-est.

Il respirait mal, comme s'il sentait déjà les grains de sable se coller dans son œsophage. Un, deux, trois, il perfora d'un coup de couteau le sommet de la tente. Une bourrasque tourbillonnante le plaqua au sol. Deux centimètres de sable le recouvrirent. Heureusement, son chèche tenait la route.

Il se releva, se protégeant les yeux avec son bras. Il n'avait pas lâché son couteau, comme si ça allait lui être utile. Il ne voyait pas à un mètre, mais il avançait, la plupart du temps les yeux fermés.

Après dix minutes, le sable se mit à tourner de plus en plus vite. Il s'enroulait autour du corps de Jakob. Il se demanda ce qu'il se passerait s'il était nu. Le sable pénétrerait par son urètre, remonterait par ses organes génitaux, pour ressortir par ses yeux et ses oreilles. Il s'en souvint alors, des lectures de son enfance. Il serait L'Homme au Sable. Par association d'images, il pensa à la lune, à des hiboux, des yeux dans leurs serres, puis chassa ces visions de son esprit. Il n'avait que ça, le pouvoir d'imaginer.

Chaque fois qu'il posait le pied en avant, il avait l'impression d'être dans des sables mouvants – il avait entendu des histoires à ce sujet –, sa jambe disparaissait, engloutie par des centaines de mains.

L'ennemi était invisible, Jakob combattait seul pour sa survie. Une fois sorti d'affaire, il ne pourrait admirer le cadavre de l'autre, à moins qu'il ne regarde ce pays entier, mais c'était trop grandiose pour lui.

Sa tête se mit à tourner.

Les grains de sable craquaient dans sa bouche. Ce son lui rappela le visage de Vogt sous ses poings. Ce type est un con, il n'y a rien à redire, mais était-ce vraiment moi ? Moi qui l'ai roué de coups, qui ai senti la haine me submerger, qui aurais été prêt à le tuer pour une simple humiliation. Jakob avait découvert un côté sombre qu'il ne soupçonnait pas. Il n'avait aucun regret, par contre, il sentait qu'à tout moment, il pourrait retourner dans cet état, perdre la maîtrise de son corps. Et Brunhilde qui l'avait aperçu… Il ne voulait pas finir comme ces soldats aigris, bons qu'à se battre, traînant dans les rues à la recherche de l'ennemi imaginaire.

Le vent sifflait si fort dans ses oreilles qu'il avait l'impression d'être sourd. N'était-ce pas ça ? N'entendre qu'un seul son continu, qu'il soit fort ou léger.

Plusieurs fois, il mit genou à terre, ne parvenant pas à rester debout.

Jakob n'aimait pas ça, mais plus il marchait, ou essayait de le faire, plus il se rappelait des impressions d'avant.

Rien de fixe, des images, des odeurs.

Lui sur le pont du navire à vapeur qui l'emmenait en Afrique. Ses mains posées sur le bastingage humide, le tourbillon des hélices, la fumée noire qui s'échappe dans l'air, les cales où ils s'entassaient dans des hamacs, les murmures impatients, les quais d'Hambourg, le crachin habituel, sa mère qui l'y avait accompagné, la poignée de main que lui avait donnée son père. Il ne savait pas ce que cela voulait dire, à supposer que ça veuille dire quelque chose, car il ne ressentait rien de particulier. Lui de plus en plus jeune, jusqu'à devenir un simple fœtus, une non-matière, d'être réduit à une idée.

Et avant, y avait-il eu autre chose ?

Au bout d'une heure, il se mit à apercevoir des mirages. Des caravanes d'hommes à la peau noire, des animaux mythiques, des croix plantées dans le sol, des arbustes fleuris, des palmiers hauts et droits ; il savait que tout cela n'existait pas, même si c'était réconfortant.

Comme il s'arrêta pour reprendre son souffle, son chèche se détacha et, dans son élan, il ouvrit la bouche en grand. Le sable s'insinua au fond de sa gorge. Jakob se tint le cou, crachant pour faire tout ressortir, mais plus il s'agitait plus il paniquait. Son visage rouge d'asphyxie. Son chèche s'envola. En voulant le rattraper, il se fit un croche-pied et dévala une petite pente, roulant sur lui-même.

Le temps de reprendre ses esprits, une autre rafale s'abattit sur lui, le faisant à nouveau chanceler. Ses yeux pleuraient, des grains de sable asséchaient ses pupilles, son nez était pris d'assaut. On ne peut pas mourir d'une telle attaque, pas dans ces conditions. Non, on ne peut pas... Plus que la douleur, c'est la panique qui le terrorisait. Il était si seul, au milieu de nulle part.

Il s'allongea sur le sable, se couvrant la bouche avec sa manche, et se recroquevilla en boule. La première fois qu'il s'évanouit, ce fut une demi-heure après, la seconde après cinquante minutes, et trois fois suivirent encore.

Sa bave était si sèche qu'elle restait collée au coin de sa bouche. Jakob sentait l'irritation au fond de sa gorge. Étendu là, le corps à la merci de la nature. Il n'avait pas souvenir de s'être allongé. Le soleil lui chauffait le cou. En passant sa main dessus, il devina une insolation. Sa nuque était raide, comprimée, comme si un afflux de sang restait coincé là.

Il se releva.

Tête tournante, milliers d'étoiles.

Aucune idée d'où il était, comme après une nuit de beuverie, celle qu'il avait eue avant de partir, à Brême. C'est là qu'il avait fait l'amour à une fille pour la première fois. Un rituel de passage, une manière de sceller une destinée commune. Il avait tellement bu qu'il n'en gardait pas un bon souvenir. Ça avait été l'affaire de quelques dizaines de secondes, une minute tout au plus. Puis il était reparti boire, entraîné par les autres, avant de sombrer dans une mare de vomi qui n'était même pas la sienne.

Il parvint à s'asseoir. Sa nuque craqua dans tous les sens. Mécanique rouillée. Une pellicule de sable sur les paupières. Frotter afin de pouvoir ouvrir les yeux. Au début, rien qu'une tache blanche, puis les contours de ce qui l'entourait se firent plus clairs.

Un paysage aride, sans sentiments.

Il se pensa perdu.

Poussant sur ses jambes, il se mit à ramper. Il avait à l'esprit d'escalader un petit monticule afin d'avoir une vue dégagée. De l'autre côté, la nature reprenait ses droits. Des arbres, des rochers à portée de main. Le paysage changeait, ce qui signifiait qu'il était proche de Windhuk. Mais à combien de temps ? Au fond de sa poche, il récupéra sa boussole, mais il n'y voyait rien. Derrière lui s'étendait le Namib, face à lui l'espoir de retrouver la vie.

Il eut l'impression, en plissant les yeux, d'apercevoir au loin une forme familière, un fort qui se dessinait dans la brume de chaleur. À voir la hauteur du soleil, il devait être dans les deux heures de l'après-midi, les heures les plus chaudes.

Windhuk était à proximité. Terre promise, graal du prisonnier. Le fort, les clôtures qui ceinturent la ville. Il en rêvait. En se levant, Jakob enleva sa chemise. La déshydratation pas loin.

Il déboutonna son pantalon. Sa pisse jaune foncé, un peu opaque, avec des résidus blancs. Il aspergea la chemise autant qu'il le put, puis la porta à son visage et aspira l'urine déposée sur le coton. Ses lèvres étaient fissurées, sa langue enflée, mais le liquide parvint à se frayer un chemin. Il était si épuisé qu'il ne se rendait pas compte du goût ou de l'odeur.

Cette technique, il l'avait lue dans un ouvrage, il ne se souvenait plus lequel, un explorateur qui avait traversé le Sahara, peut-être. Comme quoi, ses lectures de jeunesse s'avéraient utiles. Après, il enroula sa chemise autour de sa tête, protégea son cou et se mit en marche. Plus il avançait, plus il perdait espoir. Ce qu'il avait aperçu, il n'était pas sûr que ce soit Windhuk. Le terrain rocailleux l'empêchait de bien progresser. Il butait sur des pierres, s'accrochait aux épines des acacias qui devenaient de plus en plus nombreux. Sa vision se troublait au fur et à mesure de son avancée. Il pensait avoir vaincu le pire, le désert et sa tempête, il n'était pas sorti d'affaire pour autant.

Son corps avait pris le dessus et l'instinct de survie le poussait à avancer droit devant, montant des cols, chutant, se relevant sans cesse. La courbe du soleil, au-dessus de lui. Il avait gardé son couteau en main, sans savoir pourquoi. Il se fixait des étapes, un arbre, une roche, un tronc mort. Parfois, il suçait des cailloux pour tromper la soif, mais ils étaient brûlants.

Après plusieurs heures, il sombra. Ses jambes flageolaient, elles ne le tenaient plus, son envie de marcher était intacte, mais le corps était à bout. Il s'adossa à un rocher. Il éprouvait le désir de s'endormir, de se laisser aller, essayer de rentrer dans un état second pour, au moins, vaincre la douleur. Il eut l'impression d'entendre des voix, des murmures d'hommes qui lui étaient familiers. Il essaya de crier mais aucun son ne sortit. Avant qu'il ne s'évanouisse à nouveau, il se saisit de son pistolet et tira deux coups en l'air. Sa dernière cartouche, son dernier espoir avant que la nuit ne tombe et qu'il soit livré aux charognards.

Aux portes du fort, le convoi fut accueilli par des soldats. La confusion était grande. Un groupe de colons avait trouvé cet homme, à moitié mort. Ils avaient cru reconnaître un uniforme, mais ils n'en étaient pas sûrs. Surmontant leur dégoût, ils avaient décidé de ramener cet inconnu à Windhuk.

C'était maintenant la responsabilité des soldats.

Jakob avait le visage rougi, des cloques naissantes sur le corps. Personne ne voulait le toucher, qui sait ce qu'il apportait avec lui. Comme les soldats changeaient tout le temps de garnison, aucun ne semblait connaître Jakob Ackermann.

Ce n'est que lorsque Pavlov fut mis au courant qu'une décision fut prise. Le lieutenant arriva au pas de course à la porte d'entrée. Quand il reconnut Jakob, il ordonna qu'on lui donne le meilleur des traitements et qu'il soit transféré à l'infirmerie, tout de suite.

Il piqua une gueulante.

Comment ses hommes laissaient-ils l'un d'entre eux dans cet état ?

Pavlov l'avait remarqué à plusieurs reprises, les soldats de von François, les dix-neuf hommes débarqués en 1889 étaient différents des autres. Peut-être parce qu'ils avaient connu cette terre vierge ? Ce n'est pas tant qu'ils l'aimaient, mais ils se sentaient liés à elle et à ce qu'il s'y passait. Après avoir tué et massacré ces hommes, il pensait quitter l'armée. Il avait donné ses meilleures années et son engagement touchait bientôt à sa fin. Il n'était pas le genre à regretter, les hommes comme lui existent pour faire le sale boulot, celui qui doit être fait pour que les citoyens coulent une vie paisible, loin des heurts et des violences. Sa solde lui permettrait d'acheter un petit terrain quelque part, ça lui suffirait. Au pays, il n'avait personne, et il se moquait des honneurs.

La gloire militaire est si éphémère. Il avait fait tout ce qui lui avait été demandé, de la meilleure des manières, il en avait éprouvé la nécessité, mais une lassitude de plus en plus présente se faisait sentir.

Lorsqu'il posa la main sur le front de Jakob, il le fit avec un geste de sympathie.

*

« T'as une sale gueule. » Arthur se tenait au-dessus de lui, une loupe à la main. « Ta cicatrice s'est rouverte et je ne parle pas des cloques dans ton cou.

— Où… où est-ce que je suis ?

— À l'infirmerie, enfin, à Windhuk. Qu'est-ce qui t'est arrivé ?

— La tempête. » Jakob se redressa, sa tête lourde. Arthur passa une main dans son dos, pour le soutenir.

« Ne bouge pas, il faut que tu restes calme.

— Comment je suis arrivé ici ?

— Des hommes t'ont trouvé inconscient. À Lüderitz, que s'est-il passé ? »

Des murmures, vers le fond de la salle. Arthur rejoignit son lit en vitesse, comme un pensionnaire visité par le maître d'école. Theodor Leutwein, mouchoir blanc couvrant sa bouche, venait en personne prendre des nouvelles. Ce n'était pas rare que le commandant visite ses hommes, en revanche, il passait rarement voir un soldat en particulier. Pavlov se tenait en retrait.

Le commandant avait un peu vieilli. Lorsqu'il enleva son chapeau, Jakob vit des mèches de cheveux blancs. Il avait un air préoccupé, qu'il essayait tant bien que mal de dissimuler.

« Ackermann. Heureux de vous voir sain et sauf.

— Commandant, je voulais vous…

— Peut-on savoir ce qui vous a pris autant de temps pour nous rejoindre ? Nous vous attendions il y a plus de deux semaines. J'avais prévu de vous envoyer dans le nord, vous éloigner de Lüderitz, mais la troupe est déjà partie.

— Pardon, commandant, c'est que…

— Je ne veux pas savoir. Je vous ai sorti de là pour des raisons précises. » Leutwein se rapprocha et observa son visage suintant, ce qui le dégoûta tout en l'attendrissant. « Reposez-vous. Ensuite, je veux que vous exécutiez les ordres, vous comprenez. Je vous ai fait une faveur car je vous apprécie, mais n'allez pas croire que vous pouvez faire ce que bon vous chante. Vous restez un soldat, et je suis votre supérieur. Si vous vous pensez différent ou meilleur, vous avez tort. »

Leutwein porta son mouchoir à sa bouche puis ressortit, ayant la sensation d'avoir fait son devoir. Il appréciait Ackermann, un homme réfléchi, puis il était arrivé ici il y a des années, ce qui lui donnait un certain poids, mais il ne devait pas abuser de ce statut. Après le départ du commandant, Jakob se rallongea, nauséeux. Il fut aussitôt rejoint par Arthur. La guerre était finie pour lui, mais il restait là, comme les meubles. Il était inutile, coûtait cher, mais son père était proche du pouvoir et soutenait les missions de l'Allemagne à l'étranger.

Jakob était heureux de le revoir.

À part Brunhilde, il était celui dont il se sentait le plus proche. En Allemagne, ils ne se seraient sans doute jamais côtoyés, mais ici, le lien qui les unissait était fort. Jakob se moquait qu'il ne participe pas à la construction de la colonie. Parfois, deux personnes totalement différentes se rencontrent et, à cause des circonstances, se séduisent. Dans n'importe quel autre endroit, ils auraient peut-être eu honte l'un de l'autre, mais pas ici, pas au milieu du Sud-Ouest africain.

Les jours qui suivirent, Jakob resta couché. On venait chaque matin le badigeonner de crème épaisse afin que sa peau guérisse des morsures du soleil. Il était impensable qu'il reprenne du service. Porter un uniforme causerait trop de douleurs, le frottement du coton sur ses cloques serait insupportable. Il devait rester allongé sur le côté, à moitié nu, dans des draps légers.

Il n'était pas beau à voir, mais dans quelques semaines sa peau allait peler pour en laisser apparaître une en parfaite santé. Comme le serpent du désert, il devait muer à son tour.

Chaque jour, il s'arrachait des plaques entières de peau morte, au désespoir des infirmiers qui finirent par lui bander les mains. Le Reich avait misé sur ces jeunes hommes et devait en prendre soin.

Rester allongé le replongeait dans sa jeunesse et les longs mois qui avaient suivi l'attaque de Friza. Après être sorti de l'hôpital, affaibli, il avait dû rester au lit. La solitude qu'il éprouve vient peut-être de là. Aujourd'hui, ses seules occupations, il les trouvait dans les anecdotes que lui racontait Arthur, qui avait pris une certaine distance avec ses certitudes, et dans les lettres qu'il lui dictait pour Brunhilde. Pour ne pas faire trop sentimental, il disait en détail la tempête dans le désert, sa situation actuelle... Il n'avait encore envoyé aucune de ses lettres, mais il allait le faire. Bientôt.

Après trois mois d'invalidité, il sortit enfin. Son corps était engourdi, il avait perdu du poids, mais il était heureux d'être sur pied. La première chose qu'il fit fut de jeter un œil au ciel. Il savait la puissance du soleil et voulait l'éviter à tout prix. Il marchait collé aux murs, recherchant l'ombre. La deuxième chose fut de se rendre aux toilettes.

Pendant trois mois, il avait pissé dans une bassine et chié dans une autre, à la vue de tous. Au début, il était resté constipé, puis, quand il sentit que sa merde allait lui sortir par les yeux, il avait fini par se lâcher. Il devait demeurer allongé, pas d'autre choix. Là, il retrouva son intimité, seul.

Leutwein le convoqua dans la soirée.

Il commença par : « J'avais raison, Ackermann, dans ma vision des choses. Pour que le progrès continue sa marche, nous devons passer d'une société traditionnelle à une société économique.

Vous avez dû le voir, mais le chemin de fer avance à grande vitesse. Sans ces foutues tempêtes de sable, nous serions beaucoup plus loin. J'ai bon espoir qu'on puisse relier la côte et Swakopmund dans les deux années à venir.

— C'est une bonne nouvelle !

— En effet, c'en est une.

— Commandant, je n'ai jamais eu le temps de vous remercier. Je suis conscient que je vous dois tout.

— C'est normal de protéger les siens. Si je vous ai fait revenir, c'est que j'ai besoin de tous mes soldats. La paix qu'on a instaurée n'est qu'apparente. Cette colonie ne demande qu'à exploser. Certains de mes détracteurs pensent que nous n'aurons une véritable paix que lorsqu'il n'y aura plus aucun indigène. Et après ? Les hommes comme nous ne vivent que parce qu'ils ont des ennemis. Je peux encore les contenir, ils ne sont pas nombreux, mais il ne faut pas négliger la haine.

— Quelque chose est arrivé ?

— Je soupçonne les Hereros de ne pas nous rester fidèles.

— Qu'est-ce qui vous fait dire ça ?

— On les a privés de nombreuses terres, libéré les Damaras qu'ils avaient asservis, et il y a un chef, Samuel Maharero, qui m'inquiète. Je lui ai écrit à plusieurs reprises, je l'ai même rencontré. Ce n'est qu'un filou, un ivrogne, mais il a le talent pour soulever les siens.

— Je n'ai pas le plaisir de le connaître.

— Le plaisir, Ackermann. On voit que vous avez passé du temps à Lüderitz. Ceux qui me traitent d'humaniste n'y comprennent rien. Cette terre, pour fonctionner, a besoin de ces hommes. Je ne les aime pas particulièrement, c'est juste qu'on a besoin d'eux. Vous comprenez ? »

19.

Okahandja, janvier 2004

L'adolescence peut parfois se résumer à une seule chose. Pour moi, ce serait une personne. Anara. Elle habitait la maison à côté de la mienne. J'ai l'impression que nous nous sommes toujours connus. Nos mères étaient certaines qu'on allait se marier…

Je l'ai revue il y a un an. Hanna n'est pas au courant. Non pas qu'il y ait quelque chose à cacher, c'est seulement qu'Anara est ce qu'il y a derrière une porte qu'on garde close, elle est cette autre possibilité, elle qui a connu un destin que je ne vivrai jamais, elle qui est ce que j'aurais peut-être aimé être…

À seize ans, on s'est embrassés. Pas mon premier baiser, dans la maison où je vivais les enfants défilaient et le soir, on faisait des jeux idiots, mais là, c'était quelque chose de spécial.

Nos regards n'arrêtaient pas de se chercher, rien d'autre n'avait d'importance. On se rejoignait au puits, c'était notre moyen pour se retrouver et être seuls. À cette époque, on était rationnés. Je partais tôt avec deux bidons sous chaque bras. On se rencontrait à mi-chemin et on filait aux limites de la ville. Souvent, je rentrais les bidons vides.

Le puits est sec.

Pénurie d'eau… désolé.

Ma mère s'indignait, racontant dans tout le quartier que ce qu'ils nous avaient fait n'était pas suffisant, qu'en plus ils nous privaient d'eau, sans doute de nourriture aussi, bientôt. Ce serait la prochaine étape. Ses plus gros regrets, depuis le départ de mon père, étaient la tristesse de nos menus. Elle avait vécu comme une pauvre avec ma grand-mère, elle pouvait s'y habituer à nouveau, mais elle était devenue gourmande et à Katutura, c'était difficile.

Comme on commençait à la prendre pour une folle, elle a fini par ne plus me croire et par aller chercher l'eau elle-même. Un poids trop lourd pour elle, je l'ai appris.

Anara.

Je me rappelle son visage, un matin d'octobre.

Ses traits délicats, ce corps fait pour la course, ses genoux calleux.

J'ai tout foutu en l'air.

Pour une autre fille. Une *coloured.* Ce qui m'a attiré chez elle était cette ressemblance avec moi.

Ce mélange des races qui faisait de nous des êtres uniques. Parqués avec les Noirs, mais encore différents. Certains avaient de la considération, après tout, il y a du sang blanc qui coule en nous, des missionnaires qui pensaient nous sauver à force de confessions et de prières.

Des heures à réciter des psaumes idiots, censés faire oublier mon héritage maternel. Des coups sur la tête pour se rapprocher de leur dieu.

Des confessions, encore et toujours.

Ça a été comme une contemplation muette. Adam et Ève du township.

Au début, j'arrivais à jongler entre les deux, puis un jour, tout a explosé. J'avais rendez-vous avec Anara. Mes aventures avec cette fille *coloured* étaient bien plus débridées. Avec Anara, on était amoureux, mais à seize ans, on ne s'en rend pas compte et on ne pense pas que nos actes peuvent avoir des répercussions. Alors ce jour-là, je savais qu'on devait se retrouver, mais quand la fille se glisse par ma fenêtre et commence à défaire mon pantalon, je me laisse faire. La maison est déserte. Son coup de poignet me fait tout oublier.

Quand la porte s'ouvre et dévoile le visage d'Anara. J'imagine.

Le garçon qu'elle aime, elle est prête à aller plus loin, elle a décidé de me laisser lui mettre la main sous le tee-shirt, seize ans c'est jeune, mais elle est prête à devenir une femme, elle brûle, impatiente d'escalader cette maison de tôle où on a une vue sur les collines de déchets, comme elle dit, se moquant de nous-mêmes, alors elle entre, excitée, et la seconde d'après tout change. Mon visage est parcouru d'une grimace de plaisir, c'est ce qu'elle voit, et la fille, à genoux sur le sol poussiéreux de ma chambre.

Les posters au mur.

Elle ne crie pas. Son monde est aspiré, elle disparaît, à seize ans, c'est douloureux. Quand je la vois, je comprends ce que je viens de perdre. La fille a une partie de moi au fond de sa bouche, mon boulet, ma chaîne que je vais porter pour les années à venir.

Anara avait commis l'erreur de se penser comme une jeune fille normale. Sauf que dans notre monde, les belles histoires n'existaient pas. Les filles ne perdaient pas leur virginité avec l'homme qu'elles aimaient, elles n'avaient pas le luxe d'espérer vivre un rêve.

L'année suivante, quand je suis parti, elle a refusé de me voir.

Pour le souvenir de nous, elle était venue à l'enterrement de ma mère, elle m'avait même serré dans ses bras. J'avais retenu mes larmes jusque-là. J'avais refusé d'y croire, j'étais un homme, mais quand j'ai senti ses bras autour de mon cou, les larmes ne se sont pas arrêtées de couler.

Elle m'a réconforté, puis est partie sans se retourner.

J'avais honte de ce que j'avais fait, et je n'ai pas eu l'occasion de lui dire.

Quand je l'ai revue, j'ai retrouvé l'enfant que je connaissais, avec qui je passais des après-midi à lancer des cailloux sur la tôle et à écouter le temps qui passe, se demandant si au-delà de nos frontières il va plus vite, car ils sont plus avancés que nous.

En arrivant en Allemagne, je l'ai cherchée à chaque coin de rue, mais je ne voyais que des visages fantomatiques, plus blancs encore que cette neige qui tombait à l'approche de Noël. C'en était fini de cette peau noire, de ce rire, de ce soleil perpétuel au-dessus de moi, de cette société anarchique, de ces nids qui poussaient dans des acacias et qui étaient la plus belle boîte à musique au monde, c'en était terminé de mon pays.

J'avais vécu une première vie et j'étais mort.

Anara était au mieux un souvenir. Une petite fille, puis une adolescente, qui m'attend en bas de la rue, qui a caché des bidons d'eau, qui risque de se mettre sa famille à dos pour le seul plaisir de marcher avec moi, main dans la main, et de s'évader de l'étroitesse des ruelles de Katutura.

Une partie de moi est restée avec elle, enterrée au côté de ma mère.

Alors que je me rappelle cette époque, un Américain m'aborde. Sous une bouche ridée, ses dents blanchies. On pourrait en faire un film, me dit-il. La commémoration, Maharero, sa mort. C'est dingue cette envie de tout rendre fictif.

Moi, le cinéma, je n'aime pas ça. Quand j'étais enfant, un idiot m'a dit que les meurtres étaient réels. Chaque coup de mitraillette, chaque pendaison, chaque lame sous la gorge, avaient lieu en vrai. Certains acteurs avaient le droit de ne jamais mourir, le reste, on en abusait comme on voulait. De la chair à canon, une image bien trouvée.

Un paquet d'argent contre une vie volée pour le grand écran. Un sacrifice pour les êtres aimés.

J'étais naïf. Je pensais qu'on pouvait trouver de tout à Katutura, sauf des mensonges. Je me suis demandé quel genre d'hommes acceptait ça, puis j'ai pensé à Moses qui racontait à tout le monde qu'il voulait faire du cinéma.

Je me suis dit qu'il fallait que je lui en parle. Je n'avais aucune envie qu'il se fasse tuer.

Dans le salon, sous l'escalier, ma mère avait installé un petit poste télé. Elle l'avait récupéré chez mon père, après qu'on ait été expulsés. On cachait l'antenne sous un tas de cartons troués. La réception n'était pas bonne, mais on arrivait à capter certaines images. Parfois, on ne voyait qu'une partie de l'écran, c'est bon pour votre imagination, disait ma mère, qui finissait toujours par s'endormir. On restait scotchés des heures, insensibles au monde qui tournait, à ce qui pouvait se passer dehors. Moi, je restais surtout pour Anara.

Parfois, avant même que je me rende compte de quoi que ce soit, ma jambe se collait à la sienne. Rien d'autre. Fusionner nos deux corps.

L'Américain en remet une couche.

Son cou squameux, où quelques bourrelets s'accumulent au-dessus de son col.

Aux alentours, on n'entend que sa voix.

Il s'imagine être aux couleurs locales. Chapeau sur la tête, pantalon beige multi-poches, couteau Leatherman à sa ceinture, alors que sa femme dévoile sous son pull un tee-shirt imprimé léopard. C'est ça l'Afrique !

Ils appartiennent à un tour-opérateurs.

J'ai une vue plongeante sur tout le groupe.

Le genre à être de bonne humeur, à appréhender les événements à travers leur vision californienne, à faire des blagues – c'est généralement le petit gros, allez savoir pourquoi, les maigres ont moins d'humour –, le genre à faire du bruit, ayant besoin d'exister. Ceux qui ont ancré dans leurs gènes la notion de supériorité, qui se croient partout chez eux, répétant des scènes sans originalité. Leurs maisons doivent être remplies d'objets de pacotille. Des lampes en fausses défenses d'éléphants, des divinités incas, des bracelets en poils de phacochère, des maquettes de bateaux dans des bouteilles, des croûtes affichées sur le mur, des djellabas, des services à thé, des bouddhas sur chaque étagère, des pyramides, des tour Eiffel, des Colisée... Enfermés dans un bus climatisé, un masque sur le visage, ils auront l'impression d'être allés au-devant de grands dangers. Vous avez vu ces animaux et ces indigènes, derrière cinq centimètres de plexiglas, un soda à la main et la climatisation sur les mollets. Les plus fous iront passer la main sur un serpent apprivoisé, encouragés par les gloussements de leurs femmes.

Cette journée est vécue comme un amusement pour eux, en rentrant ils grossiront le tout, la vérité c'est qu'ils viennent nous voir en spectacle, protégés par leur nombre, leurs guides, leur American express. Une fois à l'année, on sort voir le monde, et ce qu'on y voit nous rassure à chaque fois.

Ce qu'on est bien chez soi !

Je décide de l'ignorer.

La chaleur est de plus en plus irritante, suffocante, même pour moi.

La ville est recouverte d'une couche de transpiration. La pluie tombe généralement en fin de journée, quelques minutes. Espérons que ce ne soit pas pendant l'allocution. C'est une bénédiction ici, les premiers jours de pluie, après, on n'en veut plus.

Une jeune fille me frôle, comme une apparition.

Elle guide du bout de son bâton deux bœufs énormes, qui ont l'air en trop bonne santé. Leurs cornes sont immenses, ils sont une divinité venue voir ce qu'on fait. La fille n'a pas d'expression, elle semble inhumaine, un corps qu'elle a emprunté avant de le rendre à la vraie jeune fille aux mains sales. Les pas lents des animaux couvrent peu à peu les hourras et les vivats. La foule s'écarte pour laisser passer ce convoi. Cette fille c'est Kamungarunga, sortie d'Omunborombonga. Le dieu bon et bienveillant, Ndjambi Karunga qui, en même temps qu'il a mis les hommes au monde, y a aussi mis les bovins. Sortis ensemble, main dans la main, du même arbre.

Superstition, manière de conjurer le sort, remerciements. À l'époque, certains animaux étaient considérés comme des idoles, descendants des premières bêtes. Les tribus, partiellement nomades, étaient influentes selon leur cheptel. Les bêtes comme indicateur de richesses.

Cette magie, maintenant, c'est comme Anara. Envolée.

20.

Sud-Ouest africain, 1896-1897

Au cours de l'année 1896, les hommes apprirent que leur nation brillait aux premiers jeux olympiques modernes d'été, à Athènes. Un athlète, Carl Schuhmann, faisait leur admiration. À Windhuk, certains avaient transformé un terrain plat en zone d'entraînement. Les soldats estimaient avoir droit à leur part de réjouissances et certains s'étaient mis en tête de créer les olympiades coloniales.

Chaque matin, une vingtaine d'hommes, maillots rayés sur le corps, s'entraînaient. Saut en longueur, gymnastique, course à pied… certains étaient doués. Sur un arbre, ils avaient fixé une corde à nœuds d'où ils montaient et descendaient sans relâche. Certains jours, le public était nombreux. Jakob forçait Arthur à assister aux jeux. La plupart des soldats ne voulaient pas être vus en sa compagnie. Les réputations ont la dent dure.

Pavlov venait souvent les rejoindre. Il retroussait ses manches et s'excitait. Un supporter engagé. Il n'avait pas oublié la faiblesse d'Arthur et continuait de penser qu'il n'avait pas sa place ici, mais il s'était radouci et il n'appréciait pas qu'un des autochtones soit placé à l'écart.

Une fois, Arthur avait proposé que des Noirs, des aides de camp, participent. Ça souleva un tollé général, puis quoi encore ! mais Pavlov, amusé par ce soudain emportement, avait fini par s'interposer.

En Grèce, Schuhmann avait déjà récolté quatre médailles d'or.

Et l'Allemagne qui prenait le chemin des grandes nations. L'Empire était devenu conséquent, son industrie dépassait toutes les autres. Rien ne semblait arrêter Guillaume II ni sa volonté de suprématie. Il l'avait rappelé dans son discours du 18 janvier : *Du Reich allemand est sorti un Reich mondial. Partout, dans les parties éloignées de la terre, habitent des milliers de compatriotes. Les biens allemands, la science allemande, l'activité allemande vont au-delà de l'océan. Les valeurs que l'Allemagne transporte sur mer se montent à des milliers de millions.*

L'empereur ne cachait plus ses désirs. Le monde s'étalerait bientôt sous ses pieds.

Des destins prêts à être inversés.

Cette quiétude ne fut que de courte durée pour les soldats. Les premiers mois de 1897, la peste bovine, après avoir traversé plusieurs pays, de l'Égypte au Congo, arriva au Sud-Ouest africain.

Une pénurie de viande sur tout le continent, dont les origines remontaient à l'importation de zébus asiatiques en Érythrée.

Les Hereros, qui jouissaient de troupeaux immenses, allaient être frappés de plein fouet. La voie de leur prolétarisation s'ouvrait en grand.

Au cours d'un dîner, Jakob avait rencontré Samuel Maharero, en compagnie de Leutwein. Le chef avait le teint vitreux. Jakob avait été surpris par sa peau, plus foncée que celle des Namas. Ce fut la première fois qu'il vit un Noir saoul. Malgré cela, son regard restait impénétrable. Son être respirait l'alcool, sauf ses yeux. Deux pupilles énormes et immobiles.

À la fin du repas, Leutwein avait obtenu de nouvelles terres. Quelques produits manufacturés contre des milliers d'hectares. Un court instant, il avait paru à Jakob que Maharero feignait la stupidité, quelque chose dans son attitude. Il fut parcouru d'un frisson. Était-il ce chef ivrogne et ahuri ? Il le laissait croire en tout cas. Les Hereros étaient plus de cent mille sur cette terre et la majorité d'entre eux lui était loyale. Il devait y avoir une raison.

Koch et Kohlstock débarquèrent au Cap peu de temps après l'apparition des premiers symptômes de la peste bovine. Afin d'endiguer l'épidémie, ces scientifiques allemands orientèrent leurs recherches sur l'immunité du virus. Atténuer le principe actif de la maladie. Ils se penchèrent sur les propriétés de la bile des animaux contaminés. Ils avaient entendu qu'au nord, des paysans mélangeaient cette bile à du sang pour éviter la propagation. Ce n'était pas rare que le remède se trouve dans la maladie.

Quelques essais cliniques plus tard, ils mirent au point un traitement.

Dans le même temps, les choses s'aggravaient dans le Sud-Ouest africain. Le gouvernement allemand avait donné de quoi traiter les animaux du Reich, mais les Hereros n'avaient aucune aide. Seuls face à ce fléau. Nombre d'éleveurs marchaient dans les champs, voyant mourir leurs bêtes, implorant un ciel resté muet. Les bovins, pris d'hyperthermie, se mettaient à pleurer, pensaient-ils. Les muqueuses oculaires congestionnées, les bêtes crachaient une bave visqueuse.

Suivaient nécroses sur les gencives, au palais, à l'intérieur des joues, le tout recouvert d'un enduit pultacé à l'odeur nauséabonde. À ce stade, la bête était condamnée. Le mal se propageait de l'intérieur, comme une fumée noire se répand dans une maison incendiée.

Le bovin ne contrôlait plus ses intestins. Quelques heures et il maigrissait terriblement, puant la charogne bien qu'il soit encore en vie. La respiration lourde, ils paraissaient déboussolés, perdus, idiots. Déshydratés, ils s'affalaient pour ne pas se relever. Il ne fallait pas plus de douze jours.

Et ça se passait parfois dans des cris atroces.

Leutwein était préoccupé par ces nouvelles. Réfugié à Windhuk, il décida de se rendre en territoire herero. Il prévoyait de ne perdre qu'un tiers du bétail du Reich, la moitié tout au plus. Si les pertes étaient immenses, il pourrait peut-être trouver un moyen de faire de bonnes affaires. Les Hereros n'avaient pas idée de ce qui arrivait, et il avait un remède.

Un remède qui, bien qu'incertain, valait cher.

Circulant dans le hereroland, il récupérait des terres contre des vaccins. Jakob l'accompagnait. « Vous voyez, Ackermann, il faut toujours faire penser à votre interlocuteur que vous lui faites une faveur. Aucune situation n'est désespérée.

— Je vois, commandant.

— Sachez vous rendre indispensable. Et cela vaut pour tout, croyez-moi. Même pour votre vie civile. Je sais le fond de votre pensée. Vous êtes un soldat mais un jour, vous aurez un choix à faire. Vous verrez. »

En juin, Jakob était certain que la peste allait être bientôt éradiquée. Il n'avait jamais connu un tel phénomène et ne s'imaginait pas l'ampleur du désastre. Leutwein était reparti à Windhuk, la ville et le pays avaient besoin d'un administrateur, lui était resté en poste dans le hereroland.

Une matinée, alors qu'il était en train de se laver, il reçut la visite de Paul Kohlstock, dont le traitement n'avait pas encore fait ses preuves.

Persuadé de son efficacité, il était venu dans le Sud-Ouest africain pour le prouver à tous.

« Vous êtes l'homme en charge ?

— Qui êtes-vous ?

— Je suis l'assistant de M. Koch, dont vous avez dû entendre parler.

— Non. »

Le chercheur eut un air pincé. Jakob le vit, il le prenait pour un plouc. Il faut dire qu'il n'était pas à son avantage. Torse nu, l'eau dégoulinant sur son corps, le cou rouge et abîmé, une forte odeur se dégageant de sa peau.

Il faut faire des sacrifices pour la science, se dit Kohlstock. « Comme vous le savez, on a vaincu la peste en Europe, on m'a chargé de le faire ici.

— C'est vous l'inventeur du sérum ?

— Nous avons mis au point un procédé, c'est exact. À base de bile et de sang. »

Jakob n'avait pas l'air convaincu.

Kohlstock ordonna aux Noirs qui l'accompagnaient de décharger ses affaires. Il avait voyagé sur une carriole tirée par deux chevaux. C'était rustique, démodé, douloureux, mais où le train ne passait pas encore, les chevaux allaient.

« Ça peut paraître déroutant pour un novice, mais ce sont les cellules que nous visons », reprit le chercheur.

Jakob se saisit de sa serviette et s'épongea la nuque. Il ne voulait pas entrer dans une conversation qu'il ne comprendrait pas.

« Je peux savoir ce qui vous amène ici ?

— Voyons, je suis allemand.

— Et après ?

— Alors c'est mon devoir de venir en aide au Reich. Vous savez, on parle beaucoup de vous au pays.

— Ah bon, que dit-on ?

— Des choses et d'autres. Vous le saurez quand vous y retournerez.

— Si vous le dites. » Jakob repensa à son pays. S'il l'avait à l'esprit, il le considérait comme un symbole, une idée. L'armée offrait la possibilité à ses soldats de prendre un congé et d'y retourner, mais Jakob l'avait refusé. Il n'aurait pas su quoi dire à ses parents et il ne voulait pas refaire cette traversée, ni dans un sens, ni dans un autre.

Il continuait à leur écrire, sans mentionner qu'il savait les conditions de son départ, ne voulant pas, malgré ses sentiments rageurs, les blesser. Il avait des nouvelles régulièrement, mais il jugeait hypocrite d'aller leur raconter son aventure, aventure qu'ils lui avaient imposée. Ses parents étaient la figure ultime de l'autorité et le chemin était long avant de pouvoir la mettre en doute.

L'Allemagne devait avoir tant changé. Ici, on amenait péniblement le chemin de fer quand là-bas… des voitures à chaque rue, des lampadaires électriques diffusant une lumière crue, la modernité à tout bout de champ, et lui dans tout ça, que ferait-il ? Il serait gauche, dépassé, bien qu'il n'ait pas encore trente ans. Les passants pressés lui donneraient des coups d'épaule, personne n'aurait le temps pour entendre ses histoires. Et le bruit ! L'agitation de la ville lui serait insupportable avec ses cris, ses vendeurs de rue, ses étals, ses drames.

L'impression de se sentir vieux dans son pays le découragea. Et il était habitué au sable, aux indigènes, à l'armée. Tout remettre en cause ne servirait à rien.

Comme le chercheur déballait sous ses yeux fioles et ustensiles, il lui demanda, tout en se grattant l'intérieur de l'oreille :

« Vous comptez faire quoi avec ça ?

— Il y a des troupeaux infectés dans le coin ?

— Regardez autour de vous. » Kohlstock jeta un regard. Des dizaines de bêtes étaient étendues dans un champ. Les animaux encore vivants étaient regroupés ensemble, afin d'éviter la contamination.

« Hum, je vois. Je vais faire des prélèvements sur un animal contaminé, puis l'inoculer… »

Pendant qu'il parlait, Jakob fixait cet homme. Avec les années, il devait avoir accumulé des tas de connaissances, pas comme lui. Moi, je sais tuer, voilà. Cette sensation n'était pas la plus plaisante, mais Jakob avait appris à vivre avec.

« Si vous voulez m'accompagner. J'aurai besoin de vous pour traiter avec eux.

— Allons-y. »

Jakob escorta Kohlstock au troupeau. L'homme n'était pas sûr de son coup, mais ça valait la peine d'essayer. La première journée, ils vaccinèrent des dizaines de bovins. Dans cinq jours, l'ensemble des bêtes serait vacciné et il n'y aurait plus qu'à attendre.

Kohlstock, une fiole d'alcool en métal cabossé à la main, rejoignit Jakob qui était assis devant un feu, les mains derrière la nuque. « Ça vous dit ? »

Jakob accepta de boire avec lui.

Sous les étoiles qui grossissaient au fil des heures, ils se laissèrent aller à la conversation. Ils oublièrent leurs principes et leurs idées reçues à mesure que la fiole circulait entre eux. Toutes sortes d'insectes filaient à leurs pieds, attirés par les flammes. Kohlstock, après avoir raconté quelques anecdotes sur Berlin, se prit à dévisager Jakob, ce qui le dérangea.

« C'est un animal qui vous a fait ça ? Jakob passa une main sur sa cicatrice.

— Comment le savez-vous ?

— La forme de l'entaille, la profondeur, l'irrégularité.

— Irrégularité ?

— Pour vous elle semble parfaite, mais en y regardant de près, c'est différent. » Le bois sec craquait parfois. Le feu éclairait leurs visages rougissants. « Que vous est-il arrivé ?

— Un chien m'a fait ça.

— La plaie a eu du mal à se refermer, j'en déduis que vous étiez très jeune.

— Sept ans… J'avais sept ans.

— Vous avez eu de la chance, ça aurait pu toucher l'œil.

— De la chance…

— C'est relatif, j'entends bien. Le chirurgien qui vous a opéré, si vous voulez mon avis, a fait du sale boulot.

— Pardon ? » Jakob ne voulait pas se laisser insulter.

Kohlstock but une longue gorgée, Jakob entendit le liquide couler au fond de sa gorge et le regarda s'affaler sur sa chaise. Il croisa ses mains sur son torse, comme s'il priait, puis reprit.

« Vous savez que la médecine fait des miracles aujourd'hui. En reconstruction faciale. En Allemagne, je pourrais vous opérer. Il restera toujours une marque, mais rien à voir avec ça. Et ce sera moins douloureux, je vous assure. » Jakob n'eut pas le temps de répondre que Kohlstock s'était levé. « Demain, nous reprenons les vaccinations, en attendant, je vais dormir. Reposez-vous, un homme fatigué ne vaut rien. »

Du bout de sa botte, Jakob poussa une bûche afin de faire grossir le feu. Il se passa la main sur le visage. Ce médecin avait compris sa souffrance. Bien qu'il ne le dise à personne, sa cicatrice lui faisait continuellement mal. Il avait appris à vivre avec, comme un homme qui oublie ses migraines, sa rage de dents, mais parfois, il sentait une brûlure si forte qu'il ne pensait qu'à se mettre la tête sous l'eau ou à se plonger dans un pot de crème.

Une opération.

Il ne savait pas que c'était possible. Il vivait sa difformité comme une fatalité, comme une évidence. Rien que d'y penser, ça le mettait mal à l'aise. Non, ce n'était pas pour lui. Il se sentirait ridicule en voyant ses amis, Alors tu t'es fait refaire le visage ? mais au fait, de quels amis parlait-il ?

De toute façon, cela devait coûter très cher.

« Et ne vous en faites pas, l'opération sera aux frais du pays. Blessure de guerre, nous dirons. Ce n'est que de la paperasse, et le Reich vous doit bien ça. Pensez-y… » Kohlstock dit cela de loin, comme s'il avait deviné ses pensées.

Jakob sourit malgré lui, pencha la tête et admira le ciel. À nouveau, il n'y vit aucun signe. Quoi qu'il arrive, cette histoire d'opération ne se ferait pas ici. Il imagina sa vie s'il n'avait pas été défiguré. Ça aurait changé le regard des autres, mais lui, est-ce que ça l'aurait changé ? Avait-il abandonné la vie qu'il aurait dû avoir pour s'en fabriquer une autre ?

Le lendemain, ils se remirent à la tâche.

Un nouveau jour se levait, Kohlstock avait rassemblé ses affaires et chargé sa carriole. Ses guides étaient prêts, ils suivaient ses ordres sans poser de questions. Jakob fut surpris de le voir debout si tôt. « Vous nous quittez ? Vous ne voulez pas voir le résultat ?

— Non, c'est inutile, il faisait preuve d'une grande assurance. Les bœufs iront bien, vous verrez. Je dois continuer ma tournée, vous n'êtes pas les seuls à souffrir. À bientôt. En Allemagne, peut-être. »

Jakob lui fit un signe de la main tandis que sa carriole s'éloignait. « À bientôt. » Il tapa du pied sur le sol en pensant que Kohlstock ne lui avait même pas demandé son nom.

Quatre jours plus tard, ce fut l'hécatombe. Les bêtes tombaient les unes après les autres. Jakob passait entre les cadavres, affolé. Leur aspect le répugnait et surtout, il se demandait ce qu'il allait pouvoir faire. Un Allemand venait de soigner ces animaux. Enfin, venait de tuer ces animaux.

Les Hereros sautaient déjà sur place.

Jakob comprit pourquoi il avait été si prompt à partir. Il avait fui comme un meurtrier. Et dire qu'il avait proposé de l'opérer. Jakob eut une vision. Lui, étendu, endormi dans une salle sinistre, un trou plus béant encore sur son visage, et Kohlstock prenant la tangente parce que ça avait échoué. Cet homme ne lui attirait plus aucune confiance. Quant à sa cicatrice, il n'était pas prêt à la faire disparaître. Un livre racontant sa vie, expressif. La seule chose qu'il aurait aimée, c'est calmer son irritation.

À la mi-journée, il sella son cheval. Dans deux jours, il serait à Windhuk et pourrait annoncer la catastrophe à Leutwein.

Sur tout le troupeau, plus de la moitié allait mourir en quelques heures. L'odeur devint insoutenable, les mouches, les charognes, les rapaces, tombèrent dessus, un festin dont ils ne verraient jamais la fin. Jakob se mit un foulard sur la bouche, ça lui rappela quand il avait été pris dans la tempête de sable, la situation n'était pas aussi désespérée, sauf que cette fois-ci, ça n'impliquait pas que lui, et partit au grand galop.

Pour les Hereros, le passage de cet homme blanc était synonyme de désastre. Il était venu avec ses éprouvettes, ses tubes, ses lunettes, sa soi-disant science, et voilà le résultat. Cette maladie était un fléau, un fléau venu d'un autre pays.

*

Arthur était allongé depuis des jours. Douleurs abdominales, crampes, maux de tête, son corps entier frissonnait et il alternait entre des épisodes de diarrhée aiguë et des vomissements. Tout foutait le camp par n'importe quel orifice. L'épidémie s'était abattue sur la région en un rien de temps. À croire que tous les animaux sur cette terre étaient contaminés.

Cette maladie-là, par contre, se transmettait à l'homme. Ça avait commencé par un Herero. Rapidement, des Allemands étaient tombés malades, puis Arthur, à son tour, avait succombé au paludisme

Ça ne faisait que quelques mois qu'on savait comment se transmettait la maladie. Ronald Ross, un médecin bactériologiste britannique, avait démontré que le moustique était le vecteur de l'agent pathogène. Le mystère des contrées exotiques était enfin résolu, ça ne voulait pas dire pour autant qu'on pouvait le vaincre à tous les coups.

En plein Sud-Ouest africain, les soldats devinrent paranoïaques au simple bruit que fait un insecte. Un battement d'ailes et ils pensaient le ciel en train de leur tomber dessus. Ils se protégeaient les bras, les jambes, le visage, malgré la chaleur ambiante. Ce n'était pas la première fois que ça arrivait, mais le fait d'avoir érigé des villes, mis en place des infirmeries, favorisait la prolifération du virus et la contamination par le sang.

L'épidémie était venue du nord.

Pour les soldats, c'était impensable qu'un si petit moustique puisse causer de si grandes douleurs. Les remèdes, dans ce désert, étaient médiocres. À part un traitement curatif à la quinine, qu'ils avaient en petite quantité, ils n'avaient rien pour éradiquer la maladie.

La nuit, les hommes avaient installé des moustiquaires, mais ce n'était pas suffisant.

À cause de sa santé fragile, le virus avait un effet décuplé sur Arthur. En à peine quelques jours, il tomba dans un état d'anémie. Épuisé, il avait du mal à tenir une discussion sensée et à rester éveillé.

Jakob fut mis au courant par Pavlov, qui se montrait de plus en plus sentimental. Il était midi, le réfectoire était plein, Jakob avait le nez plongé dans une soupe aux choux. « Ackermann, quand vous aurez fini, rejoignez-moi dehors », lui dit le lieutenant.

Comme Jakob ne voulait pas attendre, il aspira la fin de son bol, puis sortit.

« Lieutenant, vous vouliez me voir.

— Vous êtes au courant de l'épidémie de paludisme ?

— J'ai entendu, oui.

— Le commandant essaie de la garder secrète le plus longtemps possible, mais les soldats commencent à poser des questions. Des hommes disparaissent. Ça et la peste, ça fait beaucoup.

— Que voulez-vous dire ?

— Vous ne vous rendez compte de rien. Leutwein a isolé les malades, il les parque à l'abri des regards. Pour le moral des troupes, dit-il. Nous n'avons pas les moyens de soigner cette merde d'épidémie. » Pavlov s'immobilisa. Il tourna la tête à droite, à gauche, puis d'un élan vif, captura un moustique qu'il écrasa dans sa main. Les deux hommes regardèrent le cadavre plein de sang. « C'est dur à croire, n'est-ce pas ? Une chose si insignifiante. » Pavlov cracha dans sa main et s'essuya sur son pantalon.

« Vous craignez le pire ? reprit Jakob qui avait des remontées de soupe jusqu'au fond de la gorge.

— Oh, je ne sais plus ce que je crains. Le courroux des hommes, de la nature, de dieu… Je voulais que vous soyez au courant. J'approuve les décisions de Leutwein, sauf celle-là. Nous nous devons une totale transparence entre nous, les autochtones, dit-il en pouffant. Les autochtones ! Arthur Heinz a été contaminé. Il est très faible.

— Arthur…

— Sa famille a été mise au courant, ça ne m'étonnerait pas qu'elle le fasse rapatrier. Il n'a rien à faire ici, je l'ai su dès qu'on a débarqué. Si ça n'avait tenu qu'à moi… J'éprouve une certaine peine pour lui, il a de la volonté ce garçon, il l'a prouvé. Peut-être pas celle d'un soldat, mais il n'y a pas que ça. Vous êtes son ami.

— Je vais tout de suite le voir. Merci lieutenant. »

Jakob n'avait pas vu Arthur depuis son retour à Windhuk. En pénétrant dans l'infirmerie, il se dit qu'il ne voulait pas être là.

Des odeurs d'éther, d'alcool, de quinine, des hommes allongés, fatigués, poussant des râles. On était loin de la grande Allemagne. Il passait entre les lits, évitant de toucher quoi que ce soit, il slalomait entre les infirmiers à la recherche d'Arthur, de plus en plus paniqué, ne sachant si le voir allait le rassurer ou l'inquiéter plus encore. La chaleur harassante. Après un moment, il comprit que les malades étaient alignés par ordre alphabétique. F, G, H, Heinz… Il le trouva à l'étage, derrière un voile blanc. Il était le seul à bénéficier de ce traitement, les autres malades arrivaient à lutter contre le virus.

Jakob pensait qu'il allait être fatigué, mais son état était pire. Il n'avait jamais été gros, là, on voyait presque à travers ses côtes. Jakob eut un mouvement de recul et avala de travers. Cette faiblesse était la même que celle dont il avait fait preuve face à Friza. Un abandon complet de volonté. L'incapacité de prendre ses propres décisions, d'agir, tout simplement.

« Fais pas cette tête, je suis pas encore mort.

— Mort… » Lui aussi aurait pu y rester à l'époque. Il n'aurait rien connu de tout ça, il n'aurait été qu'une peine immense pour une femme et un homme, mais il s'en était sorti et, au lieu de mort, ça avait été une seconde naissance, plus âpre, un accouchement dans la terreur.

« Je rigole… » Jakob posa un gant humide sur son front.

« Est-ce que tu souffres ?

— Après ce qu'on a traversé, je ne dirais pas ça. J'ai mal, je suis fatigué. Et puis, je l'ai peut-être mérité.

— Ne sois pas bête.

— Je crois qu'on provoque ce qui nous arrive. Je me suis peut-être trop obstiné. »

Jakob n'était pas d'accord. Il lui prit la main. Identique à celle d'un cadavre. Chaque soldat était marqué par ses missions, mais Arthur. C'est injuste que tu sois ici, tu mérites mieux, bien mieux, mais voilà, il était là. En Europe, il aurait pu côtoyer les sommets, ici, tous logés à la même enseigne, et les traitements de faveur restaient minces. Jakob n'aurait pas pu l'expliquer, mais il avait l'impression que c'était la fin. Arthur le renvoyait à son propre état, et sa solitude lui sauta en pleine figure.

Il sentit une légère pression dans sa main. Arthur se mit à tousser. Peu après, il vomissait sur Jakob, qui appela un infirmier.

« Il risque de s'étouffer. Aidez-moi à le mettre sur le côté. » Ils le basculèrent pour que la bile coule sur le matelas. Son corps entier tremblait.

Le Sud-Ouest africain n'offrait aucune échappatoire, aucun répit pour les gens comme lui. Une prison à ciel ouvert. Une fois qu'il fut remis, l'infirmier ordonna à Jakob de sortir. Ça ne sert à rien de rester là. Il voulut passer une main sur son visage, mais il tourna le dos.

De retour à l'air pur, il leva la tête. Les battements de son cœur lui faisaient mal. Il voulait être inondé de lumière, fuir l'obscurité qui s'était installée au fond de lui. Jakob ne fumait presque jamais, une cigarette de temps en temps, mais ce jour-là, il eut envie de s'en griller une, de sentir la fumée rouler dans ses poumons, d'aspirer, de voir la cendre crépiter, d'entendre le bruit du papier tabac se consumer.

Dans le même temps, en territoire herero, les choses empiraient. La peste continuait ses ravages, certains avaient perdu la quasi-totalité de leur bétail, ce qui les mettait à la merci de colons peu scrupuleux, de compagnies impersonnelles, d'un Reich de plus en plus puissant, qui les engageait comme simples vachers. Pour vous venir en aide. C'est une faveur qu'on vous fait, disaient les autorités. Des notions telles que liberté et propriété devenaient de plus en plus floues.

Les Hereros, maîtres d'une partie du pays, devenaient les esclaves de la volonté de l'Empire. Pour chaque vache qu'ils vaccinaient, les hommes du Kaiser en prenaient une pour venir grossir leur bétail. En quelques mois, les Hereros furent réduits à l'errance.

Le plan de Leutwein était en marche. La folie des grandeurs s'emparait de lui, à tel point qu'il ne voyait pas les abus des colons, qu'il ne sentait pas gronder la colère des indigènes. Si le pays était sous contrôle, il ne fallait pas oublier que les Allemands avaient débarqué il y a moins de dix ans et que leur puissance, aussi imposante soit-elle, était fébrile.

Hereros, Namas avaient passé des accords, avaient signé des traités, mais à contrecœur la plupart du temps.

De retour à Windhuk, Leutwein s'aperçut du désastre qu'avait provoqué le paludisme, qui commençait à se propager à l'ensemble du territoire.

Il devait éviter d'être contaminé. De consistance solide, il ne voulait pas avoir à lutter, il avait en horreur toutes les formes existantes de faiblesse. Il ordonna que des précautions soient prises chez lui et commença un traitement à la quinine, en guise de prévention.

Il était au faîte de sa gloire et rien ne devait le contrarier.

La situation actuelle poussa Jakob à écrire à Brunhilde. Il lui dit de bien se prémunir, et de veiller sur sa mère aussi. Les personnes âgées étaient plus vulnérables, et la veuve était vieille. Pas encore la fin, mais pas loin. Jakob n'avait pas reparlé de l'épisode Vogt, mais il finit en disant, J'espère que vous pourrez me pardonner d'être parti si vite.

Il remit sa lettre au service des postes. Des points relais étaient positionnés dans le pays, points qui allaient devenir obsolètes avec le chemin de fer. D'ici dix ans, le train serait implanté dans le Sud-Ouest africain. La Lenz & Company avait passé des accords avec le Reich et les tribus locales. Elle payait peu, mais avec cette situation économique, de nombreux indigènes n'eurent d'autre choix que de travailler pour eux. La mortalité sur les chantiers était élevée, mais personne n'y regardait trop attentivement. C'est si facile de fermer les yeux.

Jakob pensait avoir mérité un peu de repos. Deux semaines après avoir envoyé sa lettre à Brunhilde, il avait une réponse. Allongé sur son lit, une bougie à la main, il lisait les mots qu'elle avait pris le temps d'écrire.

Je vais enfin avoir une bonne nuit, pensait-il.

La bougie coula sur ses doigts. Alors qu'il sombrait, il crut entendre des pas, loin, et des voix, sans savoir si c'était un rêve.

La porte grinça et Pavlov entra, les traits tirés.

« Ackermann, vous devez venir tout de suite.

— Qu… quoi ?

— Il s'agit d'Arthur.

— Arthur ? Que se passe-t-il ? » Chaque jour, Jakob lui tenait compagnie, comme Arthur l'avait fait après sa traversée du désert. Certains matins, il dormait, paisiblement ou d'un sommeil agité, d'autres fois ils se parlaient, comme s'il n'y avait pas de maladie, comme si rien de terrible n'était arrivé. Jakob n'envisageait pas que son état puisse encore empirer.

Il ferma sa veste et suivit Pavlov.

Quelques instants après, ils pénétraient dans l'infirmerie.

Un médecin était penché au-dessus d'Arthur, appliquant un gant de toilette sur sa figure pour faire baisser la fièvre.

Jakob fut surpris par sa respiration. En plus d'être sifflante, elle semblait pénible, lourde.

« Qu'est-ce qu'il a ? dit-il en avalant un bâillement.

— La maladie a empiré, les poumons sont touchés. On n'a pas de quoi le soigner ici, on peut à peine soulager sa douleur.

— Qu'est-ce que… qu'est-ce que ça veut dire ?

— Il risque de perdre connaissance… peut-être plus.

— Mais non, il allait bien ce matin. Vous devez vous tromper. »

Pavlov s'interposa entre les deux hommes.

« Ackermann, écoutez-moi. Heinz va être rapatrié en Allemagne, ici, il court vers une mort certaine. Je veux que vous l'accompagniez à Swakopmund, un navire part dans neuf jours, à destination d'Hambourg. Le capitaine a été mis au courant, mais il ne vous attendra pas. À bord, il y a un médecin, le docteur Burgöw, qui le prendra en charge.

— Neuf jours, lieutenant, on n'y arrivera pas…

— Taisez-vous. Vous avancerez de jour comme de nuit, vous partez avec un cortège de trois carrioles. Leutwein veut que ce soit vous qui vous en chargiez.

— Moi…

— La famille d'Heinz compte le retrouver en bonne santé. Et vous lui devez bien ça. » Jakob avait du mal à tout accepter. « Je suis désolé de ce qui arrive. Je suis désolé pour lui. » Pavlov avait l'air sincère. Arthur, c'était un peu l'enthousiasme du début. « Le médecin va vous expliquer ce qu'il faut faire. Vous partez tout de suite. »

Trois infirmiers portèrent Arthur à une carriole qui avait été aménagée pour l'occasion. Sous une bâche, un lit avait été installé, avec une bassine d'eau pleine, du linge propre.

« Parfois, vous aurez l'impression qu'il s'étouffe, il faut le mettre sur le dos et le surélever, d'accord ? Normalement, il ne se réveille que très peu. Quand il est conscient, donnez-lui trois pilules comme celles-là.

— Merci docteur, dit Jakob en glissant les pilules dans sa poche. Est-ce qu'il y a des risques que…

— Je ne sais pas. J'espère que son état restera stable. Il est entre vos mains, maintenant. »

Tout se faisait dans l'urgence.

Les guides étaient prêts à partir, ils avaient les réserves nécessaires, un vrai voyage épique. Jakob trouvait cela prématuré, il n'avait aucune idée de la conduite à tenir en cas de troubles graves. Il n'était pas docteur, il était soldat. Ce soir, il voulait se reposer et voilà qu'il partait pour une traversée en plein désert.

« Soyez prudents, Ackermann. Et n'oubliez pas, vous n'avez que neuf jours. Une fois Heinz remis au capitaine, je veux que vous rentriez, on manque d'hommes sains ici.

— Bien, lieutenant, nous nous verrons à mon retour. » Jakob posa le pied sur un rayon de la roue et grimpa à son tour dans la carriole. Il abaissa la bâche sur le visage anxieux et transpirant de Pavlov.

Que Dieu vous accompagne, conclut le lieutenant en les voyant s'éloigner.

21.

Windhuk – Swakopmund, semaine du 20 septembre 1897

Le paysage était monotone. Une étendue aride et plate. Jakob le savait, le pays dévoilait sa véritable beauté à partir du désert, mais cette partie allait aussi être la plus pénible. Ils devraient éviter les longues dunes de sable. Pour le moment, le terrain était rocailleux. On sautait dans tous les sens, mais au moins, on avançait sans embûche. Jakob n'avait pas dormi de la nuit. Le sifflement qu'émettait Arthur était des plus inquiétants. Chaque fois qu'il pensait s'endormir, il était secoué par l'angoisse de son camarade. Jakob faisait tout pour le soulager, il lui donnait à boire, le lavait, mais il se sentait si impuissant. Il ignorait ce qu'Arthur avait, à part que ses poumons avaient gonflé et qu'il peinait à leur faire parvenir de l'oxygène. Il n'avait jamais eu à s'occuper de quelqu'un et il craignait de ne pas être à la hauteur.

Assis sur le bois, il avait mal aux fesses.

Chaque carriole était conduite par un Allemand et guidée par un Herero dont le peuple avait passé un accord de protection. Ils connaissaient le pays et savaient les pièges à éviter.

Neuf jours, c'est trop court, se disait Jakob. À cette vitesse-là, c'est impossible. Pourtant, ils avançaient.

Après de longues heures, ils observèrent leur première pause de la journée. Jakob laissa la capote entrouverte afin que l'air frais pénètre dans cette chambre improvisée. Arthur dormait, ou souffrait. À le voir, ça revenait au même.

Un des hommes prit de la viande séchée qu'ils engloutirent en vitesse. À l'ombre des aloès géants, chacun alla se soulager. Avant qu'ils ne repartent, Jakob essaya de sortir Arthur, convaincu que marcher lui ferait du bien, mais il était trop faible. Un corps mou appuyé sur son épaule, la tête basse, battu par la vie. Ils remontèrent en voiture et reprirent la route.

Jakob s'allongea et ferma les yeux, essayant de faire le vide autour de lui. Ils étaient tellement secoués qu'ils n'arrêtaient pas de se cogner, mais ça ne le dérangeait pas. La respiration d'Arthur semblait se calmer quand il était près de lui. Leurs mains se touchaient parfois. Plongé dans un état à demi inconscient, Arthur aimait sentir la chaleur d'un corps à ses côtés. Il n'était pas question de Jakob, ni d'un homme ou d'une femme, mais d'un corps en bonne santé, qui absorbe un peu de mal-être.

La deuxième nuit, Arthur se réveilla. L'air était plus doux et une légère brise les rafraîchissait de la longue journée qui était passée. En se redressant, il se sentit les dessous de bras dans une grimace de dégoût.

Jakob était à l'arrière, les jambes pendant dans le vide, la main soutenant sa mâchoire. Son corps si lâche qu'il dansait avec les remous de la carriole. Il voulait parfois se faire un trou dans le crâne, afin que son âme, il n'avait pas d'autre mot, aille vivre une autre vie, qu'elle laisse ce corps en plan, à la merci du premier venu.

« Tu me fais une place. » Arthur se rapprocha de Jakob en titubant, comme s'il était ivre. Dans l'espace confiné, il n'était pas à l'aise.

« Qu'est-ce que tu fais ? Tu dois rester couché.

— Arrête un peu, ça fait des jours que je suis allongé.

— Il faut que tu te reposes.

— Tu es trop prévenant, Jakob.

— Comment tu te sens ?

— J'ai connu mieux, dit-il dans une quinte de toux. C'est mes poumons, à ce qu'il paraît. Je suis désolé que tu aies à trimbaler un mourant…

— Ne dis pas de bêtises. Si je suis là, c'est que je l'ai choisi. En Allemagne, ils vont te soigner.

— Si j'y arrive. »

Arthur appuya sa main sur l'épaule de Jakob et bascula ses jambes dans le vide. Il paraissait si faible que Jakob pensa que s'il le voulait, il pourrait démonter chacun de ses membres.

Le ciel offrait une nuance de bleu, une ultime frange colorée s'éloignait au loin.

« Je parie que quand tu étais jeune, tu ne t'attendais pas à ça.

— Qu'est-ce que tu veux dire ?

— La manière dont tu te voyais, ce que tu imaginais. Tes rêves…

— Je ne sais pas trop, répondit Jakob. Je n'ai pas vraiment eu l'opportunité d'avoir des rêves.

— Qu'est-ce que tu racontes ? »

Si Jakob l'avait eue, cette opportunité, ça remontait à avant l'accident.

« Je ne me souviens plus. De toute façon, ces trucs d'enfant, ça ne colle jamais à la réalité… »

Arthur comprit qu'il n'avait pas envie de parler de ça. Ce qu'ils avaient eu à partager l'avait été depuis longtemps. Il aurait voulu dire à Jakob qu'il n'aurait pas tenu sans lui, mais il le savait déjà, alors à quoi bon. Il laissa son regard flotter. « Ce pays, cette terre, je crois que, malgré tout, ça me manquera. »

Jakob n'avait rien à ajouter. Dans quelques jours, ils allaient se séparer et, en étant honnête, il savait que les chances de se revoir étaient minces. Arthur retournait à Berlin, dans sa famille, quand Jakob était engagé dans le Sud-Ouest africain.

Prisonnier en un sens.

En huit ans, Arthur avait passé la moitié de son temps à être protégé, isolé, éloigné de la guerre et de la réelle nature du conflit qui avait lieu ici, mais il s'était senti vivant, plus encore qu'en Allemagne, et il avait brillé dans le semblant de société qu'était Lüderitz.

« Je ne regrette rien, tu sais.

— Je sais. Ce qu'on a fait ici…

— On le devait, c'est comme ça. Je me souviendrai de ce moment, de nous. »

Arthur se mit à tousser. Jakob sentait à quel point il avait mal car il lui avait agrippé le poignet et le serrait fermement. Ses ongles rentraient dans sa peau. Arthur était rouge sang, prêt à exploser.

Jakob lui passa une main dans le dos, pour le calmer, puis il alla chercher le seau d'eau et lui massa la nuque, tout en lui donnant ses pilules.

« Avale ça. »

Tant bien que mal, Arthur réussit à prendre ses médicaments et la toux se calma. Il respirait difficilement, mais au moins, il se sentait plus tranquille. Sa trachée le brûlait.

« Je vais me recoucher.

— Mange un peu avant.

— Merci », répondit-il en saisissant un morceau de viande séchée. Jakob regarda, impuissant, son ami s'allonger. Son corps tremblait, il devait peser dans les cinquante kilos à tout casser. Tu fais peur à voir, se dit Jakob qui avait l'impression d'être avec un vieillard. La guerre dispose de tout un arsenal pour détruire un homme.

À la nuit succédait le jour, encore et encore, malgré leur état, la nature n'était pas affectée, le soleil se levait toujours à l'est pour se coucher à l'ouest.

Parfois, quand Arthur dormait, Jakob sautait hors de la carriole et montait à cheval. Il galopait droit devant, je vais voir l'état de la route, disait-il aux guides, mais quelques instants après, il se sentait mal, ayant l'impression de délaisser Arthur, comme une mère qui ne prendrait pas soin de son fils atteint de la rougeole, et il revenait au galop, redoutant qu'un drame se soit passé parce qu'il avait détourné le regard.

Au bout du sixième jour, ils arrivèrent aux portes du Namib. Ils avaient bien avancé, plus vite que ce que pût imaginer Jakob. Il leur restait trois jours pour traverser ce désert, ce qui était suffisant. Les guides avaient changé les roues lisses des carrioles pour en mettre des larges et crantées afin de ne pas s'ensabler. Comme ils étaient en avance, Jakob ordonna, à l'aube, qu'ils fassent une pause. Le cortège accepta. Chaque fois qu'ils s'arrêtaient, même dix minutes, les guides et les chauffeurs en profitaient pour faire une sieste, après s'être occupés des chevaux.

Ces gars-là, ils s'endormaient n'importe où.

Jakob obligea Arthur à se lever. Viens, dépêche-toi un peu. Il lui semblait que l'état de son ami avait empiré. Il voulait lui laisser un dernier souvenir avant qu'il ne quitte l'Afrique pour de bon. Sorti de la carriole, Arthur vit une sorte de brancard que Jakob avait confectionné. Ses jambes n'étaient que des os prêts à se disloquer.

« Monte là-dessus, on part en balade, dit Jakob.

— Mais...

— Ne pose pas de question, viens. Tu vas voir ce pays comme tu ne l'as jamais vu. »

Arthur tournait autour. Une planche de bois avec un harnais de cheval pour la tirer.

« Dépêche-toi, les premiers rayons sortent déjà.

— D'accord, d'accord. » Comme sa voix s'était déformée avec la maladie.

Arthur installé sur le brancard, Jakob se mit à l'avant et commença à le tirer, enroulant le harnais de cuir autour de ses mains. Il avait en vue une dune énorme, haute d'au moins cent mètres, une montagne avec ce qu'il devait porter, mais il allait se surpasser.

À mi-chemin, il s'arrêta. La température était fraîche, ce qui ne l'empêchait pas de suer tout ce qu'il pouvait. Sa chemise de coton était trempée et ses mains presque en sang, mais il ne voulait pas abandonner. Arthur ne disait pas un mot, mais quand Jakob le regarda, il le vit sourire, ce qui lui donna plus de force. Un pantin de bois, un jouet exposé dans ces immenses vitrines de Noël.

Jakob serra le harnais et se remit à tirer. Il poussait des gémissements, tandis qu'Arthur l'encourageait. Aucun des hommes ne l'aurait aidé, c'était son combat. En bas, ils s'étaient recouchés. Chaque nuit, adossés à la carriole, les guides tendaient une grande toile et s'allongeaient dessous, un feu brûlant à leurs pieds. Pour plus de chaleur, ils se collaient ensemble, les Noirs d'un côté, les Blancs d'un autre. Le soleil commençait à se lever, Jakob devait se dépêcher. Plus que quelques mètres. En haut de la dune, le sable devenait de plus en plus mou, ça crissait sous ses bottes, il s'enfonçait jusqu'aux mollets, mais il n'était pas question de renoncer.

Le spectacle qui se dévoilait était grandiose.

Jakob soufflait comme une bête, il tirait, poussait, hurlait, dans un dernier effort, il parvint à hisser le brancard jusqu'au sommet. Posé sur l'arête de la dune, Arthur était stable, mais Jakob bascula en arrière. Il se releva et vint s'asseoir à côté de son ami, couvert de sable. « On l'a fait », dit-il en enroulant les bras autour de ses jambes. Le soleil, au loin, éclairait la figure d'Arthur. Quelle sensation, après avoir été enfermé des mois à l'infirmerie. Sur le sable, des ombres s'allongeaient à l'infini.

Des touffes d'herbes éparses, vertes, jaunes.

La respiration d'Arthur semblait normale.

Des kilomètres de dunes rouges s'éveillaient à la lueur du matin et dévoilaient leurs charmes colorés. Dans des cuvettes, le sol était de sel tandis que des arbres millénaires pourrissaient ici. Pas loin, un troupeau d'oryx passait. Arthur fut ému de ce paysage. Tant de formes à imaginer, d'histoires à inventer. Il voulut remercier Jakob, mais les mots qui se formaient dans son esprit étaient trop pathétiques, alors il garda le silence.

Il posa la paume sur le sable, qui était encore frais, y enfouit sa main.

La nature rappelait ses droits. Un endroit vierge de trace humaine, un paysage si accidenté que l'homme dût s'avouer vaincu. Dernier bastion avant la modernité, Éden coincé entre Windhuk et Swakopmund.

Monter avait été une dure épreuve, la descente allait être beaucoup plus amusante. Jakob lui demanda s'il lui faisait confiance. Comme Arthur lui fit signe que oui, il s'assit à l'avant de la planche et lui dit de se mettre derrière. « Accroche-toi, on va se laisser glisser. » Arthur s'accroupit et lui agrippa la taille.

Ils avaient une drôle d'allure, en plein milieu du désert, deux jeunes hommes blancs, dont l'un atteint du paludisme, assis sur une planche de bois et s'apprêtant à dévaler une dune de sable. S'aidant de ses mains, Jakob les fit basculer.

Comme s'il ramait, il leur fit prendre de la vitesse. La planche sembla s'élever dans les airs. Une descente presque à pic de cent mètres. Les cheveux au vent, les deux amis hurlaient de plaisir, comme s'ils étaient en plein rodéo.

L'arrivée fut chaotique mais sans dommages. Ils glissèrent sur une dizaine de mètres avant de venir cogner une roue, ce qui les projeta sur le sable. Allongés sur le dos, ils ne pouvaient s'empêcher de rire.

Après, Jakob aida Arthur à se relever et à grimper dans la carriole. Il alla réveiller les hommes et ils se remirent en route. En partant, ils regardèrent la dune avec un regard de fierté. Ils l'avaient dominée, ils l'avaient domptée.

Alors qu'elle disparaissait de leur champ de vision, Arthur fut pris de nostalgie. « C'était grandiose. Je ne pensais pas vivre un truc comme ça.

— Je voulais que tu voies ça avant de partir.

— Tu as de la chance… »

Jakob prit son temps pour lui répondre, ne saisissant pas les regrets dans sa voix. « Tu vas aller mieux. Ils vont te soigner, là-bas.

— Tu as sans doute raison. »

Un des guides vint leur annoncer qu'ils arriveraient à Swakopmund dans la soirée. Ils allaient mettre une journée de moins que prévu. Après l'épisode de la dune, Arthur était devenu taciturne. Sa toux avait repris et il refusait de se nourrir. Deux jours qu'il ne s'était rien mis sous la dent et Jakob s'inquiétait.

Comme il ne supportait pas le silence qui s'était imposé, il parlait souvent à voix haute, aucun sujet en particulier, il voulait juste entendre une voix. Ce matin, il s'était surpris à évoquer un souvenir. Un parc, ses parents, un manège, une glace, quelque chose comme ça. En Allemagne, il n'avait pas d'ami proche. Il n'avait fait aucune promesse lors de son départ, si bien qu'il ignorait ce qu'il allait perdre. Arthur avait entendu toutes ses confidences, aussi bien sur Brunhilde que sur Friza. Jakob n'avait pas l'impression de s'être dévoilé, il avait simplement parlé de lui à quelqu'un qui s'y intéressait vraiment. Il avait été écouté, sans rien devoir rendre en retour. La vraie perte était peut-être là, la considération désintéressée d'Arthur.

Au milieu de la journée, alors qu'ils sortaient des hautes dunes pour arriver sur des étendues de plages, Jakob avait plusieurs fois dû descendre et pousser la carriole, Arthur se mit à s'agiter. Il faisait des gestes, se grattant la gorge, comme s'il voulait sortir de son propre corps. Penché au-dessus de lui, Jakob ne comprenait pas.

Arthur semblait prêt à cracher son âme. On aurait dit un épileptique, mettant ses dernières forces pour survivre quelques minutes de plus, refusant d'abandonner. Jakob tournait autour de lui, ses mains prises de tremblements. Il voyait son état de détresse. Son cou gonflé, ses veines prêtes à exploser, sa bouche qui s'ouvrait, cette langue qui essayait de faire son travail. Il ne parvenait plus à parler.

Des larmes coulaient de ses joues. Il était en train de devenir fou. Ses yeux prêts à exploser. Il faut que tu te calmes. Jakob l'enserra et l'immobilisa. Arthur se débattait, il gémissait, essayant de sortir des sons tout en pleurant.

Jakob absorbait sa peine.

Il lui fourra trois pilules au fond de la gorge. Des résidus blancs sur sa langue. « Écoute ma voix. » Il appliqua ses mains sur ses oreilles et le força à le regarder. « Le médecin a dit que ça pouvait arriver, rien de grave, je te promets. Dans quelques heures, on sera à Swakopmund et tu seras pris en charge. Ça va aller… Bientôt, tu seras chez toi, loin d'ici, et tu pourras oublier. Oublier tout ce qu'on a fait. »

Jakob n'avait rien à quoi se raccrocher.

Il passa à l'avant et interpella le chauffeur, « Il faut vous dépêcher, il va très mal.

— On y sera bientôt, mais les bêtes sont épuisées, on ne peut pas aller plus vite.

— Merde !

— Désolé.

— Accélérez un peu la cadence quand même, vous savez qui il est.

— Si j'accélère, on risque de tuer un des chevaux.

— Faites de votre mieux. » Jakob rabaissa la capote.

Il se glissa derrière Arthur et, tout en lui maintenant la tête, essaya comme il put de l'apaiser en lui caressant le front, comme sa mère faisait lorsqu'il avait envie de s'arracher le visage, d'ouvrir sa cicatrice en deux pour ne plus avoir à souffrir.

Un port tranquille, où les vagues ne viennent pas s'échouer, une longue jetée en bois. Quelques bâtisses peintes dans des couleurs chatoyantes, peut-être un message pour le futur. Swakopmund ne cessait de s'agrandir.

Les carrioles arrivèrent dans un nuage de poussière. Jakob sauta à l'extérieur et se dirigea vers le bureau de l'administration. Il entra avec fracas. Les traits tirés, il avait beaucoup souffert ces dernières heures.

« Je m'appelle Jakob Ackermann, j'ai avec moi un blessé de très haute importance. Il doit être embarqué au plus vite – Jakob pointa le doigt vers la fenêtre, où un navire à vapeur était ancré au loin. Je souhaite voir le docteur Bürgow. Maintenant !

— Calmez-vous, jeune homme. Redites-moi votre nom. » Le soldat se demanda qui était ce fou furieux, ruisselant de sueur, le visage effrayé et défiguré par cette cicatrice béante.

« Ackermann, je voyage avec Arthur Heinz, sur ordre exprès du commandant Leutwein. » À ce nom, le soldat changea de ton.

« Ah ! On ne vous attendait que demain. On va vous prendre en charge. Allez me chercher le médecin. Vite », dit-il à un autre qui était avachi sur une chaise.

Quelques minutes plus tard, un homme grand arriva à petites foulées. Il s'essuyait le coin de la bouche quand il parvint à hauteur de Jakob.

« Je suis le docteur Burgöw. C'est vous qui amenez le malade ?

— C'est ça. Je suis heureux de vous voir, docteur. Son état ne fait qu'empirer.

— C'est-à-dire ?

— Ses poumons… À Windhuk, il a fait une sorte d'œdème je crois.

— Il y a combien de temps ?

— Euh…

— Combien de jours ?

— Une dizaine peut-être…

— Peut-être ?

— Non, enfin oui, dix. Dix jours.

— Comment a-t-il été pris en charge ?

— Il ne l'a pas vraiment été. On m'a donné ça. » Jakob tendit les pilules à Burgöw, qu'il regarda avec un air sceptique.

« C'est pour la douleur. Rien d'autre ?

— Non.

— Amenez-moi à lui. » Jakob lui montra le chemin des carrioles.

« Il y a autre chose. Il a perdu l'usage de la parole.

— Pardon ?

— Il ne peut plus parler. Il sort des sons, des cris, mais aucun mot. »

Une fois arrivés, le médecin grimpa à l'intérieur et se pencha sur le malade.

« Je dois lui faire un examen complet, dit-il en ouvrant la chemise d'Arthur. Allez me chercher de l'eau propre, et dites au capitaine que j'ai besoin de l'embarquer immédiatement. »

Jakob lui rapporta ce qu'il avait demandé et alla alerter les matelots. Qu'ils préparent un canot pour l'amener à bord. Les hommes s'exécutèrent et Jakob retourna au chevet de son ami. Après ce qu'ils avaient traversé, quelle étrange manière de se séparer. Quand il arriva à la carriole, Burgöw était penché à l'intérieur de la gorge d'Arthur.

Jakob vit ses doigts serrer le drap noirci.

« Alors, docteur ? »

Burgöw prit Jakob à l'écart. « La maladie a empiré. Le paludisme se soigne bien si on le prend à temps, dans le cas de votre ami, les poumons sont touchés. Je vais faire le nécessaire pour le soulager, mais ne vous faites pas d'illusion. Les prochains jours seront cruciaux et ça dépendra en grande partie de lui. Le voyage est pénible, d'autant que je n'ai pas le matériel nécessaire. Malgré tout, il sera mieux en pleine mer que dans ce désert. Nous partons demain, dans la matinée, en attendant, je vais le mettre au frais et lui faire un massage de poitrine.

— Je vous accompagne, j'aimerais lui dire au revoir.

— Faites vite alors, je veux qu'il soit à l'abri.

— Merci docteur, prenez soin de lui. » Jakob serra la main de Burgöw et rejoignit le canot. Arthur avait été étendu au milieu. Il délirait à moitié.

« Arthur, c'est moi, Jakob. Ces hommes vont s'occuper de toi, ils vont te soigner. Dans quelques jours, tu seras de retour au pays. Tout va bien se passer. Tu vas retrouver ta vie, ta véritable vie. » Un instant, Jakob eut l'impression qu'Arthur comprit ce qu'il lui disait, il lui jeta un regard qui lui paraissait conscient. Il passa la main sur son front et sourit, comme on le fait à une personne qu'on sait qu'on ne reverra pas. « Prends soin de toi. »

Alors que le médecin ordonna aux hommes d'embarquer, Jakob lui fit un dernier signe. Il était à bout. La chaleur, l'angoisse, la perte d'un ami, il était au bord d'exploser. Son visage ruisselait de sueur, qui se mêlait à ses larmes. Le canot était déjà loin, perdu au milieu des creux des vagues et des embruns. Il ignorait si Arthur allait s'en sortir. Sa vie ne pouvait pas finir dans ces conditions, c'était impossible.

Quant à lui…

De l'autre côté de l'océan, il y avait ce désert, ces villes qui s'étaient implantées au milieu de nulle part, ces populations qui le haïssaient un peu plus chaque jour. Que se serait-il passé si Arthur n'avait pas dirigé cette expédition contre les Damaras ? C'était en 1891, six ans déjà. Six années durant lesquelles Arthur n'avait rien fait d'autre que survivre, taisant sa personnalité et se rapprochant d'hommes qu'il n'aurait même jamais dû apercevoir. Non, ça ne servait à rien de refaire l'histoire.

J'ai besoin d'une douche, pensa Jakob, et d'un verre.

22.

Okahandja, janvier 2004

Nous sommes un terrain de jeu au bout du monde.

Une terre à diviser, à peupler.

Après la Première Guerre, l'Allemagne perd ses colonies. Chassée de ce qui était censé faire sa richesse. Des soldats en exil. Pourtant, c'est loin d'être fini. L'Union sud-africaine prend le relais. La Société des Nations lui a donné mandat pour administrer le Sud-Ouest africain. Pour la forme, certaines conditions sont établies, mais ça équivaut bien à une annexion.

L'Histoire aime se répéter.

Le *Natives Land Act*, déjà en vigueur chez eux, va être adopté. Les meilleures terres attribuées aux colons blancs. Pourquoi devrait-il en être autrement ? Héritage de la vision historique du XIXe siècle. Le Noir est sans histoire. Sa population est parquée au Nord, au milieu des animaux et des terres infertiles. Le gouvernement s'octroie le droit de déplacer n'importe quel indigène au sein du territoire sans qu'aucun tribunal puisse intervenir.

Ce n'est pas rare qu'on périsse à cause des lions, des éléphants. Une bête sauvage qui goûte à la chair humaine en veut toujours plus. Si ce n'est pas ça, on est accusés « d'oisiveté et d'inconduite » et condamnés à la prison ou aux travaux d'intérêt général.

Les Blancs les plus pauvres débarquent, ils se partagent des territoires immenses, voilà comment on crée de la richesse, comment on se bat contre le chômage. Les Boers, eux-mêmes chassés à une époque, sont les premiers à faire le voyage.

Certains Allemands restent, faisant profil bas.

Une page qui se tourne, une autre qui s'écrit. On sait ce qu'on perd, comme on dit, pas ce qu'on gagne. Dans ce cas, il n'y a rien eu à gagner.

Le Sud-Ouest africain devient la cinquième province de son voisin du Sud. L'idée d'autodétermination des peuples est enterrée. Ce qui amène presque naturellement à la mise en place de l'apartheid à la fin des années 1950. L'Afrique du Sud se mettra le monde à dos, mais le monde, elle ne le reconnaîtra pas, alors elle s'en moque. Des commissions onusiennes essaient. Elles se perdent dans des procédures quand, de l'autre côté, on ne cède devant rien. Une présence déclarée illégale, mais aucun changement.

Ludwig est parti recueillir quelques témoignages sur mes conseils. Il y a une association qui milite pour la reconnaissance des faits. Je les connais bien. Avec Hanna, on les a accompagnés plusieurs fois, dans le nord. Ils soutiennent des plans de vaccination dans les terres les plus éloignées et font de la prévention pour expliquer les rudiments d'hygiène, parfois oubliés.

L'impression de faire quelque chose de bien.

Hanna était curieuse. Curieuse de l'histoire des Hereros, de leur combat aujourd'hui. Si enflammée que j'en étais parfois gênée.

Un œil sur mon téléphone, elle m'a envoyé un message. *Je suis en route.*

Le sol est jonché de confettis.

Elle était pourtant contre cette journée.

Je décide de l'appeler. Alors, tu as changé d'avis ? C'est dommage, on aurait pu venir ensemble.

Je sais, c'est bête. Ça s'est fait à la dernière minute. Je suis avec des amis. Depuis quelque temps, elle côtoie un groupe qu'elle a rencontré au parc botanique. Des étudiants, dit-elle, militant pour les droits de l'homme. Tu te retrouverais en eux.

Je lui apprends que Ludwig est arrivé, elle ne manifeste pas un enthousiasme débordant. Elle a décidé il y a longtemps de ne pas être nostalgique du passé.

À tout à l'heure, alors.

Après avoir traversé le monde, elle a trouvé refuge dans notre maison, à Windhoek, dans le quartier d'Olympia. C'est son oasis, comme elle dit. On a la chance d'avoir un puits, donc elle peut arroser sa pelouse tous les jours, faire pousser ses bougainvillées, ses roses et toutes sortes de bulbes qu'elle adore planter.

Les oiseaux viennent se reposer. Ils y font leurs nids, milliers de petites boules dans chaque arbre. Parfois, je me demande si elle ne regrette pas l'Europe.

Ce serait légitime.

Elle m'assure que non.

Je ne parle pas du climat, c'est évident, ni des gens, ni même de la vie culturelle, qui, ici, il faut le dire, est restreinte, non, c'est plutôt l'idée de l'Europe. Cette idée d'être au centre du monde, d'avoir un regard sur tout, de compter au sein de ce grand bordel qu'est la mondialisation.

Ici, qui nous connaît ? Tapez du poing, les autres ne l'entendront pas.

Cette idée de grandeur, je ne peux lui donner. Je sais que, d'une certaine manière, elle la cherche. Peut-être dans ce qui s'est passé il y a un siècle. Je l'encourage à aller voir sa famille, elle a une sœur, mais elle refuse. Elle me dit que ça la fatigue.

C'est qu'elle a sans doute peur de ne pas revenir. Je vais rester deux semaines de plus, qui se transforment en un mois, puis six... Comme je ne la rejoindrai pas et qu'elle le sait, je n'aurai pas le courage de faire ce chemin à nouveau, elle tait peut-être ses sentiments pour que ce que nous avons construit ne s'effondre pas comme un château de sable, pour que ses sacrifices ne soient pas qu'un cri dans le vide. J'ai parfois peur de ne pas être à la hauteur, de ne pas mériter un tel engagement.

Elle a fait sien ce pays, elle a adopté ce mode de vie, ces coutumes, alors elle baisse parfois le regard pour ne pas voir que le ciel est bleu partout.

Je glisse deux doigts dans ma chemise et me donne un peu d'air. Un panneau lumineux indique 38 degrés.

J'ai envie de m'isoler. Prendre quelques minutes, pour que l'instant ne me file pas entre les doigts.

C'est important, la conscience des événements.

Je me glisse sur le siège arrière de ma voiture, ferme les portes.

Dans un petit sac, un sandwich que m'a fait Hanna. La mayonnaise a dégouliné sur les œufs durs. Je lui avais dit que c'était une mauvaise idée. L'odeur envahit le petit espace. Difficilement supportable.

Je plie le papier aluminium et le fourre au fond du sac.

Il me reste quelques fruits. Une orange, un ananas, si pratique.

Enfant, je fermais souvent les yeux. Quand la police hurlait, quand l'avion décollait, quand mon professeur m'interrogeait et que je ne connaissais pas mes leçons…

Je ne sais pas si j'ai appris à me contrôler. À vivre dans la réalité qui m'entoure, à y faire face. Quand mon père est parti, je me suis mis à lui écrire des lettres. Des choses importantes, les pensées d'un jeune garçon qui n'a personne à qui se confesser et qui cherche. Elles n'étaient pas destinées à être lues, seulement à m'aider à me sentir mieux. Un subterfuge. C'est lui qui décidait de tous nos contacts, je ne savais jamais quand je lui parlerais, ces lettres, en revanche, m'appartenaient, et notre relation en devenait réelle car je la faisais exister sur ces bouts de papier que je brûlais juste après, par peur que quelqu'un ne vienne voler mon histoire ou ne s'immisce entre nous.

Je ne veux plus vivre comme ça.

Cette journée me concerne car elle me renvoie à moi-même et à mes choix. Ce qui m'a empêché de dormir des nuits entières.

Ces choses qui nous retiennent.

Mon doigt s'enfonce dans la peau de l'orange. Quelques gouttes sucrées. La lumière est oblique, derrière les arbres. Il y en a qui, dans un autre univers, ne s'intéressent qu'à ce qui arrivera demain.

23.

Swakopmund – Windhuk, semaine du 27 septembre 1897

Jakob était allongé où se tenait Arthur il y a encore deux jours. Comme l'avait exigé Pavlov, il retournait à Windhuk. À moitié assoupi, en nage sous la bâche. Il n'avait rien bu depuis des heures.

Parfois, il poussait des gémissements, se débattant contre un souvenir. Tout se mélangeait. Il se rappelait si bien les odeurs de chez tante Eda. De l'encens, un parfum de lavande, et l'odeur sauvage des fleurs tropicales qui poussaient sous la serre.

Ce jour-là, il a treize ans.

Il lui rend visite, seul. Son père est en formation dans le sud et sa mère se sent fatiguée. Un matin brêmois. La pluie qui bat les fenêtres. Sa mère lui a donné une clé. Il rentre sans prendre le soin de sonner Une de ses premières expériences d'indépendance et il en est heureux, d'autant que secrètement, il attendait d'avoir Eda juste pour lui. Qu'il soit un enfant ne compte pas.

Comme d'habitude, il se dirige vers le petit salon, où ils se retrouvent à chaque fois. Un peu anxieux. Le parquet craque sous son poids. L'eau dégouline à ses pieds. Sa main moite tient la rambarde, il ne peut l'expliquer, mais il a l'impression de faire quelque chose de mal. Je ne veux pas que vous voyez cette femme, ne cesse de dire son père ; cette interdiction augmente son plaisir. En arrivant à l'étage, il fait face à un couloir étroit où des tableaux de corps nus décorent les murs, des corps comme Jakob n'en a jamais vu.

Il a dans la bouche un goût étrange. Dans la maison, il n'y a aucun bruit. Seulement sa respiration agitée et saccadée. Une main sur la poignée d'ivoire et il tourne. Les effluves du parfum d'Eda. Il pousse un peu plus la porte et pénètre dans l'espace confiné. L'air est lourd. Pesant. Presque animal, Jakob aime ça. La douleur de l'excitation. Il avance à petits pas, se cachant derrière la végétation luxuriante de la pièce.

Yuccas, ficus, palmiers, dragonniers, s'entassent les uns sur les autres, étendant leurs feuilles toujours plus haut.

Par un trou entre les branches, il aperçoit Eda, de dos. Elle est assise devant une coiffeuse et se regarde dans le miroir, arrangeant une mèche. Une robe de chambre en soie, délicate, souligne ses formes. Jakob est attiré par elle, il l'a toujours été.

Elle sifflote un air tout en se maquillant.

Une fraction de seconde, Jakob a l'impression qu'elle l'a vu, caché derrière ces arbres, mais qu'elle n'a rien fait. Leurs yeux se sont croisés. Si fugace qu'il ne peut en être sûr. La gorge sèche. Dans son pantalon, quelque chose de nouveau est en train d'arriver. Il est allé trop loin pour en rester là, de toute façon, elle ne peut pas le voir dans cet état.

Les gestes d'Eda sont lents, elle prend son temps. Dans la glace, Jakob voit que sa robe est un peu ouverte. Il devine le contour de ses seins. Avec elle, le temps s'arrête, elle suspend le monde à chaque geste.

Sa main se dirige vers son pantalon, sans qu'il puisse se maîtriser. Eda pose un doigt sur son cou, puis descend le long de sa peau, tout en ouvrant sa robe. Plus, plus, pense Jakob qui perd le contrôle, prêt à se jeter sur elle et à tout arracher.

Il n'en perd pas une miette quand Eda fait tomber la robe sur ses reins. Elle est assise, nue, et Jakob la voit. Il se retient de pousser un cri. Sa main agrippe le rebord d'un pot en terre cuite, prête à le briser. Elle reste là un long moment, comme si elle sait qu'elle le rend heureux, comme si elle sait qu'elle change sa vie. Jakob a cette idée qu'elle s'offre sciemment à son seul plaisir

À ce moment, il sent son pantalon se mouiller. Ses dents serrées, son visage cramoisi.

Eda tourne la tête, c'est là que Jakob en profite pour déguerpir. Il désire la serrer dans ses bras, embrasser chaque recoin de ce corps qu'il vient de découvrir, mais ce n'est pas possible. Pourquoi est-il un enfant ? Il dévale l'escalier à toute vitesse, se moquant du bruit qu'il peut faire, se rue dehors, sourire aux lèvres, mais ressentant l'angoisse de ne pouvoir la posséder. Il se met à courir, vite, très vite.

Lorsqu'il arrive devant chez lui, il se demande comment il va cacher cette tache sur son pantalon.

Jakob se réveilla en sursaut. Une main sur le cœur, il vit son pantalon mouillé, comme il y a des années. Il venait de revivre ce passé dans les moindres détails, sauf qu'à la place de tante Eda, il avait vu Brunhilde. Il avait du mal à reprendre son souffle. Jamais il n'avait rêvé d'elle de cette manière. Il se sentit presque coupable, touchant son corps pour reprendre contenance.

En soulevant la bâche de la carriole, il aperçut la dune qu'il avait escaladée cinq jours plus tôt avec Arthur. Il reconnut la trace qu'ils avaient laissée en descendant. Même si la situation ne s'y prêtait pas, il ne put s'empêcher de sourire. Il avait du mal à croire qu'il ne le reverrait plus.

Son nez, si sec. Il se saisit d'une gourde et but si vite qu'il faillit s'étouffer. Ses côtes qui se serrent, ses poumons qui se contractent. Ce voyage était un enfer, une punition. À la même heure, Arthur devait longer l'Afrique à destination d'Hambourg. S'était-il remis ?

Jakob l'espérait. Il ne pouvait en être autrement. Bien qu'il ait du mal à l'admettre, ce n'étaient plus ses affaires à présent. Il n'aurait pas de nouvelles, donc à quoi bon y penser sans arrêt.

La nuit venue, il sortit prendre l'air. Les chauffeurs avaient enfin daigné s'arrêter. Il ne leur dit pas un mot, s'éloigna sans se retourner, désireux de fuir la présence humaine.

« Eh ! n'allez pas trop loin, c'est dangereux le soir. »

Jakob leva le bras, il avait compris. Même s'il comptait s'éloigner, il savait que c'était une erreur, il ne manquerait plus qu'il se fasse piquer par un scorpion, et alors, ce serait la totale. Il s'immobilisa et commença à pleurer.

À pleurer comme il ne l'avait jamais fait. C'est idiot, se disait-il, il le savait, mais il ne pouvait s'en empêcher. Ce n'était pas tant de la tristesse, mais de l'épuisement, de la fatigue, de la déception, de la solitude. Il était allé au bout. Plus loin que tout ce qu'il avait pu imaginer. Pourtant, rien n'était fini. Le départ d'Arthur n'était pas un achèvement, juste une étape. La colonie l'écrasait, l'anéantissait, mais il était debout, quoi qu'il arrive.

Il jeta un œil par-dessus son épaule. Cette carriole perdue, éclairée par une lanterne se laissant aller au vent, au bout d'un long bâton. Ça lui rappela un tableau qu'il avait vu dans son enfance, quand il avait voyagé en Europe avec sa mère. Il avait eu l'impression de brûler. De brûler intérieurement. En Allemagne, les gens étaient si stricts. Si conventionnels. Lui dont la cicatrice l'excluait à chaque fois. Lui dont la difformité en avait fait un être à part. Il n'entendait rien à l'art, mais savait reconnaître la beauté lorsqu'elle apparaissait. Si ce peintre pouvait voir la figure de son guide éclairée par la lanterne, il en tirerait sans doute quelque chose de grandiose, tandis que lui, il y voyait de la misère.

Oui, de la misère humaine.

Pourtant, il éprouvait une certaine satisfaction d'être dans cette partie du monde. Combien d'Européens pouvaient se targuer d'avoir traversé l'océan pour voir le sud de l'Afrique, combien de personnes sur cette terre avaient entrepris un si long voyage ? Combien n'avaient en vue que du sable, des millions, des milliards de petits grains accumulés là par l'Histoire ? Il n'avait rien déclenché, on était venu le chercher, mais il était bien là, aux antipodes de tout ce qu'il avait connu.

Après leur pause, ils repartirent, de nuit. Jakob tint compagnie au chauffeur pendant quelques heures, intrigué par les reflets argentés de sa barbe mitée, puis retourna se coucher, avec une envie féroce de dégueuler. Sur le navire, il avait parfois succombé au mal de mer, ce qu'il vivait là était pire.

Au petit matin, alors qu'il se tournait sur le bois dur, un objet lui rentra dans les côtes. Soulevant la couverture, il trouva la boîte de pilules d'Arthur. Le docteur avait dû la reposer et oublier de la reprendre. Il la fit tourner dans sa main, espérant que cet oubli n'allait pas participer à l'aggravation de l'état d'Arthur. Non, bien sûr que non, il était entre de bonnes mains.

Face à cette simple boîte, il comprit ce qu'était l'amitié et ce qu'il venait de perdre. Il en avait manqué toute sa jeunesse. Chaque choix, chaque idée intime n'avait été partagée avec personne, à part au cours de ces dernières années. Jusqu'à aujourd'hui, ça ne l'avait pas dérangé, maintenant, il en avait conscience.

Le quatrième jour, il ne tenait plus. Il ne réussissait pas à dormir et en avait assez d'avancer aussi lentement, d'être dépendant de l'humeur du chauffeur. Il voulait revoir Windhuk, retrouver sa chambre, se laver. Vers la mi-journée, il ordonna de s'arrêter.

« Je dois être à Windhuk rapidement.

— On y sera dans quatre ou cinq jours. Ça dépend.

— Vous ne comprenez pas. Je dois y être demain, au plus tard.

— Qu'est-ce qui vous presse tant ?

— Ça ne vous regarde pas… Je réquisitionne le cheval de traîne. C'est un ordre.

— Un ordre ? De vous ? » Jakob se sentit un peu con, même en face de ce type, il n'arrivait pas à faire valoir son autorité.

« Du commandant Leutwein.

— Vous vous fourrez le doigt dans l'œil. Je ne dépends pas de l'armée, et ce sont mes chevaux.

— Comment ça ?

— Je dépanne pour le transport, c'est tout.

— Dépanne ?

— Quelques marks le trajet.

— Je vois. » Jakob était dans une impasse, il se demanda pourquoi l'armée, pourtant puissante, faisait appel à des hommes comme lui. Des économies de bout de ficelle, rien de plus.

« Mais le guide, le Herero, il est rattaché à l'armée.

— Ah, ça, c'est à vous de voir. Moi, il me guide, c'est tout. »

Jakob en avait assez entendu. Il fouilla dans le fond de sa poche, récupéra les deux pièces qui lui restaient de sa prime et les mit dans la main du chauffeur.

« Prenez ça. Je vous rendrai votre cheval à Windhuk.

— C'est que… »

Jakob posa la main sur son fusil. « N'abusez pas non plus.

— D'accord… vous laisserez ma bête à l'écurie. »

Le chauffeur fit arrêter la carriole d'un bruit de bouche. Jakob sauta à terre, retrouvant un nouveau souffle. Il fit le moulinet avec ses bras et sautilla sur place. Durant tout ce temps, il avait oublié qu'il avait un corps.

Une bulle d'air remonta du fond de son estomac, qu'il laissa filer avec un reste de ragoût.

« J'en aurai pour deux jours, pas plus. Préparez-moi quelques réserves et une gourde d'eau.

— Vous connaissez le chemin ?

— À peu près, et j'ai une boussole.

— Allez pas vous perdre, je voudrais pas avoir à m'expliquer.

— Vous en faites pas pour moi. »

Le chauffeur détacha le cheval à l'arrière, mit la selle, vérifia ses sabots et tendit la bride à Jakob.

« Vous n'avez plus qu'à y aller. »

Jakob lança son cheval au galop. Il savait qu'il ne tiendrait pas la distance à cette allure, mais cela le libéra d'un poids, le bonheur est sur le dos d'un cheval, avait-il plusieurs fois entendu, c'était vrai, du moins ce jour-là. Quand il se retourna, il aperçut la carriole, si loin qu'elle n'était qu'un petit point ridicule.

Plus la distance entre eux s'allongeait, plus il se sentait libre.

Au bout d'une trentaine d'heures, il arriva aux portes de Windhuk.

Avant d'annoncer son retour, il se précipita dans sa chambre. Il longea les murs, chapeau baissé sur ses yeux. Marre des ordres de mission, des obligations, du paludisme.

Ses jambes étaient douloureuses. En enlevant son pantalon, il réalisa que la peau à l'intérieur de ses cuisses avait brûlé à force de frotter contre son pantalon. C'était pourtant un cavalier aguerri, mais parfois ça arrivait.

Il se déshabilla, se passa de l'eau sur le visage, dans le cou, sur le corps. Au fur et à mesure, ses épaules se détendirent. Ce voyage avait été éprouvant. Le visage d'Arthur se superposait encore à chacune de ses pensées. Il se mit de la pâte entre les dents, afin d'enlever ce goût amer qu'il avait dans la bouche, enfila des habits propres et se coucha. Il respirait mieux à présent et il aimait la sensation de l'eau sur ses cheveux. Il glissa les mains sous son oreiller et s'endormit.

Ce ne fut que le lendemain, vers midi, qu'il se réveilla. Il avait dormi quatorze heures et il se sentait beaucoup mieux. Pas une seule fois il ne s'était réveillé.

Dormir avait toujours été un plaisir. Son père, avec les années, avait perdu le sommeil. Il se souvenait l'entendre déambuler dans le salon, des heures durant. Il n'avait jamais su si l'insomnie était venue parce qu'il avait vu trop d'horreurs ou parce qu'il ne participait plus à aucune bataille. Il avait été blessé à la jambe et, les dernières années, avant que Jakob ne parte, il n'arrivait même plus à monter l'escalier. Il se fermait de plus en plus au monde, à son fils.

Jakob s'étira, fit craquer les muscles de son corps et enchaîna une série d'exercices. Ces derniers jours, il s'était laissé aller et il devait retrouver une santé.

Son visage était rouge, son ventre bedonnant. Il s'habilla en civil, empoigna son uniforme et se dirigea vers la laverie. Il était temps de se redonner forme humaine et de faire connaître son retour. Leutwein ne rigolait pas avec les ordres et Jakob devait lui faire un compte-rendu.

En rentrant dans sa case, le soir, il trouva une lettre posée sur son lit. Ça l'énervait ce manque d'intimité. Il enleva ses bottes et s'allongea de tout son long. L'enveloppe était cachetée. En l'ouvrant, il reconnut l'écriture de Brunhilde.

Elle était en route pour Windhuk. Ses bêtes étaient malades et elle venait chercher un vaccin, ils en manquaient dans le sud. Jakob pensa ridicule d'entreprendre un si long voyage, mais il était heureux de la revoir. Après le départ d'Arthur, c'est ce dont il avait besoin.

La lettre était partie il y a plusieurs jours, lorsqu'il entreprenait lui-même sa traversée. En calculant, il se dit qu'elle devrait arriver d'ici une semaine. Cette nouvelle le réjouit. La revoir était inespéré.

24.

Kolmanskop, 2 février 1928

Ça remonte au 14 avril 1908. Zacharias Lewala trouve une pierre scintillante. Lassé de piocher et d'installer les rails pour étendre ce chemin de fer dont il n'aura pas la jouissance, il voit là un moyen de changer le cours de ses journées. Si c'est aussi beau, cela doit avoir une certaine valeur.

Peut-être celle de l'indépendance.

Comme il est noir et qu'il ne peut rien décider seul, il en réfère à August Stauch, son superviseur, un homme qu'il n'aime pas car il lui fait peur. Ses yeux de satyre, vicieux, semblent entrer au plus profond de lui quand il lui parle.

L'histoire est en marche.

Séparée de sa gangue, la nature de la pierre est confirmée. Stauch obtient une licence pour prospecter dans les alentours, certain que ce n'est pas un cas isolé, certain que sa vie de misère est bientôt terminée, ne regrettant plus son choix d'être venu dans ce Sud-Ouest africain.

Il se voit riche, puissant, mais c'est une illusion.

L'homme n'a aucun intérêt, c'est le système qui prédomine.

Alertés par le potentiel de ce nouvel eldorado, des badauds rappliquent en masse. Au départ, ils n'ont qu'à s'allonger sur le sable et, à l'aide d'une lunette, ils scrutent l'éclat entre les grains imparfaits et la roche. On en ramasse des douzaines à la journée.

Le gouvernement allemand déclare cette région zone interdite. *Sperrgebiet.* Les rumeurs circulent vite. Kolmanskop, cette ville posée sur le sable, serait la ville la plus riche sur terre, mais tout ça, c'est le gouvernement qui en bénéficie.

Plus de trois cents hommes s'y installent, géologues, ingénieurs, architectes… en face de la ville, on construit des hangars pour accueillir les centaines d'Ovambos, qui vont faire le sale boulot. Il y a même des enfants, des femmes, le train, une boucherie, une école, une pharmacie, un bar. Une ville indépendante, gérée par les hautes instances.

Mais attention ! interdit de voler. Gare à celui qui s'y risque. Les distances sont énormes, il est impossible de s'enfuir, mais chaque matin et chaque soir, les mineurs sont fouillés. Tout a été essayé pour garder une partie du trésor. Pour ça, on ne manque pas d'imagination.

Cheveux, rectum, bouche…
Rien n'a fonctionné.

Lui, il n'a jamais songé à en dérober. Ça le mettrait hors-la-loi, hors du monde, et il ne veut plus. Filer droit pour un semblant de normalité. Il a assisté à la construction de la ville, il a connu les pères de Kolmanskop. Il est un livre de souvenirs.

La mine est passée de main en main après la guerre, mais la présence allemande reste très influente. Panneaux, typographie, nourriture.

En partant vers l'espace qu'il supervise, il jette un œil au casino qui est en construction. 1928 et on pense à l'amusement. Après ces années de fortune. Le bowling, lui, a déjà un an.

Une salle immense, un piano, une scène pour les spectacles de fin d'année. Un bar à champagne pour les femmes, un fumoir pour les hommes, une cuisine démesurée. Des carreaux de faïence. Dans ce paysage hostile, une étendue aride de dunes et de roches, il faut s'occuper. Souvent, il a entendu les femmes se plaindre du sable qui s'insinue par chaque porte, chaque fenêtre, chaque trou, aussi infime soit-il. La modernité est implantée dans un lieu où elle n'a rien à y faire. Il ne faut pas s'étonner que la nature la recrache.

Au loin, les nuages font leur apparition, de grandes taches noires sur le sable gris. Les géologues sont formels. Dans cette zone, il doit y avoir des diamants, la nature de la roche le prouve, les résidus dans le sable.

Il a l'impression d'être aveugle parfois. Il a vu, puis tout s'est brouillé.

On a apporté les foreuses, l'excavatrice, et elles ravagent le sol. Les bras articulés retirent des kilos de sable pour faire un trou de plus de quatre mètres.

Par terre, traînent des pioches, des pelles, plus loin il y a les laveurs, ces hommes qui passent les pierres à l'eau salée.

Ce matin, il entend une voix. Cours, dit-elle, mais il reste statique. Devant lui, il y a un champ de diamants et des machines. Cours, dit-elle.

Creuser pour déterrer le trésor.

Il y a toujours eu le sable.

Il y aura toujours le sable.

25.

Sud-Ouest africain, 1898

Depuis son arrivée à Windhuk, Brunhilde n'avait pas trouvé beaucoup d'occupations, ne saisissant pas bien la folie qui l'y avait amenée. Il y avait la peste, bien sûr, mais sa venue allait au-delà. Elle avait envoyé à sa mère les remèdes nécessaires, rien ne la retenait plus, pourtant elle restait. Ce fort l'intriguait tout en la repoussant. Le nombre de soldats l'épouvantait, mais elle devait affronter la réalité. Sa ville, Lüderitz, était préservée de ce qui arrivait dans le reste du pays.

Elle avait eu l'occasion de voir Jakob, mais leur relation manquait de naturel. Il était au milieu de son régiment, sa liberté était toute relative. Chacune de leurs rencontres avait un goût d'interdit. Quand elle lui prenait le bras, elle voyait la gêne qui le saisissait alors qu'ils passaient à côté d'un groupe de soldats.

Être avec une femme semblait presque une faiblesse pour ces hommes.

Lorsqu'elle se retrouvait seule, elle sortait à cheval, mais Leutwein avait exigé qu'elle soit accompagnée. Elle poussait sa monture jusqu'à ses limites, montant sans relâche la succession de collines qui s'étendaient autour de Windhuk, essayant de larguer les cavaliers.

Elle était consciente du ridicule de sa situation. Le fort représentait tout ce qu'elle voulait combattre. Enfermée dans sa chambre, elle se dit qu'après le dîner de ce soir, elle prendrait une décision.

Leutwein l'avait invitée à célébrer son succès. Il l'avait appris il y a quelques jours, par une lettre du chancelier. De *Landeshauptmann*, il était promu gouverneur du Sud-Ouest africain.

Brunhilde avait accueilli la nouvelle avec scepticisme. Elle n'avait aucune idée de ce que cela voulait dire. Pour elle, Leutwein avait déjà les pleins pouvoirs. Elle avait connu, il y a des années, le gouverneur Göring et n'en gardait pas le meilleur des souvenirs. Un homme faible, lâche, opportuniste, qui aurait vendu ses convictions pour sa sécurité.

*

Cette matinée-là, dans la ferme de Mattias Blumfield, au nord de Windhuk, le travail n'avait pas été fait avec soin, estimait le contremaître. En Allemagne, Blumfield avait une femme et une fille. Il s'en était bien occupé, jusqu'au jour où sa femme lui avait appris qu'elle partait avec un autre homme, un homme qui avait su tirer parti de l'essor industriel de la nation. Je te quitte, et j'emmène la petite. Cette phrase était restée gravée dans sa mémoire.

Comme par défi, il avait vendu le peu qu'il avait et, seul, il était parti pour le Sud-Ouest africain, une terre recommandée par le Reich, qui accueillait en priorité des hommes solides, célibataires, des hommes qui n'avaient plus grand-chose à perdre. On lui avait donné un bout de terre, de la caillasse et du sable, pour élever des bovins.

Au fur et à mesure du temps passé ici, son troupeau avait grossi. Pour s'en occuper, l'armée lui avait offert le service de Hereros. Les premiers Noirs qu'il ait vus.

Au début, il avait éprouvé un peu de pitié, les voir courber le dos, s'excusant presque d'être au monde, mais aujourd'hui, les choses avaient changé. En quatre ans, il n'avait pas revu de ville moderne, d'hommes blancs, de progrès ; il vivait au milieu d'un néant, avec des gens à l'opposé de lui. Et ces Noirs, ils acceptaient qu'il leur soit supérieur.

La première fois qu'il en frappa un, c'était un dimanche, il s'en souvient car c'est le jour du seigneur.

Une cruauté élémentaire.

Ça l'avait pris comme ça, sans raison particulière, juste pour passer le temps. Il s'était levé de mauvaise humeur et ça lui avait plu. Cette autorité nouvelle. En Allemagne, personne n'avait jamais eu peur de lui. Et au moins, il n'abusait pas de son pouvoir. Il entendait ce qui se disait aux alentours, il entendait ces hommes parler de leurs nuits d'ivresse, de leurs sodomies, des corps des femmes africaines. Il entendait, mais il s'était toujours refusé à baiser une Noire. On ne sait pas quel genre de maladie ça peut avoir, disait-il aux autres, soyez sérieux. Et puis le viol, c'était pas son truc. Il préférait se satisfaire seul, dans son coin ; éjaculer sur le sable chaud après une nuit de beuverie.

Peut-être les restes d'une certaine éducation.

Ce matin-là, donc, Blumfield avait mal dormi. En sortant sur sa terrasse, il trouva son contremaître, un type venu de la Saxe, le cheveu rare, se tenir au-dessus de trois Hereros à moitié nus. L'un d'eux gémissait. Malgré les années, Blumfield n'entendait rien à leur langage, même ceux qui parlaient allemand, il ne les comprenait pas. En fait, il pensait que c'était plus facile qu'ils ne se parlent pas.

« Qu'est-ce qui se passe encore ? lâcha-t-il en se roulant une cigarette.

— C'est les sauvages, monsieur, ils ont laissé échapper une vache. »

Tout en descendant les marches une à une, Blumfield enleva la ceinture qu'il avait à la taille et l'enroula autour de son poing. Une vache, répéta-t-il.

Il se tenait au-dessus des Hereros.

« Tu connais la punition ? » dit-il à l'un d'entre eux. « Et toi ? Bon dieu… » Il s'en rappelle, cette nuit, il a rêvé de sa femme, et ça lui a filé des suées.

Il tournait autour d'eux, faisant claquer le cuir de sa ceinture.

Sachant ce qui les attendait, les Hereros s'accroupirent, le dos voûté, comme si, finalement, quelques coups de ceinturon étaient une peine acceptable. Mais Blumfield n'en avait pas envie. Las de s'essouffler à les fouetter. Puis toutes ces cicatrices, ça les rendait encore plus laids. Il déroula sa ceinture et la jeta sur une chaise qui traînait là. Pas de ça aujourd'hui.

Le contremaître, deux doigts glissés dans son pantalon, salivait déjà.

Avec les années, Blumfield avait appris à la détester, cette terre. Seuls des nègres pouvaient vivre ici. L'État l'avait roulé, il s'était attendu à tout, sauf à ça. Certains avaient des minerais sur leurs propriétés, plus à l'ouest, minerais qui valaient un paquet de pognon, mais lui, il n'avait rien, à part des bêtes et quelques Hereros ; mais quelle différence ça fait ?

Chaque jour, il haïssait un peu plus le Reich, le Kaiser, ses escapades, sa difformité, un homme si torturé est forcément mauvais, le gouverneur, tous autant qu'ils étaient pour l'avoir emmené ici. Mais rentrer au pays était impensable. Rien ne l'attendait, puis une fois qu'on connaissait cet enfer, c'était inutile de vouloir le quitter.

Il fit signe au contremaître de les conduire vers l'enclos, près des cactus géants. Ces arbres étaient incroyables, ils parvenaient à survivre à n'importe quelle température. Blumfield avait été impressionné la première fois qu'il les avait vus, droits, un peu bombés, et tellement épineux. Il les avait trouvés moches, comme une bite verte monstrueuse. Les bêtes qui s'y étaient frottées avaient meuglé toute la nuit de douleur. Il avait pensé les faire abattre, puis avait fini par se dire qu'ils pourraient être utiles, un jour.

Il ordonna qu'on mette les Hereros nus. Aucun d'eux ne protestait, habitués à la domination blanche qui s'était faite en quelques années. Tout en leur donnant des coups de botte, le contremaître les obligeait à se déshabiller. Il y avait deux hommes, l'un plus jeune, et une femme, à l'âge indéfinissable. Quand elle se retrouva nue, Blumfield sentit un picotement dans son pantalon.

Il mit la main dans sa poche et se pinça la verge du bout des doigts pour arrêter son érection. Il ne pouvait pas bander à la vue d'une négresse. Il eut une pensée pour sa femme, jeune Allemande rousse à la peau claire. Où était-elle ? Sans doute avec son nouveau mari quand lui croupissait ici. Devant lui, le jeune tremblait, ce qui le fit rire. Sa masculinité disparaissait à cause de la peur. Le vieillard avait l'air serein, du genre j'en ai vu d'autres.

Blumfield mit la main devant ses yeux pour se protéger du soleil et s'approcha d'eux. Depuis qu'il était arrivé, il refusait de les toucher, comme si la noirceur de leur peau cachait quelque chose. En plus du contremaître, il y avait trois fermiers, des durs à cuire habitués aux colonies et qui se moquaient pas mal du destin des hommes.

« Ligotez-les », dit Blumfield à leur intention, tout en désignant les cactus.

Ce qu'avait oublié de dire le contremaître, c'est qu'en réalité, il était le responsable de la fuite de la vache, il avait oublié de fermer la porte de l'enclos, mais ça ne faisait pas de différence. Il commença par le plus vieux.

Son corps marqué de coups, de brûlures, autant de violences gratuites. L'Allemand le traîna sur trois mètres. Il passa une corde autour du cactus, une en hauteur et une autre, en bas. Ils n'avaient encore jamais essayé ce type de sévices, d'habitude ils se contentaient de les bastonner mais un soir ils s'étaient dit que la prochaine fois ils devraient les attacher, bras en croix, sur ces cactus. À l'image du dieu que les missionnaires avaient amené ici.

Le vieil homme ne bronchait pas, il se tenait droit pendant que l'autre préparait son affaire. Le soleil montait dans le ciel à vive allure, comme s'il prenait de la hauteur pour assister au spectacle des hommes. Blumfield ne se demandait pas si ce qu'ils faisaient était juste ou non, ils le faisaient, un point c'est tout.

D'un coup de pied dans le ventre, le contremaître balança le vieil homme contre les milliers d'épines. Il le fit avec une telle violence qu'elles s'enfoncèrent de quatre centimètres dans la peau distendue. L'homme ne put encaisser le choc.

Il sentit chaque piqûre dans sa chair. Chaque pointe de douleur.

S'il s'avançait, il s'imagina que le sang de son corps allait couler jusqu'à ce qu'il n'y en ait plus. Immobile, peinant à comprendre que la mort était venue le chercher de cette façon, sentant les battements assourdis de son cœur, qui essayait de pomper assez de sang pour maintenir la vie. Cette terre, la sienne, il la regarda pour la dernière fois. Ce sol rocailleux, ce soleil, cet air sec.

Il bougea une de ses mains et sentit les épines se décoller. Le poison. Que lui avait-on fait ? Ces hommes blancs n'avaient aucune limite, aucune compassion. Blumfield dans un coin, regardant ça comme s'il était au cirque, comme si leurs actes n'avaient pas de répercussion.

Ces étrangers qui avaient gagné le droit de vie et de mort.

Un instant, le Herero s'imagina en Allemagne, ce pays dont il ne connaissait rien, exiger la vie des gens qui y habitaient. C'est absurde. Dire que ce matin tout allait bien.

Il se sentit tomber en avant.

Un choc trop brutal. Le sang se mit à couler. Doucement, puis de plus en plus abondamment. Aucun des hommes présents ne s'était attendu à ça. C'était une punition, quelque chose qui aurait dû les divertir de bon matin, rien de plus. Il n'était pas question de tuer. C'est vrai, ça représentait de la main-d'œuvre en moins.

Le contremaître regarda Blumfield en haussant les épaules.

Mauvaise idée, dit-il dans un sourire.

Le jeune Herero et la femme furent pris de convulsions. Sans raison, on avait pris sa vie, parce qu'il était né ici. Blumfield regarda la négresse se débattre. Elle pleurait tant que ça faisait grossir ses seins. Son érection reprit, il se tordit en arrière pour que personne ne le remarque. Il avait envie de l'emmener dans la grange et de régler ça, mais il n'était pas de ces hommes-là. Il lui restait un semblant de dignité, aimait-il penser.

Il se dit qu'il devait vite en finir pour aller se branler sur cette vision. « Qu'on leur donne dix coups de fouet. Et virez-moi ce salopard. » Il remit sa ceinture autour de la taille, comme si de rien n'était, et se retourna vers le contremaître, qui s'était emparé du fouet. « Et le pire, c'est qu'ils se laissent faire », conclut-il.

*

En pénétrant dans le quartier général, Brunhilde découvrit un monde organisé. D'un côté les soldats, qui jetaient de brefs regards aux quelques femmes présentes, de l'autre les colons. Bien qu'ils ne soient pas d'accord avec les décisions de Leutwein et ses méthodes douces, ils se devaient d'être là. Maintenir l'équilibre précaire entre les deux partis.

La salle n'avait rien de luxueux, mais Leutwein l'avait aménagée en une pièce agréable. Des tentures avaient été dressées, des morceaux de bœuf, des porcelets, du chou, des saucisses, de la bière sur des tréteaux. Quelques indigènes faisaient le service, Leutwein voulait montrer qu'il les avait intégrés à la société.

Brunhilde sentit des regards peser sur elle. Elle n'avait jamais vu Leutwein, mais elle le reconnut en un clin d'œil.

« C'est lui, n'est-ce pas ? » demanda-t-elle à Jakob, qui se tenait un peu en retrait. Elle l'avait invité, et il avait accepté. L'envie de passer du temps avec elle était plus forte que la gêne qu'il ressentait. Il se cachait à moitié, le regard baissé sur ses bottes qu'il n'avait pas pris le temps de nettoyer.

Dans le brouhaha de la salle, ils se frayèrent un chemin jusqu'à Leutwein, qui se tenait droit, le bras replié dans le dos.

« Gouverneur.

— Vous devez être la fille Lüderitz. Quel plaisir de vous voir enfin.

— Je n'aurais raté pour rien au monde l'honneur qui est fait au nouveau roi de l'Afrique.

— Comme vous y allez ! Faisons quelques pas, dit-il en lui tendant le bras, je vous expliquerai les bienfaits de la colonisation. »

Jakob les regarda s'éloigner, impuissant. Leutwein ne l'avait même pas vu. Le reste du groupe se dispersa et il se retrouva seul. Son uniforme était si simple. Aucun trait d'or, aucune étoile. Habillé en civil, il aurait eu plus d'allure.

Ne voulant pas se laisser dépasser, il se rendit vers une table où trônaient des verres de vin. Il en descendit un cul sec, puis un autre. À l'autre bout de la salle, il voyait Brunhilde et Leutwein. Elle semblait apprécier sa compagnie.

Et s'il s'était raconté des histoires ? Une femme de son milieu devait apprécier les hommes tels que le gouverneur, il avait de grandes responsabilités, tandis que lui, un moins que rien. Mais c'est ce qu'il avait à offrir, il n'avait jamais menti.

Ayant abusé de deux ou trois autres verres, il était décidé à faire valoir ses intérêts. Tout en bousculant les chaises, il se rendit vers eux, se concentrant pour articuler quelques mots bien pensés.

Le gouverneur fut surpris de le voir.

Il se sentit déshonoré. Un sentiment complexe et désagréable.

« Excusez-moi », dit-il à Brunhilde. « Ackermann, que faites-vous ici ? Je vous ai accordé quelques privilèges, mais il ne faut pas pousser. » Il l'avait agrippé au bras et le serrait fort.

Il l'emmenait au loin quand Brunhilde intervint.

« Voyons, Gouverneur, vous ne laissez pas vos soldats apprécier votre gloire. Ils en sont responsables, non ? » Il se retourna, comme s'il faisait un pas de danse.

« Sans eux il n'y aurait pas de colonie, néanmoins, chacun sa place, si vous voyez ce que je veux dire.

— Ah ! et la place des Africains ? »

Tais-toi, pensa Jakob.

Plusieurs groupes s'étaient tournés vers eux.

« Très amusant, reprit Leutwein. Excusez-nous. » Jakob ne parvenait pas à dire un mot. Il n'avait rien à faire ici, tout le monde le lui rappelait.

« Attendez.

— Quoi encore ? dit le gouverneur en s'emballant, n'ayant pas pour habitude de voir ses ordres être discutés.

— Jakob m'accompagne.

— Pardon ?

— Jakob Ackermann, il m'accompagne. » Leutwein lâcha son étreinte, ce qui soulagea Jakob, qui visualisa la mâchoire de Friza autour de son bras.

« Ah ! Je ne pensais pas que vous vous connaissiez.

— Nous nous sommes rencontrés à Lüderitz, et depuis, nous nous fréquentons. »

Nous nous fréquentons. Qu'est-ce que ça veut dire, ça ?

« Très bien, excusez-moi alors. Profitez de la soirée.

— Gouverneur. »

Sur ces mots, Leutwein s'en alla, comme si ce soir il avait honte d'être vu en compagnie d'un soldat comme Jakob, comme s'il s'était trompé sur Brunhilde. Au milieu de tous ces hommes, c'est lui qu'elle avait choisi.

Étrange, pensa-t-il.

Pendant deux heures, il souffrit le martyre. Brunhilde était douée pour la conversation, surtout pour placer chacun face à ses contradictions. Elle était déterminée à incriminer les actions des colons, certains voyaient sa présence d'un mauvais œil, d'ailleurs. Jakob, lui, ignorait tout de ces jeux.

Un œil à sa montre. La soirée touchait à sa fin.

On salua le gouverneur. Il était plus d'une heure du matin, il était rare de festoyer autant dans ce coin du monde.

« Merci pour cette soirée, dit Brunhilde en lui tendant une main.

— C'était un plaisir de m'entretenir avec un esprit si vif.

— N'en rajoutez pas.

— J'espère que nous nous reverrons.

— Je ne pense pas, Gouverneur, je retourne à Lüderitz. » Chaque fois qu'elle prononçait le nom de cette ville, son nom, ça la mettait mal à l'aise.

Derrière, Jakob ne perdait pas une miette de leur discussion. Elle avait prévu de repartir. Ça ne pouvait pas finir aussi rapidement.

Une fois dehors, elle lui prit le bras.

« Quelle amusante soirée. » Jakob l'avait vu, elle aussi avait abusé du vin. « C'est un homme intéressant ce Leutwein. Il a une drôle de manière d'appréhender ce pays. Il paraît si froid au premier abord, mais il a une connaissance parfaite du terrain.

— C'est un grand homme.

— Grand ? »

Pourquoi j'ai dit ça ?

« Je veux dire… il a fait de grandes choses.

— Si vous le dites. Je n'en suis pas sûre, mais il m'a fait bonne impression. Cette ville n'est peut-être pas si terrible après tout.

— Vous vous attendiez à quoi ? » répondit-il, exaspéré de parler de cette soirée pitoyable.

Elle reprit son bras et le regarda de biais, surprise par ce ton inhabituel. « À autre chose, Jakob. Je m'attendais à autre chose.

— Pourquoi partez-vous si vite ? Nous n'avons même pas eu le temps de nous voir.

— Nous sommes ensemble, non ?

— Ensemble ?

— Voyons, Jakob, vous êtes si jeune. » Par provocation, elle ralentit le pas et lança « Je ne pense pas que nous nous reverrons. Pas comme ça. »

Ils étaient arrivés à la limite du fort, devant les hautes palissades de bois. Au nom de la liberté et de l'évolution, ils s'étaient enfermés derrière des murs. Jakob la saisit au poignet et l'obligea à se retourner. Il en avait marre qu'on joue avec ses sentiments. Car il en avait des sentiments, contrairement à ce que tout le monde pensait. C'est sûr, ça ne devait pas se passer comme ça, mais il n'avait jamais su mettre les formes, alors, sans réfléchir, il la plaqua contre la palissade et l'embrassa.

Désarçonnée, elle se laissa faire, prenant un certain plaisir, sentant ce qu'il gardait en lui, puis elle le repoussa.

Jakob !

Il ne regretta pas son geste. Sous sa robe, la poitrine de Brunhilde se gonflait. La possibilité d'être heureuse lui avait sauté aux yeux.

« Qu'est-ce qui vous a pris ? »

Il hésitait entre la posséder, ici, maintenant, ou fuir de honte. Sur son visage, il ne voyait rien. Elle semblait porter un masque et, dessous, être immatérielle.

« Comme ça, vous savez », conclut-il.

26.

Okahandja, janvier 2004

J'avais l'habitude de hurler la nuit.

Un cri pour celui qui voulait l'entendre. Un cri que je ne comprenais pas. Moi, le *coloured* descendant d'un lieutenant allemand. D'un homme qui, bien que je ne sache quasiment rien sur lui, a dû participer à des massacres et qui, vers la fin de sa vie, a dû se demander Pourquoi ?

Volonté de se racheter ?

Parachever un travail inabouti ?

Les dates sont floues, mais ce qui importe c'est que cet homme a mis une femme enceinte, une femme noire, qui portait dans ses gènes ce qu'il était venu détruire. Et que cette femme a ensuite vécu avec un Allemand de passage, pour perpétuer la tradition, ce que j'ai aussi fait en épousant Hanna.

Ici, les *coloured* sont bien souvent issus de viols.

Triste début.

Ce soldat, j'ai inventé son histoire, je lui ai trouvé des défauts, quelques qualités, j'ai imaginé sa silhouette, son allure dans son uniforme, son odeur. J'ai réfléchi à chacune de ses pensées, ne parvenant jamais à l'aimer totalement. J'ai exaspéré ma mère avec mes questions, Pourquoi vit-on chez les inclassables ? Elle était incapable de me dire de quelle tribu elle venait, de toute façon elle était mélangée. Seule cette certitude de l'être.

Elle ne gardait que de brèves images de son enfance, près de la côte, avant de venir à Windhuk, dans une des maisons d'Old Location. Son père avait quitté l'armée à temps et, comme fermier, il avait pu rester, alors que les militaires et les fonctionnaires se faisaient tous expulser par l'Union sud-africaine. Il a sans doute dû faire profil bas, voyant ce qu'il pensait avoir construit revenir à d'autres. Je sais qu'avec ce qu'elle a eu comme héritage, ma mère a pu s'offrir un semblant d'éducation, elle a échappé au sort d'analphabète, mais cela ne m'aide pas à comprendre.

Elle est morte la bouche close.

Pour me protéger ?

Il y avait tellement à faire pour survivre qu'elle a peut-être pensé que ces questions ne servaient à rien.

C'était son père pourtant, bien qu'elle l'ait peu connu. Ne pas en parler, le laisser tomber dans l'indifférence était peut-être son combat, sa manière de se défendre, d'exprimer ses opinions et, peut-être, une certaine forme de rage. Elle m'a donné les quelques photos qu'elle avait. Trois images jaunies par le temps. Elle m'a laissé me débrouiller avec. Le terrain qui aurait dû leur revenir a été racheté pour une bouchée de pain par les voisins. Une Noire seule ne peut accéder à la propriété – une autre règle qui traverse le temps –, et surtout pas d'une terre aussi rentable. J'y suis allé une fois, en voiture, admirer ce que les femmes de ma famille ont dû abandonner pour un taudis miteux, quelques billets en poche comme dédommagement.

Et ma grand-mère.

Maladresse de tomber enceinte ? ou autre chose ?

J'aimerais, au milieu de cette noirceur, y voir une belle histoire, mais je n'arrive pas à me convaincre.

J'ai du mal à accorder aux personnes des intentions louables. Je l'imagine contrainte de rester dans l'ombre de cet homme, se battant pour sa survie. Elle est morte quand je n'étais qu'un enfant, elle avait vécu avec nous, mon père lui avait donné une chambre au bout du couloir, dont elle ne sortait que rarement. Ne sois pas si curieux, disait-elle. Une femme pleine de mystère, qui connaissait la magie des anciens, qui avait vu la création du monde, mais qui le gardait pour elle. Ses yeux étaient si tendres, si limpides, que j'ai longtemps cru qu'elle était aveugle. Pas par maladie, mais par choix.

27.

Windhuk, 1901

Le Sud-Ouest africain n'était pas prêt, mais Leutwein était convaincu que dans deux ans, il serait en mesure de mettre en place des réserves indigènes. Les Allemands pourraient y puiser de la main-d'œuvre tout en gardant un œil sur ces populations. Cette idée l'obnubilait, lui qui voulait à tout prix que la colonie devienne une des plus rentables. D'autant que les missionnaires abondaient dans son sens.

Au détour d'une conversation, il aborda le sujet avec Pavlov.

« Alors, qu'en pensez-vous, lieutenant ?

— Honnêtement, je ne sais pas s'ils accepteront.

— Voyons, nous avons des accords avec la majorité de ces peuples. Et ces réserves permettront de les retrancher dans un espace sous contrôle. J'ai entendu les plaintes des colons.

— C'est ça qui m'effraie. L'équilibre est assez instable dans certains territoires. Vous ne pensez pas qu'on leur en a déjà trop fait subir ? Qu'il faudrait laisser un peu couler, leur accorder un semblant de liberté.

— Je ne vous savais pas si préoccupé de leur sort, Pavlov.

— Je veux éviter les guerres, c'est tout. C'est contre-productif, long, et du sang, il y en a eu assez. J'ai perdu beaucoup d'hommes depuis que nous sommes arrivés. Certains sont à bout. La colonie fonctionne bien comme ça. Ce n'est pas ce que vous nous avez dit, d'ailleurs, après qu'on ait vaincu Witbooi ? Qu'il était temps de déposer les armes.

— Vous ne comprenez pas. C'est justement pour ça, ces réserves. Pour prévenir, pour éviter d'avoir à nouveau à faire la guerre.

— Mais nos ennemis sont affaiblis. Nous leur avons tout pris.

— Pour le moment, ils le sont, faibles. Mais demain, et dans dix ans ? L'animal blessé n'est pas mort, Pavlov.

— Vous les voulez morts ?

— Ne déformez pas mes propos. Ce n'est qu'une image.

— Vous êtes gouverneur, vous savez mieux que moi. Mais si j'ai appris une chose, c'est de ne jamais dépasser les limites. Nous avons tout gagné, la situation pourrait s'inverser. Ce n'est pas l'Europe ici, il ne faut pas l'oublier.

— Que vous arrive-t-il, lieutenant ? Ne soyez pas si pessimiste. Je veux que vous chargiez quelques hommes de me trouver des terres où nous pourrions mettre en pratique ces idées.

— Entendu.

— Je compte sur votre discrétion. Comme je l'ai dit, ce n'est qu'une idée, et les idées font souvent peur. » Pavlov acquiesça d'un signe de tête. À force d'être au contact des indigènes, il avait changé ses vues les concernant. Ses ennemis avaient été des peuples puissants, là, il y avait un déséquilibre qui le mettait mal à l'aise. Le but visé était atteint, pas besoin de mesures aussi radicales. La guerre ne devrait pas s'immiscer dans la vie civile.

Tandis qu'il quittait la pièce, Leutwein prit un cigare dans une boîte en ivoire et l'alluma. Avec ces réserves, les colons ne seraient plus sur son dos et il aurait de la main-d'œuvre à proposer aux compagnies. Et cela avait déjà existé. Leutwein savait ce qu'avaient fait les Espagnols à Cuba, en 1896.

Fallait-il en arriver là ? Bien sûr que non.

Cuba servirait d'inspiration.

Et les Anglais, n'étaient-ils pas en train de faire pareil avec les Boers ? Tout ça à quelques centaines de kilomètres. À cette époque, dans ce coin du monde, ça paraissait une évidence.

Avec les années, Leutwein devenait de plus en plus fier. Une distance s'était imposée avec ses hommes depuis qu'il était gouverneur. Cette nomination avait déclenché en lui un sentiment exalté d'ambition, qui lui était jusqu'alors inconnu.

Il aspira une longue bouffée et se rappela cette île des Caraïbes.

Certes, le résultat n'avait pas été terrible. Les conditions d'enfermement étaient horribles, mais le principe était bon. D'abord, là-bas, c'était une guerre. Rien à voir avec le Sud-Ouest africain. Cet épisode avait abouti à l'indépendance cubaine, ici, il n'en était pas question. Contrairement aux Espagnols, les Allemands n'avaient pas colonisé ce pays depuis le XVIe siècle. Ils étaient arrivés, militairement parlant, il n'y a que douze ans.

Un soupir dans la vie d'une nation.

Il se souvint du terme de *reconcentración*. Une idée simple. Réunir les familles des campagnes, soutien des indépendantistes, dans les agglomérations afin que la rébellion n'ait plus d'espoir pour grandir. Certaines idées plaisaient au gouverneur. Contrôler les flux humains, tenir des registres des populations, jouir d'une terre vidée de présence humaine.

Leutwein restait un homme de cœur, il ne ferait pas comme le *capitán general* de l'île. Non, il n'affamerait pas les peuples, il en prendrait soin. Depuis le début, ne l'avait-il pas dit ? Sans les autochtones, cette terre perd de sa valeur.

Lui n'aurait pas besoin d'installer des barbelés, de poster des hommes armés, non, il voulait le faire dans la douceur, de la manière dont il avait délesté ces tribus de leurs terres. C'est vrai, il avait entendu parler des rapports qui décrivaient les Cubains comme des êtres *arrachés à leurs foyers, habitant sur une terre fétide, respirant un air impur, prenant des eaux contaminées et ingérant des aliments de mauvaise qualité [...] des enfants [...] aux yeux exorbités et le ventre trois fois plus gonflé que ce qu'il devrait être*[1], certes il y avait eu la dysenterie le meurtre la fièvre jaune la saleté la famine la variole la mort, mais l'idée de contenir la population était la bonne.

Leutwein apprendrait des erreurs.

Ce système, qui avait ému l'Europe bien-pensante, celle-là même qui envoie son armée aux quatre coins du monde et qui se scandalise ensuite qu'elle ait à tuer, avait failli. À cause de l'ingérence américaine, Cuba était devenue libre – une liberté toute relative.

Les ambitions du gouverneur étaient autres.

Alors qu'il pensait ces camps comme une nouvelle phase de la colonisation, Leutwein ne se rendait pas compte que, de leur côté, les Hereros étaient prêts à se soulever.

*

1. Redfield Proctor.

Jakob ne s'était jamais senti aussi seul. Depuis ce baiser qu'il avait volé à Brunhilde, il ne pensait qu'à elle. Chaque nuit, il se réveillait en sueur.

Pour les soldats, la vie sans plaisir était parfois violente.

Ceux qui bénéficiaient de chambres individuelles, comme lui, pouvaient se satisfaire à l'abri des regards. Il arrivait que certains se masturbent jusqu'à dix fois par jour, fous de retrouver le corps d'une femme. Leur bite n'était qu'un corps mou, mauve, inapte, mais ils ne pouvaient s'en empêcher, comme si c'était la seule manière de rester en vie. Ils avaient épuisé leur sperme, qui était devenu translucide, se soulageant n'importe où, dans un trou fait dans le sable, dans les toilettes, derrière un buisson, ils ne bandaient même plus, mais ils en voulaient toujours plus, se frottant sans relâche sur leurs draps épais.

Plusieurs avaient été envoyés à l'infirmerie, où ils étaient tenus sanglés. Souvent, ils criaient à la mort plusieurs jours avant de tomber dans une apathie maladive, la bave au coin des lèvres.

Jakob pratiquait aussi, mais de manière modérée. La seule chose à laquelle il avait eu droit était un baiser, et encore, un baiser forcé. Le matin, quand il avait rêvé d'elle, il se penchait au-dessus de la bassine et se laissait aller à son imagination. Il éjaculait un peu partout, ayant honte de lui-même. Plus jeune, sa mère l'avait surpris. Elle ne l'avait pas grondé, mais avait gravé dans sa mémoire que c'était un acte de désespéré, de malade mental, un acte du diable qu'il ne pouvait continuer au risque de devenir fou.

À chaque fois, Jakob pensait à ces paroles. Malgré sa honte, son esprit était libéré quelques minutes. C'est ce qu'il recherchait, pas le plaisir physique, mais l'évasion mentale. Depuis le départ d'Arthur, il n'avait personne à qui parler. Il restait bien Pavlov, mais l'idée d'un tête-à-tête le faisait rire. Pavlov. Il ne connaissait rien de lui. Un homme qui voyage sans bagage.

Comme chaque jour, Jakob se rendit au quartier général. Décembre venait de débuter et les fortes chaleurs se faisaient sentir. Il ne s'y était pas habitué et continuait de se protéger le cou quand il était dehors.

Sa frustration éprouvée avec Brunhilde, il la soignait en se défoulant dans le camp d'entraînement. Il courait de longues minutes, puis se musclait avec toutes sortes d'appareils que les soldats avaient fabriqués.

Il cognait un sac de sable quand un homme vint se poster devant lui. « Ackermann ? » Jakob tapait, tapait. Sa cicatrice prête à exploser. Le soldat se gratta la gorge. « C'est bien vous ? J'ai une lettre à vous remettre. » Ce devait être ses parents, les derniers de qui il aurait aimé avoir des nouvelles. Sa vie était ici et il voulait que ça reste ainsi. Qu'on arrête de lui rappeler que certains mènent d'autres existences à des milliers de kilomètres. « Une lettre de Lüderitz. »

À ce nom, Jakob s'arrêta.

Peut-être était-elle prise de remords ? Peut-être regrettait-elle ce départ à la hâte, le lendemain, alors que le camp était endormi ? Elle n'était même pas venue lui dire au revoir. Il avait aperçu un nuage de poussière, au loin, et ça avait été fini.

Il saisit l'enveloppe, s'épongea et prit la direction de sa chambre.

Cher Jakob,

J'ai souvent pensé à vous écrire. Sachez que je n'aime pas la distance qui s'est imposée entre nous, mais j'espère que vous comprendrez qu'elle est nécessaire. J'ai fort à faire ici, et vous, là-bas.

Tout a changé si vite. Je regrette cette nuit-là, je regrette nos réactions emportées, mon départ précipité… Il m'a toujours semblé que nous étions promis à autre chose. Vous et moi, je pensais que nous ne tomberions pas dans ce jeu idiot, mais voilà, c'est arrivé…

Vous me manquez Jakob. Parfois.

Mais aujourd'hui, j'ai d'autres soucis en tête. Une épidémie de typhoïde s'est abattue sur la région et je redoute pour la vie de ma mère. Elle est tombée gravement malade et je ne sais pas vers qui me tourner. N'allez surtout pas croire que je ne vous écris que pour cette raison, ce serait injuste.

Vous verriez son état, comme elle souffre. J'ai peur pour sa vie. Les médecins disent qu'il n'y a que peu de traitement, qu'ils n'ont pas le nécessaire ici, qu'il faudrait aller au Cap, chez les Anglais. Qu'ont-ils de plus que nous, ces gens-là ?

Je suis consciente que vous ne pourrez rien pour elle, mais je voulais partager mes craintes avec quelqu'un de proche, j'imagine. Nous sommes proches, n'est-ce pas ? Le chemin de fer avance bien, à ce que j'entends. Il ne faudra bientôt plus que quelques jours pour se rendre à Windhuk. Quelle avancée ! Comme quoi, vous aviez peut-être raison, votre présence ici apporte aussi de bonnes choses.

J'espère que vous allez bien et que vous ne faites pas trop la guerre. Je m'excuse par avance si cette lettre vous paraît saugrenue.

S'il vous plaît, ne m'en voulez pas trop. Vous êtes mon seul ami.

Avec toute mon affection,

Brunhilde

Autant Jakob pouvait parfois se faire une idée sur les femmes, autant là, il n'en avait aucune. Elle envoyait tant de signes contradictoires qu'il ne savait où donner de la tête. Il fut triste d'apprendre pour la veuve, elle lui avait toujours fait bonne impression.

Elle va s'en remettre, c'est une force de la nature, celle-là.

Sans prendre la peine de relire ses mots, il plia la lettre et la rangea dans son armoire. Il ne voulait pas retomber dans son jeu, mais elle avait pensé à lui.

Sur le chemin de l'infirmerie militaire, il se dit que c'était la bonne solution. Il n'avait aucun espoir tant que cette situation durerait. Un jour, ça changerait peut-être. Pour le moment, elle était à Lüderitz, loin des conflits, tandis que lui était bloqué là.

Il salua l'infirmier.

« Jakob, nous avions rendez-vous ?

— Non, pas aujourd'hui.

— C'est votre cicatrice ?

— Ça me relance dès que je fais des efforts.

— On va voir ça. Asseyez-vous. »

Jakob aimait cet endroit, ce bureau à l'écart de l'agitation. Tout était propre. Pas de poussière, pas de sable. L'infirmier était un type d'une quarantaine d'années, les cheveux en brosse, des mains robustes. Il savait à peu près tout faire. Sur les conseils de Pavlov, Jakob était allé le voir pour atténuer ses souffrances. Une fois par semaine, l'infirmier lui appliquait une crème très riche sur la peau. C'était un bon compromis. Certaines journées, il n'y pensait même plus.

Dans cette salle aux tons clairs, des étagères remplies de petits flacons, eux-mêmes remplis de produits, de plantes, d'onguents. Toute une science acquise avec les siècles. Des balances, des tubes à essai, des bocaux transparents. On pouvait guérir de tout, se disait Jakob. Une chaise de dentiste, dans le coin, l'avait toujours attiré tout en l'effrayant. Une lampe au-dessus et des ustensiles si sophistiqués. Rien qu'à être dans cette pièce, on se sentait mieux.

« Comment vous vous êtes fait ça ? Plus de deux mois que vous venez, et vous ne m'avez jamais rien dit. » Comme Jakob ne répondit pas tout de suite, l'infirmier reprit. « Pardon, je suis curieux. C'est que cette vie est solitaire, je ne suis pas contre un peu de discussion, parfois.

— Non, ce n'est pas ça. » Alors que l'infirmier allait lui appliquer la crème, Jakob retint son geste. « En fait, je ne suis pas venu pour moi.

— Pardon ?

— Je veux dire, je n'ai pas besoin de crème aujourd'hui, j'ai un service à vous demander. » L'infirmier enleva ses gants.

« Un service ?

— Il se trouve que j'ai une amie, plus au sud, qui est atteinte de la fièvre.

— Typhoïde ?

— C'est ça. Là-bas, ils n'ont aucun traitement, et je me demandais si…

— Vous pouviez venir en chiper dans le stock militaire.

— Je sais que c'est interdit.

— C'est tout à votre honneur de vouloir aider une amie. Seulement, les stocks sont répertoriés avec beaucoup de soin. »

Jakob se sentit idiot. Il se leva, regrettant d'avoir pris une initiative aussi stupide. Il ne pouvait pas tout résoudre seul. « Ne vous en faites pas, je comprends. Je suis désolé de vous avoir embêté avec ça.

— Attendez, ne partez pas si vite. Je n'ai pas dit que je ne pouvais pas vous aider.

— Ah…

— Ce qu'on va faire, c'est qu'on va vous déclarer malade. Un traitement préventif, ça vous irait. Vous avez des maux de tête dernièrement ? Sommeil agité, perte d'appétit ?

— Euh… » L'infirmier le regarda comme s'il était idiot. « Euh, oui. C'est exactement ça.

— Je vais vous prescrire une ordonnance que vous irez chercher au quartier général. Ce n'est pas moi qui délivre ce genre de médicaments. Vous allez faire un traitement d'une semaine. La fièvre devrait passer. Tenez. » L'infirmier lui tendit un papier que Jakob déchiffra.

« Merci beaucoup.

— Je le fais pour cette fois, mais c'est la seule. »

Jakob était prêt à partir, mais il voulait le remercier d'abord. « Ah, pour ma cicatrice, en fait, c'est un accident…

— La prochaine fois, Jakob. Vous me raconterez la prochaine fois. Allez-y maintenant. »

Le traitement récupéré, il se mit en tête d'écrire à Brunhilde. Il ne savait pas par quoi commencer, si bien qu'il lui indiqua la manière dont sa mère devait prendre les médicaments. Des tas de phrases lui venaient en tête, mais il trouvait tout inapproprié.

Leurs sentiments respectifs étaient clairs, c'est la situation qui ne leur permettait pas de les explorer. Le dire n'avançait à rien. Il lui répondit qu'il comprenait, qu'elle lui manquait aussi, qu'ils seraient peut-être amenés à se revoir, que la guerre était finie et qu'il n'avait pas touché une arme depuis trois ans.

Que dire de plus à une femme qui est à la fois si éloignée et si proche ? Il signa et se rendit au bureau de poste. Que ça parte en priorité !

28.

Okahandja, janvier 2004

J'espère en savoir plus avec ce que m'a apporté Ludwig. Ces archives auxquelles je n'ai jamais pu avoir accès. Je sais que le gouvernement colonial répertoriait tout, jusqu'au moindre détail. Il doit y avoir des informations sur cet homme, que j'ai encore du mal à appeler mon grand-père.

J'ai tant de fois dû changer mon identité, l'adapter aux circonstances. Je suis aujourd'hui satisfait de celle que je me suis créée. En aucun cas, je ne la remets en cause, il ne s'agit pas de ça, c'est juste qu'en regardant le passé, je n'y vois qu'une ombre. Je sais les actes perpétrés, et ils ne peuvent être anodins quand on en découle.

Dans les provinces aujourd'hui, les femmes racontent autour du feu leur histoire, celle qu'elles ont entendue de leurs parents. Personne n'a fait ça avec moi, baladé d'un rivage à l'autre. Aucune tradition orale. On meurt avec ses connaissances. Trois générations. Trois parcours identiques.

Y penser me donne des suées froides.

Ludwig a disparu, je le cherche depuis une demi-heure. L'allocution a encore été retardée, si bien que j'ai envie de savoir avant.

Je tourne, comme un malade qui attend les résultats de ses examens. Mes mains sont moites.

Des vendeurs ambulants poussent des chariots remplis de glaces décongelées puis recongelées. Un dernier acte avant de tourner la page.

J'aperçois un homme de dos.

Ludwig… Non.

Une flopée de ballons gonflés à l'hélium s'envole devant moi. Arc-en-ciel de plastique. La dernière fois que j'ai vu un tel spectacle c'était à ma remise de diplôme. Il pleuvait des cordes.

Pardon, pardon…

Ce jour-là, je me suis senti devenir un homme. J'avais une qualification, des rêves, j'allais pouvoir m'assumer pleinement. Je voyais mon père de moins en moins. Anniversaire, Noël. Ça faisait longtemps qu'on ne partait plus en vacances ensemble. C'est un étrange moment, celui où l'on sait qu'on devient un adulte mais qu'il nous reste encore la possibilité d'agir comme un enfant, quelques mois éphémères où personne ne nous demandera rien. Trop tôt pour les responsabilités et trop tard pour les interdictions.

La foule est compacte, mais je touche au but.

Je l'aperçois dans l'espace dédié aux journalistes.

Ludwig… Il faut que je te voie.

J'ai trop attendu.

Je sais qu'il a les réponses sur son ordinateur, j'ai essayé de calmer cette curiosité, de ne pas y accorder trop d'importance, j'ai prétendu regarder ailleurs, mais depuis qu'il est arrivé, je suis au bord de l'asphyxie.

La sécurité ne me laisse pas approcher. Un barrage de bras. Monsieur, il faut un badge.

Une attachée de presse invite les journalistes à la suivre. Je ne peux pas le laisser s'échapper. Je me décale. Ludwig ! Je porte une main à ma gorge, la sens qui gonfle.

Cette fois, il m'entend.

Sous sa poitrine, sa chemise forme deux sourires trempés. À contre-courant, il remonte cette foule nonchalante.

Tu as cinq minutes ?

Pas vraiment…

J'aimerais avoir accès aux documents.

Il comprend que c'est important. Un besoin de savoir qu'on ne peut réfréner, un peu comme lorsqu'on veut se rassurer, mon enfant est-il bien rentré, et qu'on l'appelle désespérément. La première sonnerie est pleine d'espoir, puis celles qui suivent se transforment en une lente agonie, une peur incontrôlable, celle de ne plus jamais entendre sa voix, à part sur cette messagerie idiote qui, espère-t-on, ne se mettra pas en marche. Il fait glisser son sac à dos, sort son ordinateur. Son groupe a disparu à l'intérieur d'une tente fermée.

Il pose sa main sur mon épaule. Un geste timide, comme pour marquer le coup, alors qu'il n'a aucune idée de ce que je cherche ou m'apprête à trouver. N'accorde pas trop d'importance à ce que tu vas lire. C'était il y a longtemps. Et… ce passé… ça n'est pas toi.

J'ai besoin d'être au calme. Je retourne à ma voiture. Le seul endroit familier. Le silence quand je claque la portière.

Si Hanna était arrivée, je l'aurais laissée me raconter, comme elle sait le faire en trouvant les mots justes, ce qu'il y a d'écrit dans ces quelques archives. J'appuie sur le bouton démarrer, l'ordinateur lâche sa petite mélodie, un fond bleu.

Mon ongle racle le plastique de l'accoudoir.

Une icône *Pavlov*.

Ce nom.

Un double clic, une série de documents s'ouvre. Par où commencer ? Sur des dizaines de pages, j'ai accès à sa vie. Ce qu'il a fait, ce à quoi il a pris part.

Sur une photo datée de 1894, il est entouré d'une vingtaine de soldats.

Le nom de chacun de ces hommes en légende, apparemment, ce sont les premiers à être arrivés ici. Le fil de son existence s'éclaircit.

Il a initié le mouvement, cela rend la fin de sa vie encore plus troublante.

Je me demande si ma mère savait ce que je suis en train de lire, si ma grand-mère connaissait ce passé.

Ce que j'aimerais leur montrer.

M'asseoir à une table avec elles, serrer la main de ma mère, la remercier, ce que je n'ai jamais eu l'occasion de faire. Enlever cette culpabilité. Ce départ pour l'Allemagne était aussi un abandon. J'ai renoncé à lutter, ne revenant qu'une fois la liberté acquise.

Réhabiliter leurs existences.

On n'est pas censé perdre sa mère à dix-sept ans.

Je lui ferais partager ce que j'ai sous les yeux, l'inviterais à se souvenir, à retrouver ses impressions d'avant. Le moindre détail pour imaginer. Mais elle est partie depuis longtemps et savoir cela n'aurait pas rendu sa vie plus facile, c'est ce qu'elle me disait. Une femme rationnelle. Même la nuit, je suis certain qu'elle ne rêvait pas.

Arrête de t'intéresser à cette histoire, ça ne t'apportera rien de bon…

Sur un document de 1905, la signature de Pavlov apparaît à la fin de nombreuses colonnes d'un registre du camp de Swakopmund.

Il y a un ordre de sortie, son nom y figure, cela concerne la même et unique personne. Le même numéro plutôt. L'ordre est signé par un autre lieutenant. J'essaie de déchiffrer son nom.

L'histoire est si simple.

Un soldat qui quitte l'armée et qui fonde une famille. Qui renie peut-être son passé.

Un épais nuage envahit le ciel avant de se disloquer et de laisser de longues traînées blanches.

La toile se déchire.

Je sors les photos en ma possession. Elles sont toutes postérieures à 1905.

Sur l'une d'elles, Pavlov est devant sa maison, toute en bois. Une grande véranda. Il a un air serein, pas celui d'un homme qui a participé à la guerre et à ce qu'elle signifie. Ses mains sont jointes. À côté de lui, une jeune fille tient une bassine à la main. Une aide de chambre, que sais-je ? Je ne lui ai jamais accordé d'importance. Pourtant.

Après avoir été un numéro, elle a été une femme, une mère.

29.

Sud-Ouest africain, 1902-1903

« Vous en êtes sûr ?

— Il est temps pour moi de passer à autre chose.

— Rien ne vous fera changer d'avis, je vois. Faites bonne route alors. Le Reich vous doit une fière chandelle.

— Merci, Gouverneur.

— Vous manquerez à la colonie. Prenez soin de vous. »

Une dernière fois, Pavlov redressa les épaules et fit un salut militaire. Il en avait fini de l'armée. Plus de trente ans à son service, aujourd'hui, il tirait sa révérence. Il redevenait un simple citoyen, gouverné par ses désirs et ses peurs.

Il avait passé davantage de temps à l'étranger qu'en Allemagne. Ce Sud-Ouest africain était chez lui plus que toute l'Europe, c'est pourquoi il avait décidé de s'y installer de manière définitive. Il avait entendu dire qu'à Swakopmund, il y avait encore des terres abordables, un peu en retrait de la ville. La Lenz & Company possédait des milliers d'hectares et avait accepté d'en céder une centaine à un ancien lieutenant de l'armée. Il ferait le voyage demain, en train.

Il n'avait aucune intention de revenir à Windhuk. Il y avait majoritairement des soldats et il ne comptait pas revoir le gouverneur. Il avait accompli son devoir, lui, l'orphelin des quartiers pauvres. Personne ne connaissait son histoire et personne ne devait la connaître. Pupille de l'État, élevé à la dure pour devenir militaire. Une jeunesse volée, façonnée. Des idées qu'on fait rentrer à coups de poing.

Pavlov repensait à ces années d'exercices, de tortures auxquelles il avait eu droit, en faisant une dernière fois le tour de la ville. Il n'avait plus aucun impératif, personne ne comptait sur lui, ce qui le déstabilisait. Qu'est-ce qui allait suivre maintenant ? Il devait donner un nouveau sens à sa présence ici. De quelle manière aborder une situation quand plus personne ne vous dit quoi faire ? C'est ce qu'il allait découvrir.

Il avait envie de célébrer son départ, lui qui avait tendance à minimiser l'importance des événements, seulement avec qui célébrer ? Des premiers hommes, des autochtones, il ne restait que Jakob. Les autres avaient pour la plupart péri, ou étaient rentrés au pays dès qu'ils l'avaient pu. Un homme sain ne pouvait rester plus de dix ans dans ce coin désertique, c'est ce qui se disait, mais Jakob et Pavlov étaient un type d'hommes particuliers, que les gens, que les paysages façonnent, qui absorbent tout ce qui les entoure.

Bon, ça se fera en tête à tête, alors, se dit l'ancien lieutenant, un peu déçu de ne pouvoir faire les choses en grand. Il était entré dans la vie par une porte dérobée, il voulait en sortir les épaules hautes. Une à une, il avait réussi à défaire toutes les autorités qui pesaient sur lui.

Jakob était dans sa chambre, en plein exercice, quand on toqua. Avant qu'il ait eu le temps de répondre, il entendit « C'est Pavlov, je peux entrer ? » C'était la première fois qu'il demandait la permission, ce qui perturba Jakob.

« Euh, oui. »

Pavlov poussa la porte quand Jakob faisait un peu d'ordre.

« Lieutenant…

— Arrêtez un peu de me donner du lieutenant, vous voulez bien. Je peux m'asseoir ?

— Je vous en prie.

— Vous et moi, nous sommes pareils, Jakob. Élevés à la gloire de l'armée, destinés à servir le Reich, arrivés les premiers sur cette terre. Je me souviens comme vous étiez différent. Vous êtes un vrai soldat maintenant. Vous avez fait la guerre, c'est bien ça qu'on fait, non ?

— Euh…

— Ne répondez pas, c'est inutile. Venez avec moi. »

Jakob n'était pas à l'aise. Pavlov l'avait emmené dans le quartier du haut commandement, où se réunissait l'élite de l'armée. On leur servit deux bières, qu'ils burent à petites gorgées.

« Vous voyez, en venant ici, je ne m'attendais pas à ça. J'avais déjà tué auparavant, j'avais déjà vu des horreurs, mais là, je ne pense pas que nous contrôlions la situation. C'est différent de toutes les guerres auxquelles j'ai participées. J'ai vu la haine qu'ils nous portent, ils ne resteront pas assis à ne rien faire et, franchement, ça me semblerait normal. Mais c'est ce que pense Leutwein. Le gouverneur est un homme bien, un sacré soldat, mais il se trompe. Son idée de camp, ça finira mal. Croyez-en mon expérience.

— Qu'est-ce que vous préconisez, lieutenant ?

— Jakob, il le regarda droit dans les yeux, j'ai quitté l'armée. Je ne pense plus rien de ce conflit, de l'avenir de la colonie. Depuis que j'ai annoncé mon départ, je ne sais pas…

— Comment ça vous, vous partez ?

— J'ai fait mon temps. Regardez-moi, j'ai tout sacrifié à l'armée, c'est bien assez.

— Mais, vous ne pouvez pas nous abandonner. » Pavlov était l'image même du militaire. Un homme qui mourait en uniforme, Jakob en était convaincu, l'arme au poing. Si même lui abandonnait, alors que restait-il ?

« Si, je le peux. Je voulais vous voir avant, vous représentez un peu l'utopie africaine, enfin… je me comprends. Il ne reste que vous et moi, Jakob, et demain, il ne restera que vous. Le plus ancien soldat de la colonie. Pas le plus gradé, c'est sûr, mais n'empêche. Vous êtes le plus légitime, ne l'oubliez pas.

— Où allez-vous ?

— À Swakopmund.

— Swakopmund ? Pourquoi ne pas rentrer ?

— Et vous, si vous aviez le choix, rentreriez-vous ? »

Jakob haussa les épaules.

« Tout est dit.

— Mais, je ne peux pas, je ne peux pas rester seul.

— C'est votre décision.

— Qu'est-ce qu'il va se passer ? »

Pavlov se leva et remit sa chemise dans son pantalon, par réflexe. Les habitudes de l'armée ont la vie dure. « Accompagnez-moi demain sur une partie du chemin.

— Demain… déjà ?

— Certaines choses doivent aller vite Jakob. Il faut apprendre à affronter les événements.

— Je…

— Et vous prendrez le train comme ça. Vous verrez ce que nous avons fait. »

Il était à peine neuf heures, le train filait à toute bringue. Pas plus rapide qu'un cheval lancé au galop, mais il tenait la distance. Au-dessus de la locomotive, une traînée de fumée courait le long de la carlingue. Cette ligne de chemin de fer allait principalement servir à transporter du matériel et des hommes, un seul wagon avait été aménagé pour le confort des passagers.

Jakob n'en revenait pas. On aurait dit la première classe entre Berlin et Brême. Avec Pavlov, ils étaient les seuls à voyager. Jakob n'allait que jusqu'à la prochaine gare, d'où il rentrerait à cheval.

Il était heureux de ce voyage et voulait en profiter. Pavlov était assis dans un fauteuil club, les jambes croisées, absorbé dans un livre. Habillé en civil. À part sa coupe de cheveux, rien ne rappelait l'autorité. Il avait comme retrouvé son humanité, pensa Jakob, comprenant ce que ressentait Brunhilde en sa présence. À Lüderitz, son brusque changement dans la chambre d'hôtel après qu'il ait passé l'uniforme. Il comprenait et ne pouvait lui en vouloir. Il le ressentait lui-même. Quand il était lieutenant, Jakob n'était pas attiré par Pavlov, il le respectait, le craignait, mais là, il lui trouvait un air sympathique.

Par la fenêtre, le paysage défilait. Seuls les habitués y voyaient de la beauté. Une fleur, une roche, un arbre changeaient tout, mais il fallait avoir l'œil aiguisé.

Jakob tournait dans le petit espace, désireux de profiter de Pavlov jusqu'à la fin. Un tas de questions lui venaient à l'esprit.

« Pourquoi ne vous asseyez-vous pas un peu Jakob.

— D'accord. Je me demandais, ça va vous manquer l'armée ? Hier, vous sembliez avoir des regrets.

— Des regrets ? » Il repensa à ses choix de lieutenant, à ce jour où il aurait pu voler la vie de Hendrik Witbooi, cet autre où il envoya Arthur Heinz au front, ce qui signifiait l'enfer pour lui. Il n'avait rien à y redire. « Non, je n'en ai pas, en tout cas, je ne crois pas. L'armée a fait de moi celui que je suis, je regretterai son idée, je pense. Je suis heureux de vivre comme un civil, c'est une chose à laquelle nous sommes étrangers. La plupart des gens mènent leur existence comme ils l'entendent, ils sont libres de prévoir ce qui leur arrivera, pas nous. Nous sommes à la solde de quelque chose qui nous dépasse. Quelque chose de grand, j'imagine, si on est prêt à y laisser sa vie.

— Je comprends.

— Vous êtes courageux, Jakob, et vous avez le sens de la morale, ce qui est assez rare, mais vous ne prenez pas de décision. Vous ne faites que subir les ordres, votre père, cette histoire avec cette femme…

— Vous êtes au courant ?

— Pour quoi ?

— Mon père, Brunhilde.

— Voyons, Jakob, je suis au courant de tout. »

Pavlov se leva et s'approcha du bar. Il déboucha une bouteille de schnaps et servit deux verres, qui tintèrent avec le mouvement du train.

« Je ne remets pas en cause votre engagement, je sais qu'il est entier, mais vous devez saisir votre chance. J'ai dit à Leutwein le bien que je pensais de vous. Dans ce pays, il y a des choses à prendre, n'ayez pas peur de vous imposer.

— C'est que…

— Je sais, vous avez été conditionné, comme moi, et c'est sans doute ce qu'il y a de plus difficile… arrêter de faire ce qu'on attend de vous. »

Parfois, apparaissait dehors une tribu de Hereros. Ils regardaient passer le train comme une chose inédite. Pavlov fit tourner son schnaps dans son verre et appuya sa main sur le rebord de la vitre.

« Je voulais vous remercier, Pavlov. Je crois…

— Vous croyez. C'est tout à fait ça. Ne me remerciez pas, nous faisions partie du même ensemble, vous et moi, et je n'ai fait que ma part. C'est ce pays qui devrait nous remercier. Grâce à des hommes tels que nous, des inconnus, il s'enrichit, il prend une nouvelle place dans le monde. L'empereur a une ambition folle pour sa nation, il le revendiquera jusqu'à sa mort.

— Je suis convaincu que c'est une bonne chose.

— Moi aussi Ackermann, moi aussi. Seulement, il ne faut pas se tromper sur la manière de le faire. »

Le train se mit à ralentir. La gare était en vue, c'est là que Jakob devait descendre. Il commençait à comprendre certaines choses. Pavlov, que rien n'aurait pu faire dévier de la trajectoire imposée, avait en fait des doutes.

« C'est le moment de nous dire au revoir.

— Mon lieutenant.

— Par pitié… Prenez soin de vous, dit Pavlov en lui tendant la main.

— Vous pensez que je pourrai vous rendre visite à Swakopmund ? » Le train s'était arrêté, un homme vint les avertir qu'ils repartaient dans trois minutes.

« Vous voulez sincèrement me revoir ? » Pavlov garda la main de Jakob dans la sienne un instant. « Vous savez, j'ai mis du temps à comprendre pourquoi vous vous êtes obstiné à rester dans la colonie. Après ce que vous avez perdu. Le gouverneur a de la chance de vous avoir. Venez un jour, venez quand vous aurez laissé tomber l'uniforme. En attendant, faites votre devoir, et n'ayez pas peur de vos idées. »

Jakob lui sourit.

L'instant d'après, il se retrouva sur le quai de cette gare improvisée. C'était étrange de voir ces rails sillonner le désert, cette cahute dressée, bientôt, il y en aurait des tas d'autres. C'est pour ça qu'on est venus, je crois. Alors que le train siffla, Jakob se retourna. Pavlov n'était pas à la fenêtre, il n'était pas le genre à faire de longs adieux.

Le train hors de vue, Jakob se souvint des mots de Pavlov, il était le dernier représentant des autochtones. Qui sait ce qui serait arrivé si von François ne lui avait pas dit pour son père ? Il serait sans doute en Allemagne, à occuper un poste de fonctionnaire, de planqué, à gravir les échelons les uns après les autres pour espérer obtenir le grade supérieur à celui de son père.

Aujourd'hui, il ne voulait pas de cette vie, elle lui faisait même horreur. Il monta à cheval et partit au galop, se sentant chez lui, d'une certaine manière.

De retour à Windhuk, une nouvelle lettre l'attendait. De Brunhilde. Avoir de ses nouvelles lui rappelait à quel point il était seul. Il souffla de la narine droite pour évacuer la poussière qui s'y était logée et commença la lecture.

Il s'était rendu près des écuries, qui faisaient face au quartier général. Des soldats de tous âges se baladaient dans la ville, quelques colons vaquaient à leurs occupations.

La langue allemande, partout.

Les nouvelles n'étaient pas bonnes. Il le comprit dès qu'il vit l'écriture fébrile. À cet instant, il aurait aimé la serrer dans ses bras. Cette foutue distance est ridicule ! ils étaient tous les deux loin de l'Allemagne, dans un même pays, et pourtant, ils n'avaient pas l'occasion de se voir. Il se demanda qui pouvait la consoler, là-bas. De toute sa vie, il n'avait connu la jalousie, mais il la ressentit ce jour-là, bien qu'il n'ait personne de qui être jaloux. Il n'avait jamais envisagé cette possibilité, mais c'était arrivé, la veuve Lüderitz avait fini par y laisser sa peau.

La fièvre, la fatigue, l'ennui avaient eu raison d'elle. Elle était morte il y a six jours, l'enterrement a déjà eu lieu, se dit Jakob.

Il était habitué à côtoyer la mort, mais elle n'arrivait jamais naturellement, elle était provoquée par l'action des hommes, alors que là, la veuve avait simplement arrêté de vivre. Surprenant.

Brunhilde priait Jakob de ne pas venir, de ne rien faire d'inconsidéré, elle réussirait à faire face, elle était habituée à cette vie. Jakob lisait à travers les lignes, il entendait cet appel à l'aide, mais quel choix avait-il ? C'est certain qu'il voulait être à ses côtés, mais les conditions n'étaient pas réunies.

« Ackermann ?

— Oui. » Devant Jakob se tenait un homme qu'il n'avait encore jamais vu, un lieutenant tout juste débarqué, qui ne connaissait rien, à part ses manuels militaires.

« Veuillez me suivre, le gouverneur souhaite que vous soyez présent.

— Où ça ?

— Suivez-moi. »

Le bureau de Leutwein était enfumé. Une dizaine d'hommes autour d'une table vernie, sur le mur un portrait grotesque de Guillaume II, représenté en héros de guerre. Jakob s'assit dans un coin.

« Nous sommes au complet, commença Leutwein. J'ai demandé à Ackermann d'assister à cette réunion. » Les hommes se tournèrent dans sa direction. « Il est au contact des indigènes.

— Bon… Bonjour, répondit Jakob, intimidé par cette assemblée.

— L'économie coloniale se porte bien, reprit le gouverneur. Notre cheptel se monte à 45 000 têtes, soit près de la moitié de celui du Sud-Ouest africain. » En un peu plus de dix ans, grâce au délestage, aux confiscations, à la peste bovine, ils avaient constitué un troupeau important. Arrivés sans rien, ils étaient aujourd'hui riches. Les indigènes, en revanche, étaient passés de 500 000 bêtes à 40 000. Ce chiffre astronomique se retrouvait dans la répartition des terres. « Mais ce n'est pas tout. Le chemin de fer ira bientôt jusqu'à Lüderitz, là-bas, on découvre des minerais jour après jour. Il est temps de mettre en place les réserves. »

Pendant qu'ils redécoupaient le territoire, Jakob ne pouvait s'empêcher de penser à la veuve. Sa place n'était pas ici, mais il devait s'y résoudre.

« Où comptez-vous installer ces réserves ? reprit l'homme qui était venu trouver Jakob.

— Vous faites bien de demander, lieutenant Züru. Ici, dans la région d'Okahandja. Au départ, nous en construirons trois, d'une superficie égale. Chaque réserve pourra accueillir jusqu'à 20 000 indigènes.

Nous ciblerons des populations hereros pour commencer.

— Comment comptez-vous leur faire accepter ?

— Par la force, quoi d'autre ? dit un des colons présents.

— Oui... La force, reprit un autre

— Messieurs, il n'y a pas que cette manière. Les Hereros acceptent tout. Nous les avons à la botte, il suffit de faire signer un autre traité.

— Encore un traité, toujours des traités. »

Pendant qu'ils décidaient de l'avenir de ce peuple, Jakob se prit à penser à Maharero. Depuis quelques mois, il faisait profil bas, comme Witbooi. Il eut envie de participer à la discussion, mais il ne savait comment s'exprimer. Ici, on faisait ou défaisait des nations, on décidait de l'équilibre des territoires. C'est déjà bien que j'y sois convié, se dit-il.

« Lieutenant Züru, continua Leutwein, vous êtes chargé de veiller à la construction de ces réserves. Vous travaillerez d'après les notes qu'a laissées le lieutenant Pavlov. Vous prendrez avec vous Jakob Ackermann. Vous partirez en octobre. Vous avez un an. Je veux qu'en 1903, les réserves ouvrent leurs portes. Contrôlons l'espace, et nous contrôlerons tout.

— Bien, Gouverneur.

— Rompez maintenant. »

Les hommes quittèrent la pièce, certains s'essuyant le front, ceux-là, c'étaient les nouveaux venus, arrivés récemment dans cette fournaise. Leutwein avait écrasé son cigare et en avait allumé un autre. Il contemplait la carte du Sud-Ouest africain, ce pays qu'il avait formé, dont il avait décidé les frontières.

« Excusez-moi, Gouverneur. » Quand Leutwein se retourna, ils avaient tous quitté le bureau, sauf Jakob.

« Ackermann, j'espère que vous ne voulez pas changer votre affectation. J'ai mes raisons de vous envoyer là-bas.

— Non, ce n'est pas ça. En fait, je viens vous avertir.

— M'avertir ? » C'était un drôle de ton qui surprit le gouverneur.

« Maharero, je ne pense pas qu'il acceptera cette histoire de réserve. Nous avons été en désaccord avec son peuple, et ils nous ont défaits plus d'une fois.

— Défaits…

— J'ai peur que notre négligence n'entraîne un nouveau conflit.

— Ackermann, il n'y aura aucun problème. Qu'est-ce que vous avez tous avec ces réserves ? Maharero, je le tiens, vous comprenez. » Leutwein passa derrière son bureau et sortit d'un tiroir deux ouvrages reliés, en cuir. « Tenez, vous êtes le seul à connaître ce pays dans sa totalité. Je pense que ça vous intéressera. » Sur la couverture, Jakob lut Friedrich Ratzel. « Ils ont été écrits il y a quelques années. Vous verrez, ce Ratzel a compris notre problème et la manière de le résoudre. S'il n'est pas directement question de nos terres, il y est fait allusion.

— Nous avons donc une importance pour le Reich…

— Une importance ? Pourquoi dites-vous cela ?

— C'est qu'on se sent si isolés parfois.

— Nous sommes un jeune Empire, nous avons besoin de temps. Nous bâtissons plus que des colonies ici, j'aimerais que vous en soyez convaincu. Ces réserves que je veux mettre en place sont essentielles. Elles peuvent changer la physionomie du pays, changer notre avenir. Pas le vôtre ou le mien, mais celui de toute la nation.

— Je ne remettrai plus en doute votre opinion.

— Écoutez le lieutenant Züru maintenant. » Leutwein planta ses yeux dans ceux de Jakob et lui donna une tape sur l'épaule. « Et ne vous en faites pas. »

*

Jakob était penché au-dessus de son livre. Ce Ratzel parlait de l'État, du territoire, de la puissance d'une nation et de son évolution en des termes clairs. Il avait inventé une anthropogéographie qui le déconcertait. Certaines phrases prenaient une résonance très concrète. *Les lois d'extension des hommes sur la terre déterminent l'extension de leurs États… Le sol favorise ou empêche la croissance des États… Le sens politico-géographique de la formule : les Allemands ressentent le besoin de donner une forme politique à leur communauté, est qu'ils cherchent à se rassembler sur un territoire déterminé, pour vivre sur un sol sûr, aussi spacieux que possible et qui leur soit propre.*

Aussi spacieux que possible et qui leur soit propre.

Une question d'interprétation. Bien sûr, il y avait la grandeur du pays, la supériorité – non à cause de la couleur, mais des idées – de la race blanche, la modernité, l'économie, la nation ; de l'autre côté, il y avait ces peuples, le désert, ces réserves qu'ils mettaient en place, et lui. Des expressions comme *ravir le sol, paralyser les résistances de son peuple*, lui firent froid dans le dos. C'est certain qu'il n'y avait aucune comparaison possible, Hambourg, Berlin, Brême, n'étaient ni Okahandja, ni Keetmanshoop, ni Gideon, mais comme l'avait dit Brunhilde, il y avait de la légitimité chez ces peuples indigènes.

Il n'avait pas abandonné l'idée de devenir colon et il voulait que ça se fasse dans le calme. S'il parvenait à faire cette transition, il pourrait retourner vers elle. Il aurait évolué, il aurait une vie à lui offrir. De son côté, Brunhilde se fermait de plus en plus au monde, étant en désaccord avec les pratiques du gouvernement, souffrant la perte de sa famille, ne comprenant plus les siens mais n'étant pas les autres.

Jakob se laissa aller à son imagination. Maintenant que la veuve était morte, la maison blanche était trop vaste pour elle. Brunhilde devait y chercher des souvenirs, voyant des ombres à chaque angle de mur. Il devait la sauver, remplir cet espace de sa présence.

Dans quelques années, il aurait la possibilité de quitter l'armée. Au sein de sa troupe, il n'avait pas gravi les échelons, il le ferait en tant que citoyen du Sud-Ouest africain.

Ça le fit sourire.

Ce pays vous avalait. La dureté de la vie y était impressionnante, mais il y avait quelque chose d'attachant. Chacun était désespéré de vivre, sachant le désert plus fort que tout.

S'il acceptait la solitude de l'armée, une fois libéré, il aurait plus de mal.

Être seul, c'est mourir, pensa-t-il.

Les premiers jours d'octobre 1903, Züru télégraphia à Leutwein que les réserves étaient prêtes et qu'ils commençaient à réunir les Hereros.

La plupart ne résistaient pas, convaincus de la domination blanche.

Jakob dirigeait une partie des hommes. Chaque matin, ils passaient entre les tribus et les obligeaient à les suivre. Pour le moment, ils s'en prenaient aux plus faibles. Il s'agissait d'amorcer le processus, pas de créer une panique générale. La province d'Okahandja se vidait de ses habitants.

Afin de les rassurer, Leutwein avait ordonné que des missionnaires soient présents. À l'entrée des réserves, délimitées par des fosses et des barrières, ils accueillaient les Hereros avec force signes de croix et prières. Jakob ne les aimait pas, ils étaient encore plus opportunistes que les Anglais. La seule chose importante était de convertir cette population. La majorité des Noirs s'était faite au christianisme, mais ce n'était pas assez. Il fallait plus. Une véritable gloutonnerie et les missionnaires n'étaient jamais rassasiés. Ils se baladaient les mains jointes, prétendant connaître les secrets du ciel.

Une religion saine se mesure au nombre de ses adeptes.

À la fin de la journée, alors que le ciel s'assombrissait, Jakob sauta de cheval, les jambes en feu. Il avait parcouru des dizaines de kilomètres et était exténué. Il rêvait d'une douche et d'une bonne nuit. La baignoire de Lüderitz lui faisait envie. Il était contraint de vivre à la dure, malgré le progrès apporté ici. Il étira ses bras et sauta sur place pour se dégourdir.

« Ackermann ! nous devons parler », lui lança Züru.

Jakob l'appréciait de moins en moins, il le trouvait pressant, trop zélé. Le temps n'était pas le même qu'en Europe ici, il devait le comprendre.

L'impatience de von François avait valu une guerre longue et coûteuse à Leutwein, il n'était pas question de recommencer.

Mais son avis ne l'intéressait pas.

Si Jakob avait un statut à part au sein de l'armée, son grade restait le même et le grade était la seule chose que les soldats respectaient.

« Qu'y a-t-il, lieutenant ?

— Nous avons bien avancé. Mille vingt-trois Hereros ont été enfermés, mais nous devons viser plus haut. Je ne compte pas moisir ici.

— C'est un processus lent, il ne faut pas brusquer ces peuples.

— Les brusquer ? Faites-moi rire, on est en train de les enfermer comme des animaux. Bientôt, ils seront tous dans cette situation.

— Vous vous trompez. Continuons à aborder les petites tribus, on ne sait pas comment ils peuvent réagir. Et il y a toujours leur chef, Maharero. »

Züru eut un air de dédain. « Leutwein m'a parlé de lui. Il n'y a aucune crainte. Dans les jours qui viennent, nous irons à Okahandja même.

— Je ne soutiens pas cette décision.

— Je me moque de ce que vous soutenez. Vous êtes sous mes ordres, et à Okahandja, il y a au moins quatre mille Hereros, un beau lot à récupérer. Ces réserves ne sont qu'un début, soyez-en certain. »

30.

Okahandja – Windhuk, janvier 1904

Un esprit averti aurait dû le prévoir.

Avant que le soleil ne se lève, Jakob était sorti de la tente. Il n'avait pas dormi de la nuit, faisant un rêve étrange et stupide qui revenait souvent.

La lune se reflétait sur les barbelés coupants de la réserve. Ça l'aveuglait presque. Singulière manière de traiter des hommes, surtout en temps de paix. Pour se prémunir d'une attaque surprise de scorpion, il avait passé son pantalon et mis ses bottes, mais il était torse nu.

Il se gratta le ventre en bâillant. La perspective d'une nouvelle journée avec Züru le déprimait. Il marcha une centaine de mètres, jusqu'à un acacia. Il se trouvait à la lisière de la savane. Pour créer les réserves, ils avaient rasé des arbres, aplani les hautes herbes et dégagé le terrain. Jakob déboutonna son pantalon. Un poids se libéra de sa vessie.

Il ne fait pas froid ce matin. La tête en arrière, il contempla le ciel.

La lune aux trois quarts pleine.

Sa silhouette noire sur l'horizon. Les cieux remplis d'étoiles. Sa pisse qui coule par à-coups, comme il n'est pas bien réveillé.

Quand il baissa la tête, leur tente était en feu. Il crut rêver et se frotta les yeux, mais c'était bien en train d'arriver. Les flammes bleues, la fumée.

Merde, se dit-il tout en arrosant ses bottes. Il voulut crier, mais il était trop loin. Alors qu'il se mit à courir, il aperçut des ombres autour de la tente. Sans doute les soldats, qui ont eu le temps de sortir.

Ce doit être un accident, rien d'autre, on ne perdra que du matériel.

Il faisait des gestes, plissant les yeux pour essayer d'y voir. Un groupe d'hommes se détacha plus clairement, des flambeaux dans leurs mains. Un groupe d'hommes noirs. Jakob se recroquevilla, voulant se rendre invisible.

Leur campement subissait une attaque.

Il recula.

Les cris naissants à l'intérieur de la tente. Des Hereros l'avaient encerclée, attendant les fous qui essaieraient de s'en échapper. Jakob porta la main à sa ceinture. Aucune arme. Il avait été dans des situations dangereuses, mais là, c'était trop risqué pour qu'il s'interpose. Dans la réserve, des milliers de Hereros se pressaient aux grillages pour voir les soldats brûler. Ils n'étaient ni heureux ni enthousiastes, peut-être rassurés à l'idée de recouvrer leur liberté. Plusieurs soldats sortirent de la tente, le pied posé dehors, ils furent reçus à coups de lance.

Parfois, lorsque les Hereros reconnaissaient un missionnaire, ils lui laissaient la vie sauve. Lors de réunions secrètes, il avait été décidé de les épargner, tout comme les femmes et les enfants.

Il faut que je donne l'alerte, Jakob le savait, mais il ne pouvait pas bouger. L'attitude la plus sage était de rester caché. Ça ne servait à rien de perdre sa vie inutilement. Il pouvait fuir dans la savane, mais il ne donnait pas cher de sa peau.

Le lieutenant Züru sortit à son tour. Sa veste fumante. Il se prit une lame dans le ventre et s'affala à terre. Jakob ne ressentit rien, il avait déjà vu tellement de morts, s'émouvoir pour un type qu'il détestait n'était pas son genre ; il trouvait d'ailleurs ridicule l'idée que les morts accèdent à un niveau de respect et d'intouchabilité simplement parce qu'ils étaient morts.

Un soulèvement était possible, il l'avait toujours dit.

Les Hereros sortaient de leur silence, ils se révoltaient contre ce qui leur avait été imposé, et ils avaient raison, ne pouvait-il s'empêcher de se dire.

La tente consumée, les soldats morts, les rebelles délivrèrent leurs frères enfermés. Okahandja tombait. Jakob le croyait, aux kilomètres alentour, il devait se passer le même phénomène. Pourtant, Leutwein avait assuré que tout était calme. Leutwein ! Je dois lui envoyer un télégramme. Il était plus au sud, avec la majorité des soldats, pour réprimer un soulèvement nama sans importance. Ce qu'il se passait ici était beaucoup plus grave. Les réserves étaient de l'histoire ancienne, une idée balayée avant d'avoir pu faire ses preuves.

De manière à ne pas être vu, Jakob s'allongea au milieu des herbes hautes. Des épines lui rentraient dans la peau, mais il n'avait pas le choix. Déjà, les prisonniers étaient en train de se disperser, retournant sur leurs terres, tandis que les guerriers se regroupaient. Au milieu d'eux, auréolé d'une étrange force, une tête de plus que tout le monde, Jakob vit Samuel Maharero. C'est lui qui dirigeait ses troupes, le chef suprême du hereroland.

Ils l'avaient sous-estimé, c'était une évidence. À force de rapines, d'humiliations, ils avaient poussé ce chef à se rebeller. Dans l'ombre, pendant des mois, peut-être des années, il avait endormi à lui seul la vigilance allemande. Leutwein s'était fait rouler comme un bleu. Jakob se souvint de la manière dont il en parlait. Un soûlard, un faible, bon qu'à gouverner ses bouteilles…

Tournant la tête de tous côtés, Jakob cherchait une issue. Ça faisait une heure qu'il était dans cette position et il n'osait pas bouger. S'il s'enfuyait, il se ferait rattraper, maintenant que le jour s'éclaircissait. Je ne veux pas d'une nouvelle guerre. Il en avait presque les larmes aux yeux. Leutwein et son armée avaient encore une chance de contrer ce soulèvement, mais ils devaient agir vite. Et il était le seul à pouvoir leur dire.

Les Hereros n'avaient pas l'air de vouloir bouger. Ils mettaient à terre tous les barbelés, comme pour dire Ne recommencez pas. Maharero assis au milieu des débris de la tente. Il avait ordonné qu'on enterre, pas très profondément, mais tout de même, les soldats tombés. Ce geste surprit Jakob. À l'époque, ils n'avaient pas pris un tel soin avec les Damaras.

Néanmoins, ils restaient ses ennemis et il les combattrait jusqu'à la mort si nécessaire, parce que c'est ce qu'on lui avait appris à faire.

Vers la fin de la matinée, les guerriers n'avaient toujours pas bougé. Jakob se camouflait comme il le pouvait, essayant de se cacher des rayons du soleil. Il était obligé de plisser les yeux, à cause des grains de sable et de la trop forte lumière.

Un bruit. Des branches mortes qu'on écrase. Avec son index, il écarta quelques herbes et vit deux paires de jambes. Il entendait des Hereros parler, sans comprendre quoi que ce soit.

Il se mit à paniquer. Une seconde, il hésita à partir en courant.

Les deux hommes n'avaient pas l'air pressé. Jakob aspira un grand coup et tenta de ne plus respirer. Trois mètres. Ils se rapprochèrent jusqu'à la lisière des hautes herbes.

La tête enfouie dans le sol, Jakob les entendit défaire leurs pantalons, puis deux jets, pas très puissants, coulèrent près de lui. Il fut aspergé de quelques gouttes, mais se mordit la langue.

Leur affaire finie, ils repartirent, sans se douter qu'un soldat était tapi dans les fourrés. Les guerriers remontèrent à cheval et partirent au grand galop, guidés par Maharero.

Jakob attendit que le dernier nuage de fumée se soit dissipé et se releva comme une furie. Il chuta aussitôt. Crispé dans cette position, ses muscles étaient endoloris. Il se massa les jambes, puis se remit debout.

Claudiquant, il parvint jusqu'à la tente. Il ne restait rien. Pas une gourde d'eau. Pour avoir fait l'expérience du désert, il savait qu'il devait se couvrir, de peur de tomber à nouveau évanoui. Le soleil était au zénith et il sentait sa tête tourner.

Il se mit à quatre pattes et commença à creuser. La terre était meuble. Rapidement, le visage noirci de Züru lui apparut comme un masque horrible. L'odeur de brûlé était insoutenable, mais Jakob n'avait pas le choix. Ça ne concernait pas que sa survie, il en allait de la santé de toute la colonie. Il tira le corps hors de terre. Züru pesait son poids. Même mort, Jakob continuait de pester contre lui. Le cadavre ne ressemblait à rien. Il commença à le déshabiller. Les mains boudinées passaient à peine dans le trou de la manche. Il le fit tourner sur lui-même pour enlever ce qui restait de sa chemise. De la poussière lui rentrait dans les yeux.

La chemise était un peu trop ample, mais ça ferait l'affaire. Il enleva son caleçon long, ce qui le dégoûta, et s'en fit un bandeau. Une guerre se préparait, il était hors de question de se reprendre un coup de soleil. Fin prêt, il se mit en marche, sans replacer Züru dans sa tombe.

Il arriva à Windhuk en fin de journée, exténué. Le cheval qu'il avait volé sur la route allait sans doute y rester.

« Venez avec moi, dit-il à un des gardes du fort.

— Que se passe-t-il ?

— Je dois entrer en contact avec Leutwein.

— Nous pouvons télégraphier à la garnison de Lüderitz.

— C'est ça… faisons ça.

— Qu'est-il arrivé ? dit le soldat, inquiet devant l'air affolé de Jakob.

— Ce sont les Hereros. Ils se soulèvent.

— Les Hereros ? Impossible.

— Ils ont détruit la réserve d'Okahandja, je vous dis. Dépêchons. »

Arrivés au quartier général, il fit envoyer en urgence un télégraphe au gouverneur, lui expliquant la situation.

Votre présence est requise. Urgent.

Le message parti, Jakob s'affala sur une chaise. Une fois de plus, il était allé au bout de ses limites. Le soldat lui apporta un bol d'eau. Il avait l'habitude de la déshydratation si bien qu'il aspira le liquide petit à petit. Après ça, il enleva son foulard et sa chemise. « Brûlez ça pour moi, s'il vous plaît », dit-il au soldat avant de fermer les yeux.

Dans les jours qui suivirent, ce fut une débâcle sans nom. Leutwein exprima sa surprise dans un télégramme et ordonna à Jakob de défendre Windhuk à tout prix. Le fort ne devait pas tomber. Il le nomma lieutenant, ce qui fit de lui l'homme le plus gradé du camp.

La situation était critique. Windhuk ne comptait que peu de soldats pour la défendre. Le gros de la troupe était dans le sud, tandis que 80 000 Hereros étaient en train de se rebeller.

Les mauvaises nouvelles arrivaient les unes après les autres. Les Hereros avaient rompu les fils télégraphiques, si bien que les villes se retrouvèrent isolées. Il était impossible de savoir l'évolution de la rébellion.

Maharero était un chef intelligent qu'ils avaient négligé.

Dans un second temps, ils entamèrent des opérations de sabotage. À de nombreux endroits, les lignes de chemin de fer furent endommagées. L'Allemagne était plus puissante, mais c'était une grosse machine, avec des ordres, une hiérarchie et la mettre en place prenait du temps, tandis que les Hereros étaient mobiles. Des milliers d'unités armées sur le qui-vive, prêtes à frapper à n'importe quel moment.

Leutwein, de son côté, avait embarqué à Port Nolloth pour revenir en urgence à Swakopmund, mais cela prendrait du temps.

Jakob apprenait chaque jour par des messagers l'étendue des dégâts. Il n'était pas question de passer un accord, il n'était pas question de lettres, de discussions, comme ça avait été le cas avec Witbooi, non, ici c'était la guerre. Née en un éclair.

De nombreuses fermes furent attaquées. Ces colons qui, pendant des années, avaient défié les Hereros, les voyaient aujourd'hui fondre sur eux. Une centaine d'hommes furent tués en quelques jours.

Pour donner du courage aux siens, Maharero encouragea les femmes à les suivre. Elles ne participaient à aucun combat, mais soutenaient les leurs, criant sans relâche *À qui appartient le pays herero ? À nous !*

En quelques jours, le chaos s'installa dans la région. L'idée n'était pas de déclencher une guerre frontale, mais de démoraliser les Allemands, de réintégrer les terres volées, de retrouver du bétail et de recommencer à vivre. Les Hereros étaient des semi-nomades qui allaient où bon leur semblait, pas des êtres qu'on parquait dans des réserves. Maharero avait mis Leutwein en garde contre ces pratiques, le gouverneur n'avait rien voulu savoir, il le payait aujourd'hui. Il était convaincu que les

Allemands comprendraient vite que leur intérêt était de légitimer leur présence et de se retirer progressivement.

Du haut de son fort, Jakob regardait ce paysage qu'ils avaient voulu façonner. Les Hereros iraient au bout et le Reich ne laisserait jamais faire. Tout allait basculer, il s'en doutait. Le front plissé, il saisit des jumelles et balaya l'horizon. Il redoutait plus que tout de se retrouver encerclé par des hordes de guerriers.

31.

Okahandja, janvier 2004

J'étais là-bas quand c'est arrivé. Je vivais en vase clos. Un appartement près de l'université, dans un faubourg de Munich. Le temps que je ne passais pas en classe, je le perdais avec Hanna. Nous avions emménagé ensemble. J'étais l'étranger à qui elle aimait faire découvrir sa ville, voyant tout elle-même avec des yeux neufs, trouvant un intérêt nouveau dans des choses devenues banales. Une existence égoïste. Insensibles au reste du monde.

Nous avions fêté nos un an la veille.

Un matin, fatigué, des vapeurs d'alcool, je n'allumais jamais la télévision, ça me rappelait mon ancienne vie, mon arrachement progressif, pourtant je me suis senti attiré par elle. Les céréales que je m'étais préparées avaient du mal à descendre jusqu'à mon estomac. Je me suis recroquevillé sur le canapé, rabattant une couverture, et j'ai mis une chaîne d'infos. Les branches mortes frappaient les carreaux. Il avait grêlé la veille. Ça ne faisait pas la Une, pas de bandeau alerte info, juste un titre, une envoyée spéciale, des scènes de liesse dans les rues, la joie partout.

La Namibie était libre.

Indépendante.

Je n'arrivais pas à y croire. Des mots comme démocratie, élections anticipées, SWAPO, sortaient de la bouche d'une petite femme blonde, interviewée depuis la future *Independance Avenue*, dans le cœur de Windhoek.

Ça devait arriver, chaque personne qui a vécu là-bas le savait, mais une fois que ça arrive, on se sent perdus. Un bonheur qui rentre en vous. Une excitation si forte qu'il faut la partager avec quelqu'un.

Moi, j'avais Hanna.

Pour être sûr, j'ai regardé d'autres chaînes, mais c'était bien vrai. Ni l'Afrique du Sud, ni l'ONU, ni personne d'autre n'avait désormais un droit de regard sur notre pays. Plus de colonisation ni d'occupation illégale, de conférences indignes. Toutes ces années, je m'étais progressivement désintéressé de ma terre, me couvrant les oreilles quand j'entendais son nom, mais là, c'était comme si je ressentais son appel indicible. J'avais la possibilité de réorienter ma vie, de changer de cap.

Le paysage à travers ma fenêtre est soudainement devenu terne.

À aucun moment, je n'avais envisagé mon départ. Je pensais ma cause acquise à l'Allemagne, reniant peu à peu un de mes deux héritages. Ici, on pardonnait enfin pour regarder en avant, je n'allais pas retomber dans une nation qui ne savait pas quoi faire de son histoire. Mais là, l'indépendance. Comme une page vierge.

J'ai senti un nouvel élan. Tant de choses à régler, je voulais en faire partie. Je suis allé réveiller Hanna, qui ne comprenait rien à ce que je lui disais.

Cette terre, je la porte en moi. Elle est ma mère, le rêve fou de Reinhardt, elle est mon origine et je me devais, pour ces sacrifiés, de les remonter, ces origines. J'avais épuisé mon père, tiré tout ce qu'un homme comme lui avait à offrir, je devais me libérer de son étreinte et retourner vers ce qui, toute ma vie, m'avait défini. Une paix possible à bout de bras, une possibilité de pouvoir vivre ensemble. Ça valait la peine d'essayer. Le projet le plus fou de toute une vie.

J'ai rabâché à Hanna cette histoire tellement de fois qu'elle a fini par faire sienne la cause namibienne.

Elle en était devenue boulimique, lisant chaque ligne, voulant tout savoir dans les moindres détails. Elle qui n'avait jamais posé les pieds dans ce pays, qui aurait eu du mal à le placer sur une carte, en peu de temps, elle m'apprenait des choses. Elle connaissait chaque organisation tribale, chaque date importante. Je ne savais même pas où elle trouvait ses sources.

Au cours de l'année suivante, nous nous sommes mariés.

Mon père n'est pas venu. Trop fatigué, mais je le soupçonne de ne pas s'être préoccupé de ma femme. Il ne l'a vue qu'une fois. Par là, il me disait que je ne comptais pas. Quand j'ai débarqué chez lui, nous avons passé six mois paisibles, durant lesquels j'avais l'impression que j'avais un père, puis il s'est désintéressé de moi. Ces années d'enfance avaient été caractérisées par des cadeaux à hauteur de son absence. Il n'a jamais coupé les ponts, il maintenait, pour sa bonne conscience, une relation.

L'idée de sa descendance.

Avec du recul, je dirais qu'il souffrait d'inconstance. Malgré le mal qu'il a pu nous faire, malgré cette vie qu'il nous a infligée, je ne peux m'empêcher de penser que ce n'était pas volontaire. Ça ne veut pas dire que je lui pardonne, ça ne veut pas dire que ça effacera de ma mémoire l'air désolé de ma mère, de cette femme qui n'a pu donner à son enfant autre chose que l'évidence de la couleur de sa peau. Mais les choses ne peuvent être abordées dans un seul sens.

La seconde sensation que j'ai eue de l'indépendance, c'est la vitesse.

Avec l'argent que j'avais en Allemagne, je me suis acheté une Jeep de retour au pays. Elle n'avait roulé qu'une journée, affichait cent kilomètres, et je l'ai eue d'occasion.

Nujoma était au pouvoir.

Avec ma Jeep, je partais le matin, seul, et je roulais, fenêtres ouvertes, appréciant l'air chaud qui venait du désert, sentant le soleil sur ma peau, un soleil qui faisait fondre mes froides années.

Je passais de Katutura aux anciens quartiers des Blancs, où je n'avais pas le droit d'aller étant jeune. Maintenant, aucune aire ne m'était interdite. Je me perdais dans des ruelles où les maisons cossues s'alignent.

Parfois, je voyais en sortir un Noir, je le saluais d'un geste de la main, et il me répondait, fier, ayant lui-même du mal à le croire. Le changement était bien là. Certaines inégalités demeuraient, on ne peut pas tout rayer en un jour, à l'époque, on disait que 4000 fermiers possédaient 44 % du territoire. Ça fait tourner la tête. La possibilité de se créer un nouveau sort.

Hanna m'attendait à la maison chaque soir. Sa passion n'avait pas diminué, elle qui avait si peu voyagé, trouvait de l'intérêt dans tout ce qu'elle voyait. Stupéfiant d'avoir autant d'animaux. Chez elle, on croisait la route de caniches bien dressés, ici, un monde nouveau s'ouvrait à elle, et elle l'accueillait à bras ouverts. Nous débordions d'une chose nouvelle, impossible à qualifier.

Nous deux. Notre bonheur était un nouveau coup du sort.

Un matin, elle m'a dit, Ici, je n'aurai pas besoin d'avoir d'enfants. J'ai souri. Ça nous a donné envie de faire l'amour.

32.

Sud-Ouest africain, février à juin 1904

Le pays était au bord de l'explosion.

Maharero, qui pensait que la révolte devait être totale, avait envoyé une série de lettres à Witbooi, son ancien adversaire. *Toute notre docilité et notre patience envers les Allemands ne servent à rien, car chaque jour, ils fusillent gratuitement. Mon frère, faites de sorte que toute l'Afrique combatte les Allemands, mourons plutôt ensemble, au lieu de mourir de mauvais traitements, de prison, ou encore d'autres manières. Fais-le savoir à tous les capitaines là-bas, qu'ils s'insurgent et luttent.* Il réclamait une union africaine contre l'étranger.

Ces lettres n'arrivèrent jamais à son destinataire.

Maharero les avait fait parvenir au chef des Baster, certain que ça pourrait aussi l'intéresser. Celui-ci ne fut non seulement pas intéressé mais, au lieu de remettre les lettres au chef nama, il les donna aux Allemands.

Comment dit-on ? Quand le ver est dans la pomme…

Witbooi apprit la révolte des Hereros d'une autre voix, mais il ne prit pas parti. Durant la guerre du Naukluft, il avait beaucoup perdu. Il ne voulait pas tout risquer à nouveau.

Et à l'époque, qui était venu l'aider ?

Quelques groupes isolés se rebellèrent tout de même, mais d'une manière désorganisée. Ils s'en prenaient aux fermes où ils étaient retenus, se libérant de leurs mauvaises conditions de vie, mais ne pensant pas à leur peuple.

Le vent était en train de tourner.

Les colons commençaient à avoir peur pour leur vie. Ils avaient tellement abusé qu'ils devaient en payer le prix. Ils avaient tellement joui des richesses de ce sol qu'il devait y avoir un retour de bâton.

Leutwein ne pouvait y croire. Il s'était perdu dans l'assurance de son succès. Il était devenu un paradigme de suffisance. À l'avant du navire à vapeur, il essayait de comprendre. Il se souvint des doutes de Jakob. Ce soldat avait mis le doigt dessus quand lui, gouverneur du Sud-Ouest africain, avait été aveuglé.

Avant de partir, il avait fait suivre un télégramme à Berlin. *Me trouve devant une énigme.* Son idée de grand empire s'effritait sous ses doigts, son monde devenait obsolète. Il restait convaincu que les Hereros devaient vivre sur ce sol sinon, qui pour construire la colonie ?

Von François avait été dans sa position des années plus tôt, il se rappela son air de dépit. Non, il ne finirait pas comme lui. Deux chefs indigènes ne pouvaient venir à bout de deux commandants allemands. Il déboutonna sa chemise, pris de nausée.

« Gouverneur.

— Euh… oui, oui.

— Nous arriverons dans la soirée. Quels sont vos ordres ?

— Mes ordres ?

— Oui, Gouverneur.

— Je… je ne sais pas trop. Nous devons tenir les villes. Formez un régiment, qu'il parte à Windhuk. Il faut… réparer les lignes de communication, remettre le train en état de marche. Oui, réparer, c'est ça. Et tenir nos positions. »

Leutwein se voilait la face.

Comment affronter une chose qu'il n'avait pas même imaginée ?

Le soir venu, le bateau entra dans la rade de Swakopmund. Il n'était pas revenu dans cette ville depuis son arrivée. À peine débarqué, il reçut des nouvelles de Berlin. La situation devait être réglée, et vite. L'État-major, mis au courant par Windhuk, n'accepterait pas un autre cas Witbooi. Un navire de guerre était en route avec à son bord huit cents soldats. Il était impensable de perdre et Leutwein n'avait d'autre option que de suivre les directives. Les investissements qu'avait faits le Reich étaient trop importants pour laisser des indigènes tout remettre en cause.

Plus au sud, la révolte en était à ses soubresauts. Vogt, qui craignait pour sa vie, avait fait libérer les Namas qui travaillaient pour lui. Accompagné de son contremaître et d'un de ses employés, il se trouvait dans sa ferme, rassemblant ses affaires. Il avait décidé de se réfugier à Lüderitz. Ces sauvages n'attaqueront pas une ville !

Avec le départ de Leutwein, il n'y avait quasiment plus aucun soldat dans les environs. Livrés à eux-mêmes. S'affronter, se regarder au plus profond.

« Dépêchez-vous », ne cessait-il de dire à ses hommes. Dans la chaleur de la maison, il transpirait comme un porc. Ses dessous de bras étaient trempés. À l'aide d'un mouchoir, il s'essuyait le front, mais des gouttes naissaient derrière, plus grosses, plus humides. Sa cupidité le poussait à tout prendre. Il ne voulait rien laisser aux Hottentots.

Vers midi, ils commencèrent à charger les affaires.

« Un dernier voyage et on file, allez.

— Bien, m'sieur le maire.

— Bougez-vous, je ne veux pas voir arriver ces nègres.

— Vous en faites pas, on saura les recevoir s'ils osent venir. » Le contremaître posa la main sur son arme.

« Je sais, mais je préférerais que ça n'arrive pas.

— Qu'ils essaient… » Le contremaître était un homme cruel qui n'avait connu que la brutalité. Il trouvait idiot de se réfugier à Lüderitz. Si ça ne tenait qu'à lui, il aurait monté des barricades, aurait réuni armes, grenades et se serait mis en poste à l'étage. Là, il aurait attendu qu'ils viennent et les aurait descendus un par un, comme à la kermesse. Mais Vogt tenait trop à sa petite vie pour prendre le risque.

Les hommes n'avaient plus qu'une caisse à charger. Vogt, assis à l'avant de la carriole, ne cessait de regarder sa montre, tapant du bout du doigt sur le cadran de verre.

« Dépêchez-vous. On ne va pas traîner comme ça. » Il avait commencé la journée avec un mauvais pressentiment, il ne serait rassuré qu'une fois barricadé à la mairie. Il regarda sa ferme, cette maison en bois, ces enclos. L'endroit n'allait pas lui manquer, il le détestait, seulement, il avait gros à perdre en laissant tout à l'abandon. Il s'imagina ces Hottentots fouler l'espace de leurs pieds sales et ça le fit frémir. Il les voyait hilares, rigolant et rigolant encore, posant leurs doigts sur ses affaires, passant ses vestes, buvant chacune de ses bouteilles. Et rigolant encore.

« M'sieur, il va falloir changer nos plans. » Le contremaître se tenait sur le perron, un peu en hauteur.

« Qu'avez-vous dit ? » reprit Vogt.

Le contremaître désigna la longue allée qui s'étendait sur la ligne d'horizon, d'où un nuage de poussière se détachait. « Ils sont encore loin. Il nous reste une heure, mais ils avancent vite.

— Quoi ? Dépêchez-vous de monter alors, qu'on foute le camp.

— Ça servirait à rien. Ils nous rattraperaient. La route pour Lüderitz nous mène face à eux. On va devoir se battre, dit-il avec un sourire sadique.

— Se battre ? Non, ce n'est pas le plan. Nous ne sommes pas assez nombreux.

— Vous inquiétez pas, tout ira bien. Puis j'ai jamais aimé fuir.

— Mais… il ne s'agit pas que de vous. » Vogt était perdu. À l'inverse de son contremaître, il lui restait un peu de conscience et de peur. Avec le traitement qu'il avait infligé à ses Namas au fil des années, il redoutait le pire. Il les avait battus, torturés, violées. Ils avaient des raisons de vouloir se venger. « Sortez-moi de là et vous serez riches…

— Calmez-vous un peu. On va s'installer à l'étage. Allez. »

Les hommes rentrèrent et verrouillèrent la porte.

« Barricadez les fenêtres, fermez les volets, mettez les meubles devant. On a du temps devant nous, alors organisez-vous. Moi, je vais monter les armes. » D'instinct, le contremaître avait pris le commandement. Il vivait cela comme sa guerre. Ces Noirs, il les détestait, il avait enfin l'occasion de les tuer sans avoir à se justifier.

Il chargea les fusils et en positionna un devant chaque fenêtre. Il avait aussi préparé des grenades. À sa ceinture, deux colts, des couteaux et il portait en bandoulière un fusil Mauser. Il était né pour vivre des moments comme celui-là.

Le nuage de fumée s'était rapproché, plus qu'une centaine de mètres. Dans ses jumelles, le contremaître compta une vingtaine d'hommes rouges. Quelques-uns armés de fusils. Vingt contre trois, du gâteau, pensa-t-il.

Vogt se signa et jeta un œil à son tour. Son dieu ne pouvait pas l'abandonner comme ça. Il serrait nerveusement son arme, prêt à faire feu, prêt à tuer. Le troisième homme était concentré, silencieux, ne manifestant aucune émotion. Un travail comme un autre.

Alors que les Namas avaient passé le portail de bois mort et entraient dans la grande cour, le contremaître envoya une volée de grenades qui explosèrent aux pieds des chevaux. Avant que le combat n'ait commencé, ils perdirent cinq des leurs.

« Maintenant ! » dit le contremaître. La surprise était, et devait, rester leur meilleur atout. Les trois hommes tirèrent comme des fous. Les fusils crachaient leur fumée. Chez les Namas, ce fut la débandade, mais hors de question d'abandonner. Vogt devait payer pour ses abus. Un Nama tira une balle qui, avec un peu de chance, alla se loger en plein milieu du front du troisième homme. À l'intérieur, Vogt le vit s'affaler sur le sol. Il avait déjà vu des cadavres, mais pas de si près. Le sang coulait de son front, un trou si petit, pourtant, il était mort.

« M'sieur le Maire…

— …

— Vogt !

— Oui…

— Vous êtes avec moi ?

— Je crois.

— Il en reste une dizaine. Ils partiront pas d'ici.

— Comment vous voulez faire ?

— Ils se sont réfugiés sous la véranda. On peut plus tirer. Faut descendre.

— Non, c'est trop risqué. D'ici, on les domine.

— Vous écoutez pas. Ici, on peut rien faire. Armez-vous, et restez derrière moi. »

Vogt acquiesça. Caché derrière le contremaître, il descendit le grand escalier. Dehors, à travers les volets fermés, il pouvait deviner les Namas. Ils avaient encerclé la maison et cherchaient un endroit pour entrer. Certains essayaient d'arracher les volets, d'autres de monter sur le toit. Une vraie souricière, se dit Vogt.

Le contremaître tira à travers le mur. Un Nama gémit. C'était la solution. Ils devinaient leur présence quand, dehors, l'ennemi n'avait aucune idée de ce qu'il se passait à l'intérieur.

Vogt avait du mal à supporter la pression. Il était prisonnier dans l'obscurité de son propre salon. Parfois, des rais de lumière passaient là où avait tiré le contremaître. Pourquoi les Namas ne tiraient-ils pas à leur tour ? Il pensait qu'ils préparaient un mauvais coup.

« Je retourne en haut.

— Non, ça n'a aucun sens. Ils sont là, à notre portée.

— Et s'ils escaladent ? »

Le contremaître prit un moment « D'accord, mais vous restez là, je monte. N'hésitez pas à tirer.

— Je ne bougerai pas. » Vogt fit un sourire glacial au contremaître qui emprunta l'escalier.

Ça devait faire dix minutes qu'il était remonté et Vogt n'avait aucune nouvelle. Il tournait dans le salon, le fusil pointé sur le mur, à l'affût. Ses mains moites glissaient sur la crosse.

Dehors, aucun mouvement. Les Namas s'étaient cachés, ou peut-être qu'ils avaient fui. Oui, peut-être. Ils avaient compris, ils avaient abandonné.

Plusieurs fois, Vogt appela son contremaître sans obtenir de réponse. Monter, rester là ? Il lui avait dit de ne pas bouger, pourtant, c'était un supplice. Il s'approcha d'un petit trou fait dans le mur, glissa un œil. Rien, à part ce soleil. Où étaient passés ces hommes ? Vogt colla son oreille. Ils devaient se cacher quelque part. Au loin, une de ses vaches meugla, ce qui lui donna le sourire. Quelque chose de réconfortant, un gros steak saignant.

Avant qu'il ait cligné des yeux, il se mit à crier de douleur.

Il lâcha son fusil, un coup partit seul, la balle se logea dans l'horloge, et il se prit l'oreille en hurlant. La douleur était pénétrante, se frayant un chemin à travers les veines. Vogt se mit à tituber, ne comprenant pas son état. Sa vue se floutait, puis se dédoublait. Il appela le contremaître, mais rien que le silence. Trempé des pieds à la tête, il ne savait pas ce qui lui arrivait. Sur le bout de ses doigts, un peu de sang frais. Il n'avait pas été blessé pourtant. Farfouillant dans son oreille, il ressortit une fléchette, Qu'est-ce que ça fait là cette merde ? loucha dessus puis s'effondra au milieu du salon.

À l'extérieur, un Nama avait été attentif à cette fente et avait attendu le moment propice. Il avait vu l'œil de Vogt s'y glisser, puis son oreille. Se saisissant de sa sarbacane, il n'avait eu aucune seconde d'hésitation. Il avait pris soin d'enduire le bout de la flèche d'un poison paralysant, tiré de la sève d'une euphorbe.

Quand les Namas parvinrent à se frayer un chemin dans la maison, ils trouvèrent Vogt, étendu, de la bave aux commissures des lèvres, tremblotant, les yeux révulsés.

Ils avançaient à travers les pièces comme des guerriers, leurs lances bien en main. Parmi eux, un ancien esclave. D'habitude pas revanchard, mais ce que lui avait fait subir Vogt au fil des jours, il ne pouvait l'oublier. Ces femmes comme des poupées. Leurs cris dans la nuit. Sa dignité volée, rabaissée.

À l'étage, les Namas virent le contremaître, assis contre le rebord d'une fenêtre, une flaque de sang à ses pieds. Il avait été touché à la poitrine. Lorsqu'il aperçut les Namas, il eut envie de tirer, mais il était trop faible. L'arme était un poids insoulevable pour sa main. Il savait qu'il allait mourir, il n'y avait aucune autre alternative. Les Namas firent le tour de la pièce puis ressortirent, laissant l'homme blanc à ses démons.

Le soleil l'aveugla lorsqu'il reprit connaissance. Un disque orange, tirant au rose. Il était resté dans les vapes jusqu'à maintenant. Ce qui le choqua en premier fut ce mal de tête lancinant. Une douleur qui partait de la nuque. Ce n'est qu'après que Vogt sentit ces crochets lui perforer le corps, ce n'est qu'après qu'il remarqua ses poings liés, qu'il découvrit sa nudité, son ventre rebondi, ses jambes pleines de varices.

Sa vue était encore floue, mais il distinguait ces silhouettes rouges, juchées sur des chevaux trop grands. Il voulut avaler sa salive, mais il n'avait pas de salive.

« De l'eau… de l'eau… », demandait-il, sans trop savoir. Un Nama lui balança un seau plein de bouses fraîches sur le corps. Ça le réveilla. Malgré la saleté, il aspira les quelques gouttes autour de sa bouche. Ce bonheur fut accompagné d'un retour à la réalité, qui lui plut moins. Il essaya de bouger ses poings, son corps, mais le moindre mouvement lui causait trop de douleur. Il avait été attaché sur ses crocs de boucher, où il faisait maturer sa viande.

Il eut envie de pleurer, mais il n'y arriva pas. Qu'avait-il raté pour finir ainsi ? Pendu devant des Noirs. Son sang coulait dans son dos, il sentait le liquide se frayer un chemin à travers la raie de son cul et venir englober son scrotum. Ce n'étaient que des Noirs. Seuls ses yeux étaient encore mobiles et il les vit, ces dizaines de vautours, haut dans le ciel, qui attendaient patiemment. Il les avait déjà vus à l'œuvre sur des carcasses de vaches. Il n'était rien de plus qu'un animal ; quelle mort à la con, se dit-il. Il ressentit de la pitié au fond de lui, mais jamais il ne regretta ses agissements envers les Namas.

Le soir tombé, Vogt sentit que sa dernière nuit était à venir. Son pénis avait rapetissé à cause de la peur et de la fraîcheur, de cette chair rabougrie, la pisse coulait sans qu'il puisse se contenir, le liquide chaud glissant jusqu'à ses orteils. Il se dit qu'il allait s'évanouir quand il entendit les grognements des chiens sauvages, mais non, il resta conscient. Le poison le maintenait éveillé. Ce qui signifiait qu'il allait souffrir. Beaucoup. Le monde ne devint, cette nuit-là, ni plus juste ni moins juste, il suivait son cours, simplement.

*

Installé à Swakopmund, Leutwein réorganisa sa *schutztruppe* afin de tenir les places fortes. Il fit parvenir plusieurs lettres à Maharero, plaidant pour un arrêt des combats et une reddition de sa part. Il oscillait entre un ton affable et une extrême dureté. L'Allemagne peut se réveiller, rappelait-il.

Février, mars, ne furent que des échecs, les Allemands avaient toujours un coup de retard sur les Hereros. Les hommes supplémentaires se montrèrent défaillants, n'ayant aucune idée des méthodes coloniales.

Les colons ne saisissaient pas pourquoi le gouverneur voulait encore négocier avec l'ennemi. Il devait être destitué, pensaient-ils. Les fermes avaient été abandonnées, le bétail passait de main en main, les Allemands mouraient dans un pays censé être le leur.

À Windhuk, Jakob lisait les articles de la presse coloniale, incriminant le gouverneur. Il assistait, impuissant, à la montée de la violence. La propagande était vulgaire, mais à force de caricatures, de récits inventés, la haine contre les Hereros grandissait chaque jour. Les colons voulaient prendre les armes, faire ce que l'armée luttait à faire.

Début avril, Leutwein reçut un ordre d'attaque de Berlin. Le Kaiser n'aimait pas les défaites et le gouvernement voulait en finir.

Ah ! Vous voulez du sang, se disait le gouverneur à lui-même. Ils ne se rendent pas compte de ce que nous faisons ici. Il n'avait plus aucun allié, peut-être Jakob, mais ce n'était pas un poids dans la balance. Réfugié dans sa case, il le fit venir.

« Ackermann, nous nous préparons à attaquer.

— Mais… ce n'est pas ce que vous voulez, Gouverneur.

— Ce que je veux n'a aucune importance. Je fais converger toutes nos troupes ici.

— Ce sera un massacre.

— Pour eux, sans doute. Personne ne nous soutient plus, l'armée est décriée, je ne veux pas rester les bras croisés. Pourquoi sommes-nous toujours en première ligne ? De héros, on passe à imposteur…

— Il doit y avoir un autre moyen.

— Je l'ai cru, mais le Reich ne souhaite pas que ça dure. La guerre avec Witbooi est restée en travers de leurs gorges. Je vous confie un régiment, je compte sur vous pour livrer une belle bataille. Parfois, on doit prendre des décisions qu'on regrette, je suis sûr que vous le comprenez. Je n'ai pas plus envie de cette guerre que vous… »

Malgré les promesses, ce fut un nouvel échec. Le cœur n'y était plus. Le combat dura dix heures et trois mille Hereros vinrent se battre. Au milieu des coups de feu, des morts, Jakob résista puis se retira, laissant le champ de bataille aux vainqueurs.

Les Hereros avaient imposé leur point de vue.

Cette victoire sonnait la fin du conflit, ils en étaient convaincus. Leutwein n'arrêtait pas de leur faire du pied, l'ennemi était humilié, il n'y avait plus qu'à récolter les fruits de cette guerre d'usure. Dire que toutes ces années, ils avaient vécu en pensant les Allemands invincibles, mais voilà, ils n'étaient que des hommes qui venaient de se faire écraser.

Maharero conduisit les siens sur le plateau du Waterberg, au nord-est de Windhuk. Au sommet des roches rouges, il fit monter un campement. Que ses hommes se reposent. La végétation y était plus dense qu'aux alentours et on pouvait trouver de l'eau facilement. Le lit de certaines rivières était encore plein. Son peuple pourrait y attendre un traité acceptable.

La honte qui s'abattit sur Leutwein le mina. Il n'osait plus se montrer à ses hommes, lui qui avait failli. Son temps était révolu, comme von François avait abandonné, il allait à son tour laisser la place. Un télégramme lui informa qu'un navire était parti avec à son bord le général Lothar von Trotha, qui venait le remplacer dans ses fonctions.

Le général Lothar von Trotha. On en était donc à ce point.

Le Sud-Ouest africain n'était plus son jouet. Il avait tenté de modeler un nouveau système de colonie, mais il avait fait face à la cupidité, à la folie des siens, au racisme, et il le payait cher. C'est la domination du monde libre qui était en jeu.

Ne voulant pas abandonner, il poursuivit tout de même ses négociations avec Maharero, bien qu'il sache que ça n'aboutirait jamais. L'énergie du désespoir, ou quelque chose comme ça.

Le soulèvement herero, né à partir de rien, avait surgi dans sa vie et avait tout emporté. Il devait s'y résoudre.

33.

Okahandja, janvier 2004

Ce qui m'a le plus choqué, à mon arrivée à Munich, c'était le nom des rues. En me baladant dans un quartier chic de la ville, j'avais dix-huit ans, un endroit où il n'y a pas de bruit après vingt heures, où les trottoirs sont nettoyés chaque jour, où aucune merde de chien vient se loger dans les rainures des chaussures, je découvrais ces petits panneaux avec dessus tout un héritage.

Une rue Lüderitz faisait face à la rue Leutwein. Un peu plus loin, *Waterbergstraße* croisait la rue von Trotha. Tout était un signe pour me dire Retourne d'où tu viens.

On ne veut pas de toi.

Le statut d'étranger ne coule pas de source.

Des femmes cultivées, riches, donnaient leur adresse sans gêne, Oh oui, j'habite au 12 rue von Trotha, un nom qui leur est familier, qu'elles ont fini par apprécier, comme une personnalité immatérielle qui fait partie de nous.

Une déviance énorme, oui.

Rien n'indiquait ce que cet homme avait fait.

Congelé par le froid ambiant, sans personne à qui en parler, je me suis alors senti un moins que rien. Face à moi, l'ordre des maisons, des siècles de traditions, et je ne possédais que de vagues souvenirs racontés par des ancêtres qui n'étaient pas les miens.

Je n'avais personne, à part ce père que je n'avais pas vu pendant sept ans. En arrivant, j'ai même été incapable de le reconnaître tant il avait vieilli. L'image que j'en avais s'était figée le jour de son départ, comme s'il s'était mis sur pause en attendant nos retrouvailles, mais il était bien sujet au temps qui passe. Mon seul réconfort, sans doute l'acte le plus pathétique de toute ma vie, était de me rendre où est enterré mon oncle Reinhardt et de lui parler. Des heures passées seul. Personne ne venait ici, les feuilles mortes s'accumulaient sur la stèle, les mauvaises herbes rongeaient la pierre et je parlais, un flot de paroles sans queue ni tête, essayant de mettre de l'ordre dans mes pensées.

Reinhardt.

Les morts, les morts sont au fond moins morts que moi

J'avais l'esprit tellement embrumé que j'en ai fini par me demander si l'histoire de ce Sud-Ouest africain comme je la connaissais n'était pas un mythe, une légende ayant la même valeur qu'un serpent qui sort des eaux, qu'un homme qui naît d'une fleur, qu'un univers qui émerge du sein d'une divinité.

Des fils tissés dans ma mémoire.

Ici, ça n'existait pas, c'était intégré à la vie de tous les jours. Un café avait même eu l'audace de s'appeler *Trotha's*, on y servait des latte, des cappuccinos, des cafés glacés ; et ce nom s'affichait sur une devanture rouge, vide de toute signification.

Ce sentiment a grandi avec les années. Je gardais mes doutes, continuais de chercher, mais les histoires devenaient floues.

Peut-être une attitude voulue ?

Apprendre à détourner le regard.

Et mon père m'encourageait dans ce sens. Il faisait passer notre vie commune pour du folklore. Un magasin qui vend des breloques de mauvaise qualité.

À le voir, on se dit qu'il est fait pour l'Allemagne. Un produit pur jus, impliqué dans la vie de quartier, dans tout ce qui fait une nation. On ne peut pas se douter qu'il a tenu vingt ans à l'étranger. Vingt années africaines auxquelles il n'a plus jamais pensé.

Ce qu'il n'a jamais saisi quand je lui parlais de ce passé, c'est que la connaissance des faits et des actes perpétrés était un moyen de survie pour ceux qui les avaient vécus.

Indispensable pour appréhender le présent.

La mémoire, disait-on.

Si tu veux... Les abus de la mémoire, plutôt. Tu me fatigues à me rabâcher tes histoires.

La douleur pour lui était familiale, pas historique.

Et regarde le monde ! Il y a tellement pire. Mais l'existence de certains actes n'excuse pas d'autres. Il ne doit pas y avoir de hiérarchie dans ce domaine. Aujourd'hui, on se bat pour savoir qui a été le plus défavorisé. À celui qui crie le plus fort.

Apprendre à quantifier sa peine.

Être le parangon du martyre.

À un dîner, dans un restaurant où il célébrait l'anniversaire de je ne sais quel club dont il faisait partie, mon père m'a présenté à ses amis. Ils étaient alignés et, un par un, je les avais salués. Ces gens-là n'ignoraient pas que mon père avait vécu en Namibie et, quand ils m'ont vu, ils ont tous pensé, sans exception, alors qu'ils serraient ma main, que j'avais été adopté.

Quand j'ai croisé le regard de mon père, je vis qu'il l'avait aussi compris. J'attendais qu'il rectifie l'erreur, qu'il énonce sa fierté, à la place, il a demandé qui voulait du vin. Il a gardé le silence, laissant planer cette vérité explicite, son sang ne circule pas en moi, une vérité pourtant fausse. J'ai senti la honte qu'il éprouvait à l'égard de son fils. Une honte dissimulée, qu'il n'exprimait pas devant tout le monde.

Nous n'en avons jamais parlé. Si aujourd'hui je le croisais – ce qui n'arrivera pas, vu son état –, je ne lui en parlerai toujours pas.

Tu te trompes…

Les abus de la mémoire, dirait-il à nouveau.

Ludwig est à la terrasse d'un café. J'ai parcouru le reste des archives, j'ai besoin de temps pour comprendre. J'en veux à ma grand-mère de ne pas nous avoir dit ce qu'il s'était passé. De ne pas avoir laissé une trace.

Cette sombre histoire de viol que je me suis inventée… Elle avait un geste de la main, une main fine et ridée, pour effacer ma curiosité et me faire taire. Ce sont des choses d'adultes, mais voilà, moi aussi j'ai fini par devenir un adulte.

Une vie passée au côté de cet homme. Un acte qui, sans doute, demandait du courage, pourquoi le garder pour soi ? Elle qui a connu l'enfermement, la guerre, la honte, la destruction systématique de son humanité et de son identité, j'espère qu'elle a aussi connu quelques années de paix.

J'ai hâte d'en parler à Hanna, il est temps que j'arrête de fouiller. J'ai créé des ponts entre les époques, il faut fixer demain, maintenant. Heureusement, ce que ma grand-mère a vécu, plus personne ne devrait le vivre. En tout cas, c'est ce qu'on nous raconte.

Ludwig me sourit.

Il tire sur sa chaussette droite.

Je lui rends son ordinateur. Nous comprenons tous les deux que ça ne sert à rien de parler de ce que j'ai trouvé.

Des enfants courent dans tous les sens, inventant des jeux imaginaires pour passer le temps qui ne cesse de s'allonger.

« Laisse-moi te poser une question, qui a été le point de départ pour moi.

— Je t'écoute. » Il se cale confortablement au fond d'une chaise en plastique abandonnée.

« Quel a été le legs du Sud-Ouest africain ?

— Hum…

— J'ai commencé à y répondre en Allemagne, avant de laisser tomber. En revenant, après avoir vécu en Europe, je ne pouvais plus l'ignorer. Tout ce qu'on m'avait appris là-bas, je trouvais des résonances avec l'histoire de mon pays. Le vingtième siècle ne commence pas en 1914. Il faut remonter dix ans en arrière, en 1904, puis remonter encore. On pourrait y trouver un semblant de réponse. La Grande Guerre a été un laboratoire géant, on s'y est interrogés sur la manière de réduire à néant des populations, sur la manière scientifique de le faire, c'est ce qu'on a retenu, jetant un voile sur ce qu'il s'est passé avant. Mais la colonisation et ses méthodes militaires ont été un terreau pour faire pousser ces idées. La brutalité, les moyens invoqués, qui ont scandalisé car ils avaient lieu sur le sol européen, ne sont pas nés par hasard. »

Un instant passe.

Je décroche.

Ludwig coupe son enregistreur. Je vois ses lèvres fendues par le froid européen. Il remet sa mèche en place, qui lui tombe sur les yeux.

Je pense à la différence d'âge entre ma grand-mère et ce soldat. Je viens de faire un calcul approximatif – ma grand-mère fait partie de ces personnes dont on ignore la date exacte de naissance. Il y a quelque chose de malsain, et de rassurant aussi, des années à se fréquenter avant de passer à l'acte. Je n'arrive pas à imaginer cette vie à deux, ce quotidien qui s'installe, ces discussions où aucun sujet profond ne peut être abordé.

« Je suis d'accord avec tout ça, mais… tu as des exemples ? »

Des exemples, j'en ai plein. Des exemples, il n'y a que ça.

34.

Windhuk, juin 1904

Le général Lothar von Trotha était un homme d'une autre espèce. Si Guillaume II avait choisi de l'envoyer régler le cas du Sud-Ouest africain, c'est qu'ils avaient des visions communes. Question de moralité. Von Trotha était une légende au sein de l'armée du Reich. Il avait eu l'occasion de briller à de nombreuses reprises et d'exposer ses manières de faire.

Plus jeune, il avait participé aux guerres austro-prussienne et franco-prussienne. Son courage avait été récompensé par une croix de fer. Lorsque Guillaume II était arrivé au pouvoir, il avait suivi la carrière de ce militaire, qui montrait une appétence au combat et qui ne redoutait pas les postes à l'étranger.

Nommé commandant des forces coloniales en Afrique de l'Est allemande, von Trotha exerça une répression sanglante contre les rebelles africains en 1894. La violence dont il y fit preuve ne fut qu'un échantillon de ce qu'il infligea ensuite à ses ennemis lors de la révolte des Boxers, en Chine. Il se targuait d'avoir fait couler des rivières de sang.

C'est cet homme d'expérience qui fut nommé en mai 1904 commandant en chef du Sud-Ouest africain et qui fut envoyé pour résoudre le cas herero.

C'est cet homme-là qui arriva à Windhuk en juin pour prendre la tête de l'armée.

Tôt le matin, les soldats avaient été regroupés dans la cour. La rumeur n'en était plus une, Leutwein avait fait son temps. Une malédiction ? Tous les commandants en poste repartaient désavoués par l'armée et par les colons. Mauvais présage pour l'avenir. La colonie était déjà passée par tant d'épreuves.

Jakob se tenait entre les soldats. Le dos droit, une posture adoptée dès son enfance, lors d'exercices avec son père. Une barbe fine avait poussé sur ses joues. Quelques rides sur son front. À certains endroits, des cheveux blancs se mêlaient à ses mèches blondes. Il ne se sentait pas vieux, mais le temps faisait son effet.

Le général n'avait rien de commun avec un soldat comme lui, pensa-t-il lorsqu'il le vit passer à sa hauteur. Le poitrail décoré de médailles, il avait adopté l'uniforme de l'armée coloniale et portait ce chapeau à bord relevé du côté droit.

Quelque chose de grandiose ressortait de ce petit homme, quelque chose d'officiel.

Avec son arrivée, le Sud-Ouest africain ne serait plus jamais pareil.

Fini l'excentricité du monde inconnu.

Von Trotha passa ses hommes en revue. Des rangées d'enfants en costumes de guerre. Leurs longues bottes cirées. Leurs fusils. Des milliers d'autres étaient en route. L'armée du Reich traversait les mers pour venir affronter les hommes noirs et les hommes rouges. Le Kaiser n'allait pas se laisser humilier.

Le général portait la guerre en lui. Il n'était pas venu négocier. Loin de là. Leutwein était un faible et ses idées ne valaient rien. Parlementer avec un tel ennemi était une honte. Et il n'était pas prêt à se laisser insulter.

Redorer le blason, si on peut dire.

Cette guerre, c'est l'affaire de quelques jours, estimait-il. Avec son dédain pour les peuples indigènes, il avait tout de suite méprisé Maharero et les autres. Il connaissait les Africains, il savait leur technique de guerre, et cela ne lui faisait pas peur. Il n'était pas raciste comme les colons, son dégoût était plus profond. Il pouvait souffrir la vue d'un Noir, le mal était d'un autre genre. Jamais il n'en aurait battu ou violé un, il voulait le rendre inexistant, le priver de son essence même.

Dans la soirée, il fut reçu par Leutwein. Il se montra très sec à l'égard du gouverneur. « Le Reich vous remercie pour vos actions passées, mais vous devez passer la main.

— Que va-t-il arriver ?

— Je déclare l'état de guerre. Ces Hereros ne vont pas faire long feu, croyez-moi.

— Vous savez que je suis en négociation avec eux, ils sont sur le point d'accepter ma paix.

— La paix ?

— Je leur ai accordé ma clémence.

— Votre clémence ?

— Il faut négocier, j'en suis convaincu. Nous avons besoin de ces hommes.

— Le Reich vous remercie, Gouverneur, mais vous êtes dépassé. Vous vous obstinez à chercher la paix quand c'est la guerre qui va tout résoudre.

— Croyez-moi, j'ai l'expérience du Sud-Ouest africain.

— Regardez où vous a mené votre expérience. Je connais assez de tribus en Afrique. Elles se ressemblent toutes, elles ne cèdent que par la force. Or, ma politique a toujours été d'exercer celle-ci par le terrorisme brutal, voire par la cruauté. J'anéantis les tribus insurgées dans des flots de sang et des flots d'argent. C'est la seule semence pour faire pousser quelque chose de stable.

— Vous allez anéantir cette colonie, voilà tout.

— Vous avis ne m'intéresse pas. Vous assurerez dorénavant la transition des pouvoirs. Et soyez sans crainte, je n'aurai pas à être trop cruel envers ces Hereros. Ils seront vite défaits. »

Leutwein fut frappé par de telles paroles. Il avait tout dédié à cette terre et voilà qu'on le remerciait. Il passait la main, comme von François l'avait fait auparavant, et cela commençait par laisser son bureau au nouveau général, qui se montrait à la hauteur de sa réputation. Avant qu'il ne sorte, von Trotha dit une dernière chose.

« Vous savez, en Allemagne, ils me soutiennent. Le Kaiser, le chancelier von Bülow, tous. Enfin une bonne guerre ! pense le Reich. L'opinion publique est derrière moi. Cette guerre que nous n'avons pas provoquée, je vais la finir à ma manière. »

Il posa son regard sur Leutwein, qui se sentit mis à nu. Il frémit, désireux de quitter cet endroit, redoutant les événements à venir.

« J'espère que vous savez ce que vous faites », murmura-t-il en sortant tandis que von Trotha posait devant un miroir. Ses sourcils noirs et broussailleux étaient à l'image de sa moustache, épaisse, tandis que ses cheveux, rares sur le dessus, étaient blancs, presque transparents. Cette différence de couleurs lui donnait un air étrange, une vieille légende, un démon endormi. Il plissa les yeux, essayant de se rendre plus intimidant encore.

Malgré son expérience au combat, von Trotha n'arriva pas à défaire les Hereros comme il l'avait espéré. Leur mobilité et leur vivacité l'empêchaient d'attaquer en force.

Les Hereros étaient sur plusieurs fronts, ce qui ne facilitait pas les opérations. Le général aimait attaquer ses ennemis de face, les écraser sur un terrain dégagé, pas mener des embuscades. Jour après jour, il se prenait des rebuffades ; il dut l'avouer, ils étaient plus habiles qu'il ne l'avait imaginé. Bien qu'il connaisse l'Afrique, il ignorait tout du Sud-Ouest africain.

Avec lui, étaient arrivés des armes et des hommes, mais il commençait à douter de sa suprématie. Chaque jour, des soldats venaient lui faire part des pertes humaines. Des Allemands mouraient sous les lances hereros, il devait y mettre un terme. Leutwein lui avait raconté que ce peuple comptait au moins 80 000 individus, il avait besoin d'un effectif plus important.

Berlin le soutenait à cent pour cent, c'est pourquoi il envoya un télégramme en urgence : « Aie besoin de plus d'armes et d'hommes. L.V.T. » Dès le message reçu, l'armée organisa de nombreux voyages. Elle était allée trop loin pour faire marche arrière. Des bateaux entiers de vivres, d'armes, de canons, de chevaux, d'hommes. Plus question de balbutiements. 10 000 soldats rejoignaient le général. Von Trotha voulait aller vite, et il l'avait dit, la cruauté est la manière la plus adéquate pour vaincre ses ennemis.

Cette matinée-là, ce fut au tour de Jakob de lui faire un compte-rendu. Depuis le soulèvement herero et sa promotion, il occupait une place importante à Windhuk et toutes les nouvelles transitaient par lui. Il avait pris le rôle de Pavlov.

« Général !

— Entrez.

— Voilà vos rapports.

— Nous avons perdu des hommes ?

— Quatre. Des soldats qui se battaient près d'Okahandja.

— Et la situation générale ?

— Les places fortes résistent, les Hereros n'ont pu rentrer dans aucune de nos villes, en revanche, il y a de nombreuses pertes dans les fermes. Certains refusent d'abandonner leurs terres. La nuit dernière, il y a eu un assaut chez M. Blumfield. Ils se sont battus jusqu'au petit matin, mais ils sont morts. Un carnage, à ce qu'il paraît. En revanche, ils laissent à chaque fois partir les femmes et les enfants.

— Hum… Les femmes et les enfants, vous dites ? » Jakob était mal à l'aise avec von Trotha. Il se sentait écrasé. D'habitude, les hommes avaient un certain recul quand ils étaient avec lui. Sa cicatrice les émouvait, Leutwein, von François, même chez Pavlov il avait ressenti ça, mais avec ce général, aucune pitié, aucune gêne, il le regardait dans le blanc des yeux, se moquant du reste, désireux d'être simplement écouté et compris. C'est rare de rencontrer une personne qui dégage aussi peu de sentiments. Jakob pensa qu'il avait dû tuer tellement d'hommes dans sa vie, pas forcément de ses mains, mais par les ordres qu'il avait donnés. Il s'était arrogé les pleins pouvoirs sur cette planète.

« Et la progression des Hereros », reprit von Trotha en lissant sa moustache. Jakob sortit une carte et illustra ses propos.

« Il y a plusieurs groupes vers Okahandja et autour de Windhuk, mais la majeure partie s'est regroupée avec leur chef Samuel Maharero, dans le Waterberg. Hamakari comme ils disent.

— Comme ils disent ? Ma foi, jeune homme, vous délirez. Qu'y a-t-il là-bas ?

— Des roches, et un désert pas loin.

— Ah, et comment l'appellent-ils ?

— Omaheke… », dit Jakob un demi-sourire aux lèvres.

Von Trotha se dandina sur sa chaise. Il avait l'air de souffrir, comme si on avait planté des clous sous son arrière-train. Alors que Jakob reprit, il se leva et arpenta le bureau.

« Ils se regroupent tous, vous dites ?

— Une grande partie. Je pense qu'ils attendent des nouvelles de Leutwein. Il était en train de négocier avec eux avant que vous n'arriviez.

— C'est parfait. Nous les attaquerons là.

— Qu… Quoi ?

— Bientôt, des soldats et du matériel arriveront. Ils plongent vers leur mort, ces Hereros. D'ici deux mois, nous serons en mesure de les anéantir.

Je veux que les hommes disponibles favorisent leur arrivée sur ce plateau du Wa…

— Waterberg.

— C'est ça. C'est là qu'ils iront mourir ces sauvages. » Dès qu'il parlait de mort, le visage de von Trotha s'éclairait d'une manière hideuse. Cet homme est né pour détruire, pensa Jakob, rien de bon ne peut en sortir.

« Si vous en avez fini avec moi, général.

— Oui… » Jakob s'éloignait quand il le rappela. « Attendez ! Ackermann, c'est bien ça ? Jakob acquiesça. J'ai des nouvelles pour vous. Des nouvelles d'Arthur Heinz.

— Arthur…

— Vous avez combattu ensemble, je crois. » Jakob ne pensait pas avoir de ses nouvelles un jour, il avait imaginé des tas de choses, il allait enfin savoir.

« Il est… il est toujours en vie ?

— En vie, bien sûr. Pourquoi voudriez-vous qu'il ne le soit plus ?

— C'est qu'il était très malade en partant.

— Il a été soigné à Berlin. Je me rappelle qu'il est resté à l'hôpital quelques mois.

— Et comment va-t-il ?

— Il s'est marié, il est père d'une petite fille. C'est un bon garçon, mais si faible. Sa famille est fière de lui, quoi d'autre ? mais il est loin d'être digne de son nom. » Jakob était heureux d'entendre ça, il s'en était sorti, avait recommencé une vie. « Cette carrière qu'il a choisie. Je connais bien son père, figurez-vous, et un tel homme ne peut être satisfait si son fils décide de commercer avec l'Afrique. Il importe je ne sais quels produits, de l'ivoire du Congo, des minerais de Rhodésie…

— Vous a-t-il remis quelque chose pour moi ?

— Rien, il semblait surpris que vous soyez encore ici. Il vous pensait mort, ou disparu, si vous voulez tout savoir. Il a été heureux d'apprendre le contraire. »

Jakob l'imaginait chez lui, habillé à la dernière mode, il devait avoir pris de l'embonpoint, il voyait sa femme, une jolie blonde, qui s'appellerait Charlotte, oui, c'est ça, Charlotte. Arthur, c'était un autre monde, un monde que Jakob ne connaîtrait jamais. C'étaient des soirées au coin du feu, un bon dîner sur une table quand il neige dehors, une ombre réconfortante dans son dos, les bras ouverts d'une enfant.

Un sourire niais s'afficha sur son visage.

Von Trotha s'appuya sur son bureau. Ça le reprenait. Depuis sa jeunesse, il en souffrait et ses voyages n'avaient fait qu'aggraver la chose. Il était resté assis toute la nuit, à méditer son plan, il en payait les conséquences.

« Sortez maintenant ! » cria-t-il à Jakob.

Von Trotha retenait son souffle.

Jakob le dévisagea sans comprendre, puis s'exécuta. Quand un tel homme vous donnait un ordre, on ne le discutait pas. Il pensait s'éterniser un peu, en savoir plus sur Arthur, mais non.

Alors qu'il agrippait la poignée, il entendit un pet énorme, gaz violent qui sortit des entrailles du général. Un cri de douleur l'accompagna.

Sans ce cri, il aurait explosé de rire, seulement, ça sonnait atrocement.

Jakob hésita, se demandant s'il devait se retourner ou faire comme si de rien n'était ; il préféra sortir, laissant von Trotha seul avec sa thrombose hémorroïdaire et son froc maculé de sang.

35.

Waterberg, 11 août 1904

Les Hereros se reposaient de ces derniers mois. Leurs revendications avaient été entendues par Leutwein, pensaient-ils, et la guerre touchait à sa fin.

Maharero était celui qui les avait délivrés. Des dizaines de milliers d'entre eux s'étaient regroupés, savourant cette liberté, remerciant le dieu qu'ils avaient adopté. Bientôt, ils récupéreraient leurs biens, ils en étaient convaincus. Assez de se faire escroquer, de se faire rabaisser, piller, violer, abuser.

Ils avaient eu raison de se soulever.

Sur des kilomètres carrés, ils avaient construit des huttes, organisant la vie autour des quelques points d'eau. Plus à l'est, s'étendait le désert. Là, ce n'était que désolation, aucun refuge, rien. Une platitude désarmante faite de savane brûlée et de sable rouge.

Parfois, ils voyaient des Allemands approcher, petits groupes essayant de passer inaperçus, mais ils ne s'en inquiétaient pas trop. Le combat avait déjà eu lieu, c'était de l'histoire ancienne. À aucun moment, ils n'imaginèrent l'arrivée d'un homme comme Lothar von Trotha.

L'État-major avait accordé au général de quoi mener une bonne guerre. Depuis des semaines, il faisait marcher soldats, chevaux, canons vers le plateau du Waterberg, dans le calme et la discrétion. Quelques éclaireurs aux avant-postes, les autres derrière. Le chemin était clair, dégagé. Au loin, des montagnes se jetaient en l'air. Von Trotha ne connaissait pas ce plateau rocailleux, une table découpée par un dieu. Dans ce pays sec, cet endroit était considéré comme une oasis.

Il avait constitué deux régiments, avec chacun trois bataillons. Son idée était simple. *J'attaquerai l'ennemi avec tous mes régiments à la fois, afin de l'anéantir.* Lui dirigerait le gros de la troupe quand les autres se disperseraient sur les côtés, pour une attaque sur tous les flancs. Il voulait encercler les Hereros, qui s'étaient regroupés un peu en hauteur, à l'extrémité est du plateau, afin de les annihiler dans leur totalité. Jakob avait été affecté au deuxième bataillon, dirigé par le major von der Heyde.

La nuit précédant la bataille, un détachement de trente-huit hommes installa, au sommet d'une falaise opposée, un héliographe.

Deux mois après son arrivée, von Trotha était en mesure d'attaquer. Sur un promontoire, il regardait le plateau du Waterberg. Le soleil se levait derrière une crête, loin. Les couleurs étaient surprenantes, mais il n'était pas le genre à s'émouvoir de ces choses. Cachés dans les hautes herbes, des babouins et des phacochères se cherchaient. Le général savait que les Hereros étaient au moins 50 000.

Lui aussi avait des milliers d'hommes, et des canons.

La surprise, le nombre, la force, vaincront. D'ici la fin de la journée, il en était convaincu, les Hereros ne seraient plus qu'un souvenir. Souvenir insignifiant qu'on écrase du bout du pied. Von Trotha inspira une grande bouffée d'air et ordonna le début de l'attaque.

Le pays se figea. Un continent immobile qui retient son souffle, dans l'attente de voir ce qui va lui arriver. Le cliquetis des fusils, le soupir des hommes. Ces terres riches et fertiles changeaient de main.

Des bruits métalliques et animaux.

Derrière le major von der Heyde, Jakob était à cheval, pas motivé pour cette guerre. Il y avait quelque chose de malsain à être là. Face à lui, le camp des Hereros s'étendait à l'infini. Des tentes, des cahutes, des maisonnettes, des barrières faites de bois mort, des chèvres. Il se retourna et vit les siens, milliers de visages fermés, une main assurée sur une arme. Rien à voir avec l'innocence de son arrivée. Ces militaires savaient pour quoi ils étaient là, aucun doute.

Jakob s'étira sur ses étriers et frissonna.

Le premier obus partit. Il le vit s'élever dans le ciel, une courbe parfaite, un sifflement aigu. Impossible de prévoir où il allait tomber. Jakob se demanda si les Hereros l'avaient vu. D'abord un son, une incertitude. Et Maharero, que faisait-il ? Prévenait-il ses hommes, fuyait-il comme un lâche ? Était-il prêt à accueillir la mort ?

Tandis que l'obus retombait, le major leva son sabre et mit ses troupes en mouvement. Une série d'obus partit au moment où le premier touchait le sol. Bruit assourdissant. La plainte des machines.

La terre vola en éclats. Elle explosait dans tous les sens, éjectant ceux qui se trouvaient à proximité. C'est certain, il y avait eu des morts. Un écho terrifiant résonnait dans la nudité du paysage. Cette terre avait été créée pour que de tels hommes s'affrontent sans rien avoir d'autre qu'eux à détruire. Plus ils avançaient, plus Jakob sentait l'excitation des siens.

Les obus touchaient les cibles dans un cri strident. Le régiment de von der Heyde s'arrêta à quelques centaines de mètres. Jakob vit le général von Trotha avancer. Il semblait avoir pris feu, un soleil dément dans le désert.

La vie de Jakob allait changer ce soir. Il s'apprêtait à faire des choses dont il aurait honte, mais qu'il finirait par assumer, par trouver même normales. Son cheval hennit, sentant le danger. Il se souvint de Pavlov, de ses parents, d'Arthur. Des liens défaits les uns après les autres. Il n'avait jamais été aussi près du danger, à quelques minutes de la plus lourde bataille qui allait avoir lieu sur ces terres.

Une autre salve d'obus partit. Puis une autre.

Le major reçut l'ordre d'attaquer. L'héliographe avait parlé. Il lança son cheval et la troupe se mit au pas de course. Le ciel restait muet, n'interférant pas avec la vie des hommes. Jakob trouvait son rythme. Un fusil ne lui servirait à rien. Il sortit le sabre qu'il avait reçu avec son uniforme de lieutenant et accéléra la cadence. Il volait au-dessus des autres, il volait au-dessus de la terre, prêt à y laisser la vie si nécessaire.

Derrière, l'armée continuait à les pilonner de coups de canon. Encore et encore.

Jakob la vit, cette poussière qui recouvrait tout, comme si personne ne devait voir clairement. Un secret. Il était à vingt mètres. Il lâcha les brides et son cheval se mit au galop. Il fut le premier homme à pénétrer dans le campement. Son sabre toucha d'abord le crâne d'un jeune garçon. Jakob avait les yeux à demi fermés, il avançait, rentrant dans ce campement comme un couteau dans du beurre frais. Sur sa monture blanche, le bras tendu et fauchant ce qui se trouvait à proximité. À droite. À gauche. Aucune peur.

Un obus éclata près de lui, il ne le sentit pas. Il ne voyait ni n'entendait plus rien. Il faisait ce pourquoi il était né, ce pourquoi von François, Leutwein, von Trotha l'avaient embauché, il faisait ce que son père attendait de lui, ce que son empereur avait exigé, ce que Brunhilde lui avait demandé de ne plus faire. Un Herero, puis un autre, essayèrent de l'arrêter, mais il était plus fort. Il enlevait la vie, avec ce simple sabre.

Sur les autres fronts, les Allemands progressaient vite. Les Hereros se retrouvèrent encerclés. La confusion était totale. Les guerriers essayaient de se battre, mais à peine avaient-ils tué un Allemand qu'un autre surgissait derrière. Coupez un bras, et deux repoussent.

Maharero voulait se battre, mener ses hommes à la victoire, mais sa garde rapprochée l'obligea à fuir. Comme Jakob, il avait perdu sa lucidité, certain qu'en galvanisant les siens, des miracles pourraient avoir lieu. Il se trompait. Et ses hommes le savaient. Leur combat était perdu d'avance. Ils avaient réveillé un monstre, et personne ne viendrait à leur rescousse. Condamnés à être décimés sur leur propre sol.

Dès que les obus avaient explosé dans le campement, les hommes avaient juché Maharero sur un cheval et l'avaient lancé au galop vers le désert. Eux pouvaient mourir, mais l'espoir que le chef portait devait vivre. Maharero l'accepta, à regret.

Il était le visage de cette rébellion, et il serait plus utile vivant. Les martyrs ne servaient à rien.

Aucun des Hereros présents au cours du combat ne pensa qu'ils avaient une chance de gagner. Il suffisait de voir le regard de leurs ennemis. Ils jouissaient, enfonçant leurs lances dans la poitrine des femmes, piétinant le crâne des enfants, tirant dans le dos des hommes. Les guerriers aptes à se battre étaient tombés dans les premières minutes du combat. D'habitude organisés, c'était l'anarchie qui prévalait dans les rangs allemands. Chacun était galvanisé par la mort qui trônait autour et par l'absence de résistance. Le combat était presque trop simple.

Jakob se trouvait au milieu du campement, entouré de poussière, de cris, de lamentations.

Des voix se perdaient autour de lui.

Les hommes noirs fuyaient, gémissant. Des branches mortes emportées par une crue soudaine. Au-dessus d'eux, sifflaient les balles, les obus des canons creusaient dans la terre des trous béants ; jambes, bras, poitrines explosaient en un son sourd, ne laissant aucune chance à la vie de s'imposer. Ils l'apprenaient aujourd'hui, les Allemands étaient un ennemi terrible. Il était loin le temps des traités de protection et d'amitié.

Et les Hereros couraient, couraient, lâchant leurs armes, leurs bébés, leurs espoirs, ils couraient sans jamais tourner la tête, trébuchant sur des pierres, s'abîmant la plante des pieds, s'écroulant sur des termitières, de peur de voir l'ennemi fondre sur eux. Des dératés fuyant leur destin. Les branches des épineux étaient une douce caresse en comparaison.

Ils n'étaient pas humains ces soldats. Définitivement pas.

La machine von Trotha était en marche. Elle avait été rodée en Afrique de l'Est, puis en Chine, il accomplissait là son chef-d'œuvre, pervertissant toute une armée. Le sentiment de supériorité qui l'habitait lui aurait fait faire n'importe quoi. Sa nation était puissante, il en était le reflet. Il aurait défié les cieux si ça avait été nécessaire. La peur, il en était l'incarnation, c'est lui qui la distillait par touches dans ce monde. Il détruisait, encore et encore, ne laissant que des cendres sur son passage, des cendres pour reconstruire à son image. Cet homme était d'une cruauté que Jakob n'avait pas imaginée. En quelques semaines, il la leur avait transmise. Il avait influencé ces jeunes garçons, remplaçant le père, l'ami, la fiancée.

Du haut de son cheval, Jakob cherchait d'autres ennemis quand, d'un nuage de brume, un jeune Herero sortit en courant, une lance serrée dans ses mains.

Avant que la lance ne se plante dans le flanc de son cheval, Jakob eut le temps de croiser son regard. Le désarroi et l'incompréhension qu'il y vit le troublèrent. Il devint paralysé, comme s'il reprenait conscience de ce qu'il faisait, comme si la vie entrait à nouveau dans son corps.

Son cheval bascula dans un hennissement. Le Herero planta un peu plus sa lance. La force dont il faisait preuve n'avait rien d'humain. Jakob fit un vol plané de plusieurs mètres et atterrit sur le cadavre d'une femme, elle-même posée sur le cadavre d'une autre femme.

Le temps de reprendre ses esprits, le jeune Herero lui fonçait dessus, un couteau dentelé à la main. Jakob n'avait pas d'arme. Il cherchait du bout des doigts, en vain. Ce qu'il touchait, les corps encore chauds des sacrifiées. Son heure était venue. Il restait allongé, regardant, impuissant, ce jeune homme, qui devait avoir quinze ans, foncer sur lui, serrant une petite lame. Qu'est-ce qui amène un adolescent à ça ?

Jakob vit ce qu'ils avaient fait. Il imagina ce que ce jeune ressentait, mais il en était loin.

Après tout, la mort était son dû. Il le vit lever son bras, vit ses muscles se contracter, sauvage comme ce territoire, qui lui appartenait. Jakob était fier de mourir de la main d'un homme comme lui.

Alors qu'il fermait les yeux, un obus vint se placer entre eux. Parce qu'il était au sol, Jakob n'en ressentit presque aucun effet. Il fut soufflé, mais les corps des morts servirent de tapis. Quand il porta sa main à sa figure, il vit du sang couler au bout de ses doigts. Il lui sembla que ça venait de la cicatrice, ou d'ailleurs. En tout cas, il n'était pas mort. Alors qu'il rampait vers le trou laissé par l'obus, pour voir ce qui était arrivé à l'autre, il vit une forêt de jambes courir vers lui. Des centaines peut-être. Des jambes frêles, fines, poilues. Dans leur débâcle, les survivants cherchaient une issue, une échappatoire.

Jakob roula dans le trou et fit le mort. Il garda les yeux ouverts cette fois-ci. Il était las de tuer et il venait de survivre, ce qui lui avait donné la rage de résister. Le groupe passa sans le voir, sans prendre aucune attention à cet Allemand, étendu là, feignant la mort.

Quand ils eurent disparu, il se releva comme il put. Il épousseta son uniforme et se donna une série de gifles pour reprendre ses esprits. Sa montre affichait treize heures quarante. Il se souvint que la dernière fois qu'il y avait jeté un œil, il était un peu moins de neuf heures. Il se rendit compte qu'il faisait très chaud. Bien plus chaud que d'habitude.

Il n'avait aucune idée de la manière dont ses compatriotes se battaient. Bien, s'imaginait-il, mais il n'avait pas de vue d'ensemble et, dans ce bazar, impossible de repérer l'héliographe. La fumée commençait à se dissiper et dans le ciel, il ne vit plus aucun obus. Seul un halo doré. Peut-être avaient-ils déjà gagné. Il se mit à marcher, sans prendre le soin de s'armer. Le sens de l'orientation n'avait jamais été son fort, mais là, il était perdu. Il ne savait pas s'il avançait vers Omaheke ou vers les troupes restées en retrait. Son père lui avait appris à se débrouiller avec le cadran de sa montre, mais l'esprit retourné, il était bon à rien.

C'est là, au fur et à mesure de sa marche, qu'il réalisa l'ampleur des dégâts. Des centaines, non, des milliers de corps noirs s'amoncelaient dans tous les coins. Le plus grand charnier qu'il ait vu. Un monde affreusement moderne. Les tentes déchirées. Les maisons d'adobe au sol. Parfois, des trous où on repérait le reste des malheureux qui s'étaient trouvés là. Parfois, un uniforme allemand, mais principalement des Noirs, encore des Noirs, toujours des Noirs. Et l'odeur de soufre qui commençait à lui monter aux narines. Plus la fumée se dissipait, plus les corps se découvraient.

Jakob eut le sentiment d'être le seul survivant. Est-ce que son père avait vécu la même chose, en France ? Il n'en avait pas la moindre idée, mais il ne pouvait s'imaginer qu'il considérait que ça, c'était censé faire de lui un homme.

Et von Trotha ?

Si Leutwein le voyait, Jakob aurait eu honte. Et Pavlov. Il était parti au bon moment, celui-là. Dans un coin, un arbre avait pris feu et se consumait. La fumée noire. Comme un appel au secours, SOS lancé à celui qui le verra.

Sauf qu'il n'y avait personne.

Un bourdonnement commença dans son oreille. Rien d'insurmontable, mais quelque chose de gênant. Il tirait sur son lobe, comme pour faire sortir ce bruit. L'homme tel qu'il le connaissait n'avait aucune limite. À dix-neuf ans, il ne savait pas s'il aurait accepté cette mutation dans le Sud-Ouest africain s'il avait su qu'aujourd'hui il serait là, marchant au beau milieu de ce désastre. Il ne savait même pas s'il aurait accepté de venir au monde. Seulement, on ne lui avait pas posé la question. Jamais. Des ordres, encore des ordres. Il y était soumis depuis l'enfance.

Après avoir traversé tout le campement, il finit par arriver aux portes du désert. Les soldats s'y étaient réunis. Ils avaient le visage fier de celui qui a accompli son travail avec brio. Des gourdes d'eau passaient entre eux.

Jakob vit von Trotha se tortiller sur son cheval, ses hémorroïdes le démangeaient, c'était la seule tache à sa victoire, le seul hic qui l'empêchait d'être serein. Souvent, il passait la main sur ces boules qui sortaient de son cul, ces poches gonflées de sang. Un chirurgien l'avait opéré, mais ça revenait toujours. C'était son fardeau. Il avait appris à vivre avec, il avait appris à en chier, du sang, lui qui le faisait couler partout où il passait. Après tout, c'était comme une image qu'il acceptait. Là, il avait envie de se gratter, mais il ne pouvait pas, pas au milieu de ses hommes. La mâchoire en avant, une petite jumelle dans la main, il regardait vers le désert.

« Tiens, lieutenant, toujours debout ? » dit le major von der Heyde qui ne s'attendait pas à voir Jakob revenir. Il avait été surpris de le voir se jeter à toute allure dans la bataille.

Jakob lui fit un signe de tête. D'autres lui tapèrent sur l'épaule.

Chaque soldat jetait des coups d'œil, pour être sûr qu'il n'y avait plus d'ennemis, agrippant toujours leurs armes. Ce soir, ils dormiraient avec leurs fusils. Jakob se rapprocha de von Trotha, écoutant ses propos. L'assaut avait duré toute la journée.

« Vous avez une idée des chiffres ?

— Non, mon général. On estime que plusieurs milliers sont morts. »

À entendre ce nombre, Jakob eut un haut-le-cœur. Si peu de temps et autant de morts. Y avait-il un moyen de revenir en arrière ? Et dans ceux-là, combien avaient été tués par son sabre ? 10, 100, 1 000 ? Von Trotha, lui, sembla déçu.

« Vous m'aviez dit qu'ils étaient 50 000, non ?

— C'est exact.

— Alors, nous n'avons pas fini. »

Jakob avait envie de tout, sauf d'écouter ce genre de délire. Face à lui, le désert. La terre était ocre, les arbres disparaissaient au fur et à mesure pour ne laisser la vie qu'à quelques touffes d'herbe sèche, et des dunes comme des vaguelettes. Pas une issue de secours. L'horizon. Et loin, très loin, le Bechuanaland anglais, à des centaines de kilomètres. Le général avait fait son travail. Il avait repoussé les survivants vers cet endroit inhospitalier, où ils allaient à coup sûr à la rencontre de leur mort.

Jakob aperçut quelques silhouettes courir aussi vite qu'elles le pouvaient, fuyant le diable et ses généraux. Elles allaient pieds nus, sans ressentir leurs corps qui leur ordonnaient de s'arrêter. La peur est un puissant moteur. Il était impensable pour eux de les poursuivre, mais von Trotha n'avait pas dit son dernier mot. Il voulait une extermination totale. Pour le général, c'était une erreur d'avoir laissé ce flanc ouvert. Même si le désert aurait certainement raison d'eux, ce n'est pas de cette manière que la victoire était complète.

Jakob se hissa sur un rocher. Il balança ses jambes dans le vide et but d'une traite le contenu de la gourde qu'il s'était fait remettre. Son front saignait encore. Avec la lame de son couteau, il regarda les dégâts sur son visage.

Du sang séché sur toute la figure, un petit puits sur son front qui pissait, et cette cicatrice, plus rouge que jamais. De son oreille, sortait aussi un peu de sang. Il y mit un doigt, l'agita. Il lui paraissait entendre moins bien, sans doute à cause de l'explosion.

Et ce bourdonnement qui ne l'avait pas quitté.

À quelques pas, von Trotha mettait en place son futur plan. La moitié des Hereros avait peut-être survécu, ce qui n'était pas acceptable. Il voulait trouver des responsables. Dès demain, il agirait. Pas question de laisser du repos à ces hommes.

Les soldats étaient exténués, mais von Trotha ordonna qu'on aille brûler les corps des ennemis et qu'on enterre les leurs. Il voulait un relevé exact du nombre de pertes qu'ils avaient subies. Les blessés, eux, furent pris en charge par les infirmiers. Une tente avait été montée, mais le général n'avait aucun intérêt pour eux.

Le soir venu, Jakob avait toujours mal à l'oreille et le bourdonnement s'était changé en un sifflement aigu. Il se mit à l'écart des soldats, il n'avait aucun ami là-dedans. Il était le plus expérimenté sur cette terre, mais aussi le plus seul.

Il retourna à son promontoire.

Le soleil se couchait sur l'horizon, disque parfait, énorme, cinq fois plus gros qu'en Allemagne. Là, dans ce paysage incroyable, il avait encore assez de conscience pour s'en rendre compte, presque trop beau pour être vrai, étaient en train de fuir 20 000 Hereros qu'il avait participé à chasser. C'était comme ça. C'était la guerre. Même s'il le désapprouvait, il n'était pas en position de se poser des questions ou d'avoir des regrets.

36.

Okahandja, janvier 2004

Le jour faiblit. Une lumière crue éclaire la scène qui a l'air branlante.

L'ambassadeur d'Allemagne en Namibie s'apprête à parler. Il s'éclaircit la voix. Sort ses notes. Il est temps de savoir. C'est une victoire pour certains, la première fois, de manière officielle, qu'un Allemand assiste à une telle cérémonie.

Généralement, ce pèlerinage a lieu en août, pour commémorer ce mois fatidique de 1904, mais la date a été avancée à janvier, au début de la saison des pluies.

Pour moi, ce discours est la pierre angulaire de la journée.

La symbolique de cette image, l'Allemand sur une scène devant un parterre noir. La télé locale est là, les voyants se sont allumés, prêts à figer ce moment. Un camion benne s'arrête à l'entrée de la ville, stoppé par les gants blancs de l'agent de police.

Ses freins stridents parviennent jusqu'à nous.

Il parlera en anglais. Son accent prononcé.

Les descendants hereros ! c'est à eux qu'il s'adresse. Il refait l'histoire, collant assez aux faits, mais diminuant leur portée. Il voit à travers un prisme.

Ludwig me donne un coup de coude et d'un geste du menton me dit C'est pas Hanna là-bas ?

Je plisse les yeux.

Si. Reste là, je reviens.

En m'avançant vers elle, j'ai une soudaine appréhension. Elle est entourée de jeunes gens que je devine, des anarchistes qui mélangent tous les combats. Je ne peux imaginer qu'elle soit venue avec eux. Ce doit être une erreur. Hanna.

Elle ne m'entend pas. L'un d'eux essaie de m'arrêter.

Hanna !

Quand elle se retourne, elle me sourit. Un type lui glisse un mot à l'oreille. J'en ai repéré une dizaine dans la foule, qui s'infiltrent par tous les côtés. Je ne sais pas ce qu'ils ont en tête ni ce que ma femme fait avec eux. Avec ces *insoumis* comme ils s'appellent eux-mêmes.

À l'entrée de Katutura, il y a des abris recouverts de sacs poubelles qui traînent au bord de la route. Une vingtaine d'individus s'y sont réunis. Malgré leur pauvreté, ils n'ont rien à part ce qu'ils portent sur le dos, ils sont soutenus par certains mouvements qui les envoient faire quelques coups d'éclat pour déstabiliser le pays.

Le gouvernement a essayé de les intégrer, ils ont été employés municipaux, étudiants, jardiniers, policiers – ça a été un désastre, merci à celui qui a refusé de leur donner une arme. La seule chose qu'ils veulent c'est être riches en ne faisant rien. Leur condition les excuse, selon eux, de tout effort, si bien que le gouvernement les a laissés tomber avant que d'autres les utilisent.

J'ai de la peine pour eux, et du mépris, car ils ont réussi à occuper l'espace public et crachent leurs idées à travers le poste de télévision, ce qui incite des milliers de jeunes à ne rien faire et à attendre que les autres paient pour eux. Car plus ils font de bruit plus on leur donne de l'importance pour les faire taire.

Parfois, des gamins de bonne famille hurlent avec fierté Je suis un insoumis, n'ayant aucune idée du sens de ces paroles, mais y voyant un acte de bravoure. Les chevaliers ont changé d'allure.

J'agrippe Hanna et l'emmène à l'écart.

« Qu'est-ce que tu fais là, bon sang ?

— Tu me fais mal. Qu'est-ce qui te prend ? Je t'ai dit que j'allais venir.

— Avec eux ? Je tends un doigt dans leur direction.

— Je ne te comprends pas. »

Dans son souci de justice, elle ne se rend pas compte qu'on l'utilise. Un court instant, je l'ai imaginée terroriste, activiste, ou je ne sais quoi. Il me suffit de voir ce regard pour comprendre que c'est tellement plus simple.

« Hanna…

— Quoi ?

— Tu es si naïve. »

Les jeunes se font un signe et envahissent la scène.

On entend des hurlements. Rien de violent, juste de quoi installer une légère panique.

Hanna n'est pas certaine de ce qu'elle voit. J'ai du mal à croire qu'elle se soit fait embarquer là-dedans, dans un mouvement contestataire puéril, à des kilomètres de ce qu'elle veut défendre.

Le service de sécurité est dépassé. Il court, s'excite, s'essouffle. L'ambassadeur est mis à l'abri. C'est exagéré, ils ne feront de mal à personne, ce sont des débutants qui finiront en prison quelques jours.

La télévision filme.

J'aperçois Ludwig, stoïque, il hausse les épaules en m'envoyant un regard.

Les jeunes sont maîtrisés un à un.

Une certaine colère monte en moi. Toute la journée, on a attendu cette allocution et voilà qu'ils viennent tout gâcher. Je vois l'air perdu d'Hanna, mais ça n'excuse rien.

« À quoi tu pensais ?

— Je… écoute, je ne comprends pas. Il n'a jamais été question de ça.

— Ce sont eux tes nouveaux amis ? Qu'est-ce qu'ils t'ont dit au juste ?

— Qu'ils défendaient le peuple herero, qu'ils faisaient un devoir d'histoire. Tu dois me croire. »

Un devoir d'histoire. Je l'imagine avec eux, assis sur l'herbe, refaisant un monde qu'elle n'a jamais connu mais qu'elle croit connaître. Comment en est-on arrivé là ?

« Ces gens-là se moquent de la cause herero. Ils t'utilisent.

— De quoi parles-tu ? Ils m'ont fait signer des pétitions, ils ont déposé des plaintes pour le retour des crânes. On en parle depuis des mois. Ils devaient la présenter aujourd'hui. » Elle me raconte ces trois cents crânes répartis entre l'Hôpital de la Charité à Berlin et l'université de Fribourg, comme si je l'ignorais.

« Je sais, Hanna. Je sais tout, d'accord. Mais il n'est pas question de ça avec eux. Ils veulent faire valoir leurs propres droits, c'est tout. Je suis fier que tu t'investisses, mais tu ne peux pas t'impliquer de cette manière.

— Je t'ai dit que je n'en savais rien.

— Tu es une proie facile. Une Européenne, éduquée…

— Arrête avec ça, je suis une grande fille. Au moins, ces jeunes, ils essaient. Ces peuples qu'on oublie, ils ont droit à plus.

— Ah oui, et à quoi ? À toi ? » Elle me regarde comme un étranger, le poids de ses yeux est lourd. « Je te rappelle que c'est vous qui avez fait tout ça, qu'est-ce que tu essaies de prouver ? »

Elle me gifle. Pour la première fois, elle a honte de moi.

Sa main sur ma joue, c'est douloureux.

Toutes ces années, je l'ai imaginée si forte, comme elle l'était à Munich, mais elle est perdue et se laisse avoir par le premier venu. Je pensais qu'elle n'avait besoin de personne, qu'elle trouverait toujours son chemin, mais c'était un moyen pour moi de ne pas faire trop d'efforts. J'ai commis une erreur.

« Excuse-moi… Je n'aurais jamais dû dire ça. »

Elle veut pleurer, seulement, qu'y a-t-il dans ces larmes ?

« Je pensais que tu me soutenais.

— C'est le cas.

— Non. Ce n'est pas toujours facile pour moi.

— Je me suis trompé. J'ai été surpris. » J'aimerais me racheter, mais comment ? effacer cette gêne et l'enlacer. C'est elle qui a tout fait pour nous. Je le comprends avec un temps de retard. « Ne m'en veux pas, je t'en prie. » J'ai cru que ses sentiments envers moi étaient acquis. Que ce passé excuserait mes faiblesses de mari.

« Je pensais que ma présence nous rapprocherait. Tu te souviens quand on a appris que ton pays était libre ? »

Je sais exactement ce qu'elle veut dire. Cet intérêt soudain pour la Namibie qui était en fait un intérêt pour moi. Quand on est venus vivre ici, elle s'est battue pour l'égalité, elle s'est engagée pour améliorer la qualité de vie des enfants, s'est intéressée à ce qui restait de ces années de domination blanche, ça la mettait hors d'elle, comme une personne étrangère peut l'être, mais il y avait autre chose. Je n'ai pas saisi que comme moi, des années auparavant, elle venait de perdre ses repères. Chaque geste était à réapprendre, nous sommes si proches alors que nous avons voulu être si différents.

Prendre du temps pour se réinventer.

Plus tard, je lui raconterai ce que j'ai découvert dans les archives.

Un pétard éclate, ce qui fait sursauter tout le monde.

« Ah ! vous voilà. On peut dire que c'est animé chez vous. »

Hanna passe un doigt sous son œil et lève la tête. Ludwig ! Ça fait longtemps.

37.

Kolmanskop, 2 février 1928

Des cris enthousiastes.

À quatre mètres sous la terre, les Ovambos, torse nu à cause de la chaleur, ont trouvé ce qu'ils cherchaient. Leurs yeux sont devenus experts à ce jeu-là.

Il les regarde s'agiter, se demandant pourquoi ils acceptent cette vie. Ils sont huit cents, s'ils s'organisaient, ils pourraient retourner l'ordre, mais c'est une chose qu'il a déjà vue avant. Les Blancs ont façonné l'Histoire comme ils le voulaient. C'est de cette manière que le monde marche ! affirment-ils. Pourquoi dirait-on le contraire ?

Le géologue descend avec prudence dans le trou.

Dans son costume blanc, il a une drôle d'allure, celle d'un homme inadapté à la situation, c'est pourtant lui qui décide des travaux. Comme superviseur, son travail est maintenant de faire remonter tous les Ovambos et de les tenir à l'écart de la mine, le temps que le géologue inspecte. Les Ovambos, c'est comme des chiens qui cherchent des truffes dans le sud de la France. Ils font tout le boulot mais n'ont pas le droit de goûter au plat.

Lui non plus mais au moins, il ne se casse pas le dos.

Ça prend du temps. Le jour est en train de tomber, il est plus de dix-huit heures, l'électricité n'a pas été installée jusque-là. À l'aide de sa lampe à huile, le géologue inspecte la pierre sous tous ses aspects, avant de lui sourire.

C'est bien un champ de diamants, là, sous leurs pieds.

Certains des hommes sont tellement blasés qu'ils ne ressentent plus aucun enthousiasme.

Ils savent qu'ils vont rester autour de ce trou des mois, à ratisser le moindre morceau de roche, à regarder absolument partout pour ne laisser qu'une terre stérile derrière eux.

Le géologue ressort comme il peut, époussetant sa veste.

On reviendra demain, il fait trop sombre, mais c'est prometteur.

Le petit train attend. Les hommes sont exténués. Ils pensent à leur dîner de ce soir. Ici, tout est compris, ils vous fournissent vingt litres d'eau par jour, une brique d'eau congelée à l'ammoniac, de la viande, des provisions pour la semaine, des médicaments. L'électricité parcourt toute la ville.

Équipés pour être autonomes.

L'eau douce arrive du Cap, plus de mille litres par bateau, si bien qu'ils ne manquent de rien. Certains meurent ici, ils restent des années au milieu de ces allées sableuses, sans jamais revoir le monde extérieur.

On n'est plus au Sud-Ouest africain, on est à Kolmanskop.

Il est tard, les outils restent au sol. On rangera demain, avec le temps, il a appris à laisser couler, parfois.

Au sommet des dunes, à cinq kilomètres, il voit les lumières de la ville briller. Il n'a pas envie de s'y rendre. Une fête s'y prépare, il le sait.

Alors, vous venez ? demande le géologue.

Allez-y, je rentrerai à pied.

Ce n'est pas la procédure, le géologue est perturbé, mais ce n'est pas à lui de décider.

Comme il voit son hésitation, il cherche à le rassurer. J'ai l'habitude de rester seul sur les chantiers. Le géologue finit par ordonner au conducteur du train de rejoindre la ville. Il a appris à se mêler de ses affaires et il sait que les hommes sont fouillés d'une manière si stricte qu'il ne va pas risquer de descendre seul et de voler les diamants. Puis, que fera-t-il d'un diamant brut, pas taillé ? Ce qu'il fera, lui, en son âme et conscience, c'est dire aux responsables que le superviseur est resté là-bas, seul. Oui, c'est ce qu'il fera. Et il oublie le long de ce chemin tranquille, pensant à sa femme qui l'attend.

Le ciel est en train de changer.

Aujourd'hui, il sait ce que signifient chaque nuage, chaque changement de direction du vent. Des choses qu'on apprend malgré soi. Sa peau est restée blanche, étrangement. Une vie passée sous ce soleil, mais il a gardé son air tendre.

Il s'approche du trou, regarde cette forêt brillante et se dit qu'il serait riche avec ça. Mais ça n'a plus d'importance. Il s'est perdu en elle, bien qu'il ne l'ait jamais revue

Le train est déjà loin, il le regarde serpenter au milieu des dunes. À cette heure, la nature est bruyante, l'autre jour, un homme s'est fait attaquer par une hyène, elles traînent par ici, attirées par la chair fraîche. Elles deviennent de plus en plus téméraires. L'homme s'en est sorti, mais il a peut-être été infecté.

Dans sa cuisse, il a vu les traces des crocs.

Ça le fait frémir un instant, les animaux, même si les plus dangereux ont été repoussés au nord, il ne les a jamais aimés. Ils marchent trop à l'instinct.

Il reste là, à regarder ce qu'il a aidé à créer.

Façonner ce pays.

Le vent souffle dans son dos.

Ses mains au fond de ses poches. Il est au bord du trou, attiré par le vide. Il se recule, décidé à rentrer, quand son pied bute sur quelque chose. En se retournant, il voit la pelle d'un ouvrier. Il sourit. Il se baisse pour la ramasser quand son pied arrière glisse sur la roche, devenue friable.

Il perd l'équilibre, tente de s'accrocher à cette pelle, comme si elle était une bouée de survie, mais c'est trop tard. La gravité entraîne son corps au fond du trou.

Il se cogne la mâchoire, puis la tempe, avant de dégringoler.

Ses mains cherchent une prise, il n'y a rien.

Il atterrit de tout son poids sur une pierre pointue. Sa cheville se tord, son genou vrille et son tibia jaillit de sa jambe. Il hurle.

Allongé, il digère le choc. Sa respiration est coupée. Le sang coule de sa jambe. C'est si con. Une simple chute de quatre mètres. On pourrait presque en rire.

Il se touche la tête, la mâchoire, il a l'impression qu'elle s'est déboîtée.

Il n'a pas encore vu l'état de sa jambe. Il se relève, prend appui, mais alors qu'il pose le pied, il s'écroule à nouveau. Il rampe jusqu'à la paroi et regarde son état. Son os. La douleur lui fait perdre connaissance quelques minutes.

À son réveil, il essaie de se hisser. Il transpire, pourtant il commence à avoir très froid.

Il cherche, l'échelle a été enlevée après le passage du géologue, afin que personne ne descende. Il est seul, il le sait. Le vent forcit. Sa voix se perd dans l'immensité.

Il va trouver un moyen de sortir, il va trouver.

38.

Waterberg, septembre à octobre 1904

Le lendemain de la bataille du Waterberg, von Trotha avait réuni ses officiers. Les Hereros devaient devenir de l'histoire ancienne, il était impensable qu'ils reviennent errer par ici. « Nous n'aurons gagné que lorsque nous les aurons tous exterminés », avait-il dit. La plupart des soldats étaient d'accord, galvanisés par leur exploit. Le général avait laissé des ordres précis. « Vous dresserez des postes sur toute la frontière avec le désert. Si les Hereros se montrent, tirez sans sommation. »

En plus de ces postes, von Trotha avait exigé que des barbelés soient construits sur plus de deux cents kilomètres. Puis il était reparti à Windhuk, faire un rapport au Reich.

L'empereur le soutenait, en revanche, le chancelier von Bülow commençait à se montrer critique quant à ses agissements. Pour le moment, le général était sous contrôle et la guerre avait été gagnée, mais il redoutait la suite des événements.

Dans le désert, les Hereros qui avaient survécu s'étaient rassemblés en petits groupes. Ils avaient été défaits et ils l'acceptaient. Ils devaient se faire discrets, attendre avant de revenir, sans armes. La liberté n'était plus envisageable, néanmoins, ils pensaient travailler à la solde des Allemands. Maharero n'était pas de cet avis. Il savait que c'était plus qu'une démonstration de force. Il savait que l'Allemagne venait de les bannir de leurs terres.

Accompagné de ses plus fidèles guerriers et de quelques femmes, il avait pris la fuite pour le Bechuanaland. Il n'y avait rien à faire, l'Afrique n'appartenait plus aux Africains, elle était aux Européens, qui avaient gagné le droit de vie et de mort en ce début de siècle. Là-bas, se disait-il, il pourrait organiser une contre-attaque. Cela prendrait du temps, mais tant qu'il y avait des survivants, l'espoir n'était pas perdu. Un instant, il imagina bénéficier de l'aide des Britanniques, eux aussi détestaient les Allemands, mais il dut s'avouer que ça n'arriverait pas. Une grande puissance n'allait pas en défier une autre pour la survie de quelques indigènes. Il devait être réaliste.

Jakob avait hérité d'une petite garnison, au pied des falaises du Waterberg. Avec lui, cinq hommes. Ils avaient été chargés de monter des barbelés sur une dizaine de kilomètres, jusqu'à une autre garnison. Triste paysage pour une triste époque.

Leur mission était simple, ennuyeuse, répétitive.

Jakob le savait, sans main-d'œuvre, ce pays allait droit dans le mur. Leutwein avait raison. Il n'y avait qu'à voir, les Allemands étaient paresseux, lents, ils rechignaient à faire des tâches physiques. Les soldats aimaient tuer, ça, aucun problème, ils en redemandaient même, mais construire des barrages, non. Jakob était le plus gradé, il était dispensé de creuser des trous et d'installer ces fils de fer. Dans sa jeunesse, il avait eu à faire des tâches ingrates, il trouvait donc ça normal. La majorité de ses journées, il les passait à scruter le désert, voir si leurs ennemis ne tentaient pas une percée. Avec une longue vue, il balayait l'horizon, apercevant parfois des ombres se détacher, mais ne reconnaissant rien. Les distractions étaient maigres, le temps très long.

Une mission à la con, se disait-il, mais il n'en était pas à une près. Les soldats avec qui il était le laissaient indifférents, ils n'étaient qu'un visage destiné à être oublié.

Leur garnison se trouvait à proximité d'un puits d'eau. Ils pouvaient boire quand ils le désiraient, par contre, la nourriture se faisait rare. Ils avaient encore un peu de viande séchée, rien d'autre. Il y avait tant de postes de contrôle qu'il arrivait que certains ne soient pas ravitaillés.

Le Reich, pourtant si organisé, laissait mourir de faim ses soldats.

À force de voir leurs provisions diminuer, les hommes qui accompagnaient Jakob commencèrent à être inquiets. L'un d'eux, qui avait débarqué il y a moins de deux mois, passait la moitié de ses journées allongé, ce qui ennuyait Jakob, mais il n'avait pas la force de s'en occuper.

À la tombée du jour, ils se réunirent autour du feu.

« Lieutenant, qu'est-ce que vous comptez faire ?

— On attend jusqu'à demain. Ils ne devraient plus tarder.

— Et s'ils ne viennent pas. S'ils nous ont oubliés.

— Ne parlez pas comme ça.

— Non, il dit vrai.

— S'ils ne viennent que dans un mois, on sera morts alors.

— Assez ! Nous sommes livrés à nous-mêmes et il n'est pas question de retourner à Windhuk pour si peu. À nous de nous débrouiller.

— Comment, lieutenant ? »

Jakob n'était pas le genre à se laisser aller à la panique. Quand on a vécu ce qu'il a vécu, on peut affronter la faim quelques jours. « Si demain matin personne n'est venu, alors nous agirons. Maintenant, allez vous coucher. C'est un ordre. »

Jakob se retira. L'insubordination pas loin, il devait agir. Gérer des hommes ne lui plaisait pas. Dans sa tente – les soldats en partageaient une à côté – il réfléchit à leur état. Le ravitaillement n'arriverait pas, il devait se débrouiller seul.

Aux premières lueurs de l'aube, il se leva. Son oreille bourdonnait. Il but une gorgée d'eau, qui le fit gonfler. Il n'avait plus le choix. Après s'être habillé, il vérifia ses armes. Deux fusils et un pistolet.

Quand il sortit, le soldat de garde était à moitié endormi au-dessus des restes d'un feu. Ça lui donna froid.

« Eh ! Debout », lui dit-il.

Celui-ci sursauta et se mit sur ses jambes comme il put.

« Désolé lieutenant, je…

— Ça va, allez vous reposer. Et dites aux autres de sortir. »

Trois minutes après, les soldats se tenaient en rang devant Jakob. Ils faisaient grise mine, mais c'est tout ce qu'il avait. Jakob sentit son pantalon lui tomber sur les hanches.

Il resserra sa ceinture d'un cran.

« J'ai besoin de l'un de vous. Les autres garderont le camp. Nous partons pour la journée.

— Où ça ?

— Il me faut un volontaire pour aller chasser. »

Les soldats se regardèrent en chiens de faïence. Aucun n'avait envie d'aller s'épuiser sur la trace d'un animal.

« Alors ? C'est vous hier, qui n'arrêtiez pas de vous plaindre. Je vous offre l'opportunité de prendre les choses en main. »

Le plus jeune finit par s'avancer. Jakob se demanda quel âge il pouvait avoir pour se retrouver là. Et lui, est-ce qu'il avait la même tête lorsqu'il était arrivé ?

Il ne s'en souvenait plus très bien.

« Nous partons maintenant. Équipez-vous. »

Les autres furent soulagés. Jakob s'en doutait, dès qu'ils auraient le dos tourné, ils iraient dormir. Mais pouvait-il leur en vouloir ? Ils avaient fait la même guerre. Ils crevaient tous de faim.

Ils se mirent en route. En posant la main sur une roche, Jakob la trouva humide, agréable, dans quelques heures, elle serait chaude à en faire cuire un œuf.

Le chemin à prendre n'était pas clair. Éviter le désert, rester à sa périphérie. Jakob connaissait bien le pays, mais ce coin-là, il n'y était pratiquement jamais allé. Repérer un point d'eau paraissait la meilleure des stratégies. Il s'essuya le nez d'un revers de main et accéléra la cadence. Il avait en vue un coin plus arboré, près des falaises. Il avait du mal à penser à autre chose qu'à la nourriture. Il voyait une table remplie – des gâteaux, de la choucroute, du porc à la pomme, toutes sortes de charcuterie, du fromage –, son esprit le torturait, mais il aimait ça. En fermant les yeux, il arrivait presque à sentir l'odeur de la cannelle ou de la viande grillée. Lorsqu'ils étaient au lac, en famille, ils devaient trouver leur propre nourriture. Ils avaient un petit potager, d'où sa mère tirait les fruits pour ses confitures, et une vaste forêt pour la chasse au cerf. C'est là que Jakob avait appris à tenir une arme.

Au milieu du petit bois, une nouvelle forme de vie s'étala sous leurs pas. Un enchevêtrement de branches, de buissons, de feuillages épais. Tout était plus dense.

« Lieutenant, regardez. Là ! »

Comme sorti de nulle part, un oryx était en train de les fixer, à quelques mètres. Jakob en avait vu dans le Namib, au milieu des dunes, mais il ignorait qu'il y en avait aussi ici.

Il se frotta les yeux. Visa.

Un coup de feu et il le toucha sur le flanc arrière. L'animal gémit et prit la fuite en boitant.

Ils revinrent à la tombée de la nuit. Avec des branches, ils avaient fabriqué un brancard. La bête devait peser dans les cent kilos. À leur arrivée, un feu brûlait au milieu des corps avachis.

Les hommes furent si excités qu'ils auraient pu manger la chair à même l'animal, mais l'un d'eux se saisit d'un couteau et commença le dépeçage.

Jakob était exténué, il s'affala au sol et regarda faire.

L'homme avait une main sûre, on pouvait se douter qu'il avait déjà fait ça. Du bout des doigts, il tâtonnait au niveau de la poitrine, à la base du cou. Il introduisit sa lame sans forcer, descendit le long du ventre, jusqu'à la jointure des pattes, le couteau effleurant à peine la peau. Il glissa sa main à l'intérieur, ressortit les intestins, les tripes, le foie encore chaud, qu'il déposa aux pieds des hommes. En temps normal, chacun aurait fait la grimace, mais là.

Le cadavre lâchait son sang. Ce n'était rien comparé à ce qu'ils avaient fait il y a quelques jours. La boucherie du Waterberg. Jakob découpa un bout du foie et le glissa dans sa bouche. C'était élastique, visqueux, mais ça faisait l'affaire.

En quelques minutes, l'homme avait enlevé la peau de l'animal. Il découpa une partie de la cuisse qu'il embrocha sur le sabre de Jakob et la mit au-dessus du feu. La graisse suintait déjà. Elle faisait des pschiiit en tombant dans les flammes.

Sur des pierres qu'ils avaient mis à chauffer, ils disposèrent des fines lamelles de viande. L'homme ne pouvait s'arrêter de découper. Alors que les autres mangeaient, trop heureux, lui coupait, le front trempé, en transe. Tout, jusqu'aux yeux de l'animal, y passa. Le manque qu'ils avaient connu le poussait à ne rien gaspiller.

Jakob engouffra un bout de viande qu'il avala sans mâcher et contempla, satisfait, la réserve de nourriture. Il valait mieux en cuire une grande partie ce soir.

Après, ils se mirent au lit, laissant le feu brûler mais ayant pris soin de protéger la nourriture. Personne ne fit de tour de garde, si les Hereros avaient été dans les alentours, il aurait été facile de leur couper la gorge dans leur sommeil et de les faire cuire comme ils l'avaient fait avec l'oryx.

Cette nuit-là, un sommeil de plomb pour chacun.

*

C'en est trop !

Von Trotha n'avait rien d'un homme patient et il n'était pas du genre à se perdre dans des mesures administratives.

Le 2 octobre 1904, date fatidique, désireux d'en finir une fois pour toutes, malgré les barbelés, les combats, le désert, décidé à éradiquer les Hereros de cette terre, le général fit passer à ses hommes et dans le pays un *Vernichtungsbefehl*, à savoir un ordre d'extermination proférant que :

> *Moi, le Grand général du puissant Kaiser, von Trotha, adresse cette lettre au peuple herero. Les Hereros ne sont dorénavant plus des sujets allemands. Ils ont tué, volé, coupé des nez, des oreilles, et d'autres parties de soldats blessés et maintenant, du fait de leur lâcheté, ils ne se battent plus.*
>
> *Je dis au peuple : quiconque nous livre un Herero recevra 1 000 marks. Celui qui me livrera Samuel Maharero recevra 5 000 marks.*

Tous les Hereros doivent quitter le pays. S'ils ne le font pas, ils seront contraints par les armes. Je les délogerai avec le groot Rohr, *mon grand canon... Tout Herero aperçu à l'intérieur des frontières allemandes, avec ou sans arme, avec ou sans bétail, sera abattu. Je n'accepte aucune femme ou enfant. Ils doivent partir ou mourir. Aucun prisonnier mâle ne sera pris. Ils seront fusillés.*

Telle est ma décision pour le peuple herero.

Tous les soldats reçurent cette missive. Jakob, après avoir lu ces mots, froissa le papier de colère. Le général n'avait aucune limite. Jakob était un peu naïf. Cet ordre d'extermination, von Trotha l'avait formulé dès son arrivée, sauf que cette fois-ci, il avait mis un nom dessus.

Et ces récompenses. Quoi de mieux pour motiver des hommes avides ?

Des Hereros, il n'y en avait plus beaucoup. Certains gravitaient encore autour des barrages, espérant que la colère allemande se calme. Les quelques tribus qui ne s'étaient pas battues allaient être décimées.

Von Trotha ne se contenta pas de faire passer un ordre à travers le pays, il ordonna aux soldats tels que Jakob, ceux qui défendaient le territoire à l'est, d'empoisonner les puits d'eau qui partaient vers le désert, afin que les fuyards trouvent aussi la mort.

Un groupe d'hommes passa déposer des litres de poison qu'ils furent chargés de déverser dans les puits, les rivières, tout ce qui pouvait être bu en aval de leur campement. Ils oubliaient de les ravitailler en nourriture, en revanche, le poison coulait à flots.

C'étaient les méthodes du général von Trotha. Le caractère moral de ces pratiques n'est pas une chose que l'on discutait. Les Hereros devaient mourir. Rien d'autre. L'éradication d'un peuple dans son intégralité.

Personne ne s'en offusqua, sauf Leutwein, qui, reclus dans sa case, tenta un dernier coup. Il fit suivre un télégramme à von Bülow. Il pensait que le chancelier, qu'il ne connaissait pas mais dont il avait entendu parler, abonderait dans son sens.

> *Je suis d'accord avec les autorités à Berlin. Les conditions de reddition doivent être une reddition inconditionnelle. En revanche, je suis en désaccord avec ces voix qui s'élèvent en faveur d'une annihilation complète des Hereros. À part le fait qu'annihiler un peuple de 60 000 ou 70 000 âmes ne peut être fait si facilement, je défends l'idée qu'une telle mesure serait une erreur économique. Ils doivent servir comme vachers et comme agriculteurs. Ils ne doivent souffrir que d'une mort politique.*

Souffrir d'une mort politique.

C'est ce qui était arrivé au gouverneur Theodor Leutwein. Berlin était d'accord avec von Trotha, en tout cas pour le moment, et la manière, ils ne la discutaient pas. Ils étaient loin. Trop loin pour mettre leur nez dedans. Witbooi, Maharero, ils ne voulaient plus en entendre parler.

Vernichtungsbefehl.

39.

Sud-Ouest africain, novembre 1904 à janvier 1905

À partir de là, tout changea. Ce qu'il y avait d'encore humain chez les hommes cessa de l'être. Plus de points de repère, de conscience, de garde-fous ; bien sûr, en Allemagne, ils n'auraient jamais fait ça ; bien sûr, plus d'un de ces garçons aurait eu des haut-le-cœur rien qu'à imaginer certaines scènes, calés sur leurs fauteuils de cuir lors des déjeuners de famille ; bien sûr, ils portaient en eux un idéal européen, mais ils étaient loin de tout. Même leur dieu semblait absent de cette terre.

Un univers parallèle où leurs actions ne seraient pas jugées, où leurs paroles n'avaient pas d'importance. Un mouvement qu'ils suivaient, pas une conviction ni une certitude.

L'engrenage fut rapide.

En à peine quelques jours, les puits furent empoisonnés. Comme au petit matin, sous le vent d'est, les hommes noirs partaient à la chasse à l'oryx, communiquant avec la terre, les étoiles, la nature, les hommes blancs partaient aussi au petit matin. À la chasse au Herero.

Ils avaient l'avantage d'avoir des armes, d'être colonisateurs, d'être blancs. Ce n'était pas réel. Ni le sang qui coulait des poumons des enfants abattus, ni les corps des vieillards qui se balançaient au bout des branches, elles aussi, mortes. Au détour d'un voyage, le long des voies ferrées, ils apercevaient un Herero. Pan ! Le tir ajusté. Tué comme ça. Ils fredonnaient des comptines de leur enfance en faisant leurs patrouilles dans le bush.

Ils ne savent pas ce qu'ils font… n'est-ce pas ça qu'on dit ?

Le début de la phrase est oublié, envolé à jamais, des mots qui ont glissé sur les tombes des Hereros, qui se sont perdus dans les dunes, qui ont explosé sur les branches épineuses.

Dans le désert Omaheke, où les soldats s'aventuraient parfois, ils découvraient des cadavres amoncelés, peut-être érigés pour atteindre les cieux ? Ce n'étaient que les Hereros qui, désespérés, creusaient à dix mètres, à quinze mètres, dans l'espoir de trouver une source d'eau. Ça les faisait rire, les Allemands. Parfois, des survivants, les lèvres fissurées, le ventre gonflé, les bras comme des allumettes. Ceux-là, les tuer n'était même pas drôle.

Morts, ils étaient traînés sur des kilomètres, les cadavres justifiaient les primes. Il arrivait que certains soient traînés encore vivants.

Les pluies laissaient des rigoles sur le sol sec, la terre déversait des litres de larmes. Des cadavres abandonnés au milieu des routes, les corps transpercés de baïonnettes. Des mouches autour des bouches froides. Les yeux, bien souvent, ouverts sans rien voir.

Au loin, les soldats entendaient parfois des râles.

Suppliques nocturnes qui ne prenaient fin qu'au matin.

L'enfer semblait avoir élu domicile ici. Trente ans que le protectorat avait été déclaré. Trente ans pour en arriver là. Pour voir des jeunes tirer sur des enfants sans défense, pour voir des femmes se faire écraser par des chevaux lancés au grand galop. Trente ans pour un ordre d'extermination.

Certains fous allaient jusqu'à violer les cadavres. Chacun leur tour, ils jouissaient sur le corps déjà roide d'une femme.

Vernichtungsbefehl.

Le pire pour les Hereros est que ce n'était qu'un aperçu de la folie et de la dépravation de ces individus. Que ce qu'ils subissaient, ils le subissaient en hommes libres, réprimés, mais libres, et que bientôt, un jour, tout cela allait changer.

Jakob était plongé malgré lui dans la tourmente. Il n'avait pas prédit que la colonie prendrait cette voie. Au départ, ils étaient si peu. Sa tâche accomplie dans le Waterberg, il reprit la direction de Windhuk. Il marchait à travers les paysages changeants, dépassant des charniers, des corps brûlés. Les quelques campements hereros étaient détruits. Après un temps, il ne s'émouvait même plus des pendus – les branches solides des arbres ployaient sous leur poids. Quand il y en a tant, ça devient presque banal. Même ces oiseaux perchés sur les épaules. Seule l'odeur restait insupportable.

Et toujours, ces photographes, ces gratte-papier, enregistrant tout.

Arrivé à Windhuk, Jakob raconta à Leutwein ce qu'il avait vu, mais Leutwein n'avait plus de pouvoir. Ce qu'il lui restait étaient les mots et les missives qu'il faisait parvenir à Berlin, priant pour une solution pacifique.

Pacifique. Comme si ce mot pouvait être employé dans cette partie du monde.

Von Trotha semblait avoir perdu la raison.

Pour cacher ses agissements, lui, qui avait les pleins pouvoirs, mit en place une censure importante. Les journaux coloniaux ne pouvaient publier une ligne sans qu'elle passe par son regard, les colons étaient tenus de garder le silence sur ce qu'ils voyaient, comme les soldats. Si certains repartaient en Allemagne, ils avaient ordre de se taire, sous peine d'être poursuivis par le tribunal militaire.

C'était son monde et il voulait le garder secret.

Les avantages des colons s'évanouirent au fur et à mesure. Eux qui pensaient s'enrichir furent biaisés. Les troupeaux immenses ne leur étaient pas confiés, von Trotha les réquisitionnait pour nourrir ses hommes, qui tuaient des milliers de bovins pour les faire griller, sans se soucier de laisser plus de la moitié de la viande pourrir sur le cadavre. Il n'y avait aucune volonté d'enrichissement. C'est l'extermination qui était recherchée. Le général n'était pas un bâtisseur, il était là pour faire place nette.

Face à ce nouvel ordre, les Namas de Witbooi n'eurent d'autre choix que de se rebeller à leur tour. Comme à leur habitude, ils mirent en place des actions isolées, ciblées. Des dizaines de colons en furent victimes, se sentant abandonnés de tous côtés. Witbooi menait ses hommes avec la volonté de l'opprimé, mais il savait. S'il s'était engagé dans le soulèvement plus tôt, les événements auraient pu être différents. Seulement…

Seulement, il ne l'avait pas fait et son combat était un coup d'épée dans l'eau. Mais comment rester immobile ? Comment ne pas prendre les armes quand plus de la moitié des Hereros venait de se faire assassiner ?

Il n'avait jamais eu affaire à ce général, mais il connaissait les pratiques allemandes. Leutwein avait remplacé von François, ça avait donné lieu à un bain de sang, et maintenant. On montait en puissance à chaque nouvelle arrivée.

Witbooi irait au bout cette fois-ci, quitte à perdre la vie.

Dans le même temps, Leutwein, décrié par l'armée, par son pays, n'eut d'autre choix que de partir. La transition avec le nouveau gouvernement militaire avait eu lieu, il n'avait plus sa place. Dans l'après-midi, ce serait chose faite. Il avait été déchu et voulait s'en aller au plus tôt. Il était arrivé en grande pompe, rempli d'espoirs, il repartait seul, sans haie d'honneur, sans hommage.

Avant qu'il ne quitte Windhuk, un groupe de colons vint le voir. Ils craignaient désormais l'armée. Les soldats étaient trop nombreux, leur présence s'étalait sur tout le pays et ils revendiquaient de plus en plus d'intérêts. Les Hereros étaient défaits, ce qui était une bonne chose, mais le nouvel ordre était dur, intransigeant.

Après avoir poussé Leutwein hors du Sud-Ouest africain, ils venaient chercher un peu de réconfort chez lui.

« Gouverneur, vous devez nous aider.

— Cette affaire ne me regarde plus.

— Les intérêts du général vont à l'encontre des nôtres. Beaucoup ont péri. Ce n'est pas ce que vous voulez. Et ces exterminations…

— Arrêtez avec votre ton de condescendance. N'allez pas me faire croire que ça vous importe.

— Justement, si.

— Je sais ce que vous pensez. Avant, vous pouviez jouir des *nègres*, comme il vous plaît de les appeler. Maintenant, von Trotha les a à sa merci. Vous voilà dépossédés de vos biens. Il va falloir payer, ou travailler.

— Gouverneur, aidez-nous. À Berlin, vous pourriez intercéder en notre faveur.

— Votre faveur ? Lors de la guerre du Naukluft, je vous ai prévenus, lors du soulèvement herero, je vous ai prévenus, lors de la bataille du Waterberg, je vous ai prévenus. Je vous ai reçus par courtoisie, mais c'est trop tard.

— Comment ça ?

— Ce pays ne me concerne plus. Tout est entre vos mains désormais, plutôt celles du général. »

Leutwein regarda un à un ces visages. Il voyait leurs lèvres s'ouvrir, il entendait des sons, mais n'avait aucune idée de ce qu'ils disaient. Ces hommes, il ne les respectait pas, il n'avait aucune sympathie à leur égard.

Il jeta un œil à sa montre, se leva, ferma sa veste et s'adressa une dernière fois à eux, ces imposteurs qui s'étaient crus propriétaires d'une partie de l'Afrique. « Messieurs, vous allez connaître la dictature militaire. Savez-vous ce que cela veut dire ? »

Les colons se dévisagèrent, n'étant pas sûrs du sens de cette question. Leutwein ramassa sa valise et sortit en direction de la gare, où un train devait l'amener à Swakopmund, puis un navire à vapeur à Hambourg. La civilisation à bout de bras.

*

En Allemagne, les détracteurs de von Trotha étaient de plus en plus nombreux. Beaucoup condamnaient sa politique d'annihilation. Si le Kaiser s'en moquait, le chancelier était convaincu que l'ordre d'extermination devait être levé. Ce n'était pas viable sur le long terme et ça allait à l'encontre de l'image qu'ils voulaient donner au monde.

L'empereur finit par flancher.

Les Hereros ne pouvaient plus être abattus à vue, von Trotha était chargé de le faire savoir dans la colonie. Pour le général, c'était à n'y rien comprendre. On l'envoyait pour une mission et on ne lui donnait pas les moyens d'aller au bout.

Qu'il se rassure !

Dans les jours qui suivirent, le fort reçut un télégramme de la chancellerie. Dessus, un simple mot allait tout changer :

Konzentrationslagern.

La solution de Guillaume II.

Des camps de concentration, entourés de barbelés, où seraient promus les travaux forcés. Le désert avait été une agonie incertaine, on allait achever les survivants avec méthode. C'était l'idée du Kaiser pour garder la main sur ces peuples. Hereros,

Namas et tous les belligérants seraient parqués dans des camps. Des prisonniers de guerre réduits à l'état d'esclaves. Rien à voir avec les réserves de Leutwein.

Le chancelier von Bülow avait insisté sur l'aspect économique de la colonie. Les indigènes seraient loués à la journée à des compagnies, Woermann, la Lenz & Company, ou à des colons.

Les premiers camps à être créés furent autour de Swakopmund, puis à Windhuk et près de Lüderitz. Ils poussaient comme de la mauvaise herbe, encadrés par l'armée. Des milliers de Hereros furent arrêtés et placés là comme des animaux. Entassés dans des trains, ils couraient vers leur destin, comprenant à peine. Dans le pays, sur les ailes des oiseaux, volait un message d'espoir, revenez dans vos terres, vous y serez bien traités. Déjà, leurs épaules se relâchaient. Ils avaient connu l'enfer, ils s'en étaient sortis.

Ils revenaient de cet autre monde, sûrs de retrouver leurs terres, de retrouver leurs vies. Des voyageurs de passage racontèrent qu'ils virent des *femmes travailler comme les hommes [...] pousser des chariots, chargés à ras bord, sur une distance de plus de dix kilomètres. [...] Celles qui ne travaillaient pas étaient sauvagement fouettées [...] assommées avec des pioches. Les soldats allemands abusèrent de jeunes hereros pour assouvir leurs besoins sexuels*[1].

1. Hendrik Fraser.

Au départ, Jakob ne pensa rien de ces camps. Il était las de ces changements. Tuez-les. Épargnez-les. Le gouvernement l'épuisait. Il errait à Windhuk, l'ombre de lui-même. Ne changeant d'habits que rarement. Il se contentait de se peigner et se raser. Maintenir un semblant de dignité, c'est ce que son père aurait voulu ; puis on s'en fout de ce que son père aurait voulu. Il croisait souvent le général, qui l'avait en estime. Leutwein était parti sans dire au revoir. Tant mieux ! Von François, Pavlov, Arthur, assez des départs. Au fond, ils étaient tous faibles, alors que lui survivait à tout. Rien ne pourrait le terrasser, jamais. Il était l'arbre ancestral, enraciné jusqu'au noyau de cette terre. Il ne lui restait que Brunhilde. Il avait voulu lui télégraphier, dire qu'il n'avait pas pris part aux massacres, mais assez des mensonges, des faux-semblants. Même retrouver l'espoir le rendait paresseux.

Apprenant toutes les nouvelles avec un peu de retard, Brunhilde, de son côté, s'était enfermée chez elle. Son lent exil de la vie publique se renforçait chaque jour. Elle avait en horreur ce pays, ce conflit informe. Les idéaux de son père étaient dépassés, enterrés sous ce grand désert. Elle vivait seule, avec une bonne. Quelques années avaient suffi pour faire d'elle une vielle femme, révoltée de ce qui avait lieu mais incapable d'entreprendre quelque chose. Elle avait essayé de venir en aide à ces peuples, elle en avait logé certains dans la ferme, mais face au danger et à la haine, elle avait dû renoncer.

Chaque matin, en se levant, elle se disait qu'aujourd'hui, elle agirait. Il est temps que quelqu'un s'y oppose. Mais elle était loin, seule, désarmée face à ces événements. Lutter contre une armée était une idiotie. Pendant des jours, elle avait cherché comment protéger les quelques survivants, les envoyer en exil par bateau, mais ses finances étaient au plus mal et depuis la mort de sa mère, les colons avaient pris une certaine distance avec elle. Elle n'était que le fruit de ce qui les avait amenés ici, et ils avaient déjà fort à faire entre leurs terres et l'armée. Leur unique but était de tirer le meilleur de cette folie.

Où qu'elle regarde, Brunhilde se sentait isolée. Et le seul de qui elle aurait aimé avoir des nouvelles, le seul en qui elle avait imaginé pouvoir trouver un appui, gardait le silence.

Un matin brumeux, comme il y en avait peu sur le fort. Un soldat marchait, les épaules rentrées, vers Jakob.

« Lieutenant. Il hocha la tête. Le général m'envoie vous remettre votre mission.

— Une mission ?

— Un docteur vient d'Allemagne pour observer les Hereros, le général veut que vous l'accueilliez.

— Vous en êtes sûr ?

— Oui. À moins que vous ne soyez pas Jakob Ackermann. »

À entendre son nom prononcé par un autre, Jakob se demanda qui il était. C'est mon nom, mais est-ce moi qu'ils veulent vraiment ?

« Où est-ce que je dois aller ?

— À Swakopmund. Vous l'accompagnerez dans les camps.

— Les camps… j'ai déjà vu ça, vous savez.

— Je vous demande pardon.

— À l'époque, ça avait été un désastre, espérons que cette fois-ci, ça ne se termine pas en feu de camp.

— Je ne comprends pas.

— Ça n'a pas d'importance. Quand dois-je partir ?

— Demain. Vous prenez le train de 10 h 30.

— J'y serai.

— Merci mon lieutenant. »

Jakob se demanda pourquoi il lui dit merci. Merci de ne pas m'avoir tué, de ne pas m'avoir frappé, de ne pas m'avoir obligé à vous fixer trop longtemps ? L'homme avait déjà tourné les talons et semblait pressé de partir quand Jakob le rappela.

« Attendez. Ce docteur, il s'appelle comment ?

— Fischer… Eugen Fischer. »

40.

Okahandja, janvier 2004

J'exprime, dans un premier temps, le profond regret de Berlin. Nous allons donner aux descendants hereros victimes du génocide leur dignité.

Tout a disparu. Le ciel est énorme, il nous englobe comme un dôme, ce monde n'existe que pour nous, à cet instant précis. Cet instant où l'ambassadeur lâche ce mot. Tu, caché, enterré, il explose aux yeux de tous.

Malgré les traumatismes, il devient public.

Béats, les spectateurs en perdent la parole. Un silence s'installe. Puis, du fond de la foule, un applaudissement se fait entendre, avant qu'un autre ne vienne grossir ce bruit caractéristique.

Des centaines de mains tapent bientôt ensemble.

L'ambassadeur se laisse prendre au jeu, grisé par ce soutien. Il goûte à la victoire politique.

Un siècle après, les faits sont prêts à être exposés.

Ce passé qu'on réhabilite, c'est ma grand-mère, ma mère. Ma culpabilité de n'avoir rien pu faire qu'on excuse. Je me laisse aussi emporter.

Dans le coin de ma tête, demeure tout de même une question. Qui est ce *nous* ? J'aurais apprécié qu'il l'explique. Mais ce n'est pas ce qui compte.

Un pays choisit ses propres archives, arrange son passé comme il l'entend, mais rien n'est gravé dans le marbre. Tout peut être défait. Chaque citoyen a la possibilité de se réinventer, a la possibilité de rétablir une vérité. C'est un droit fondamental et ces Hereros, les six cents d'entre eux, accomplissent ce travail. Un devoir pour certains. En le faisant, ils envoient un signe au reste du monde.

Le but d'une telle journée est d'exposer ce qui est arrivé. Dire une vérité qui trouvera une vie propre, existera pour tous et ne sera plus l'unique fardeau de quelques rescapés. La reconnaissance de leur Histoire accompagne l'acceptation de mon passé.

Un jour, j'étais de retour depuis une année, une descendante herero m'a dit qu'elle était atteinte d'Alzheimer. Je faisais un tour dans des villages oubliés, au nord, des endroits déserts, avec quelques cahutes de terre, protégés par un cercle de bois. Sans électricité, sans eau. Des lieux coupés du monde, qui ne sont pas sur les circuits touristiques, où l'indépendance n'a pas eu les mêmes effets que dans les grandes villes.

C'était maladroit, mais je comprends ce qu'elle a voulu me faire entendre. Son passé n'existait pas au grand jour, alors elle allait finir par le perdre elle-même.

Dépossédée de son histoire.

Je la cherche du regard, elle n'avait pas plus de vingt ans, une jolie fille qui aurait sans doute mérité mieux.

L'apercevoir, ne serait-ce qu'un regard furtif, me rendrait heureux. Qu'elle voie que sa maladie recule, qu'elle voie qu'elle aussi a le droit d'espérer.

Le ciel se couvre de nuages. Un bleu indigo aux reflets argentés.

Des oiseaux voltigent.

La Mercedes de l'ambassadeur repart dans un toussotement. Un fanion vole au vent. Il avait l'air sincère. Il aurait pu aller plus loin, mais c'est un premier pas.

Le chef des Hereros lui a donné une vive poignée de main. Il espère que les *blessures du passé soient guéries*.

Comme moi, j'ai l'impression qu'il n'a pas saisi qui était ce *nous*, si bien qu'il a appelé l'Allemagne à en faire plus, à ne pas se contenter de cette estrade bancale, ici, à Okahandja.

Pour le moment, il a un air heureux. Et le génocide peut intégrer notre patrimoine collectif, être crié au grand jour puisqu'il est accepté par d'autres. J'aurais aimé que mon père soit là, qu'il voie l'importance de cette déclaration ; j'aurais aimé que Reinhardt soit là, qu'il nous fasse rire, et que ma mère ne soit pas morte avant d'avoir vu que tout pouvait s'arranger, qu'elle voit que son fils s'en est sorti. Qu'il va bien. Le génocide. Ce terme utilisé en 1944 par un juriste polonais. Face aux horreurs qui avaient lieu, il fallait un mot pour les désigner.

L'avancée du monde.

Ah, vous savez, ce peuple qu'on a exterminé. Oui, le…

Maintenant, il existait.

Lors de la convention de Lemkin, quatre ans plus tard, plusieurs conditions furent établies pour pouvoir prétendre à ce titre :

— Volonté d'exterminer un peuple considéré comme superflu, inutile

— Mise en place d'une propagande nécessaire pour préparer ainsi que banaliser l'extermination

— La préméditation

— L'extermination totale et systématique

— L'utilisation de la guerre comme « couverture »

Je ne suis pas juge, le nombre de morts qui a eu lieu sur cette terre ne peut concurrencer d'autres génocides, mais le Sud-Ouest africain rentre malheureusement dans chacune de ces définitions.

Tout ça grâce à l'ordre d'un général et la politique d'un empereur.

Camps, réserves, *homelands*, tous ces termes, ces moyens pour évincer de la société des personnes considérées comme nuisibles, indésirables. Depuis les premières idées d'un gouverneur, ceux qui administraient ce pays n'ont eu de cesse de penser comment diviser la population. Comment évincer toute une partie, innocente de ce dont on l'accusait, pour jouir de la terre.

Et l'imagination est débordante pour beaucoup.

La loi du plus fort, mais pas seulement.

Des appareils juridiques mis à disposition.

Des lois votées, en toute impunité. Les premières années, personne ne trouve rien à y redire, alors ça encourage à continuer dans ce sens. Allez-y, tout le monde s'en moque. Il n'y a pas de résistance, et si elle vient de l'étranger, elle est si faible, si inutile qu'elle ne nous arrêtera pas. Des mots, des discours dans des bureaux confortables, des présidents qu'on élit, mais c'est de l'autre côté du globe.

Ici, on vit en autarcie et il n'y a personne pour reléguer nos actions.

On se pare d'une apparente vertu, on se trouve des alliés de choix.

Ils décident de catégories, isolent des populations et commencent l'épuration…

Le chef herero passe à côté de moi. Il a dénoué sa cravate. Un œil à sa montre dorée, il se demande peut-être ce que sa femme lui a fait pour dîner.

Apprendre à se satisfaire de ce qui est.

41.

Camp de Swakopmund, 1905

À son arrivée, un homme au physique animal, les lèvres retroussées comme un dogue, marquait les nouveaux arrivants, qui n'avaient plus rien de valeureux guerriers. Chétifs, affamés, les côtes saillantes, certains recouverts de pagnes, la plupart entièrement nus quand l'officier appuyait sur eux son long tison rougissant dans un sourire sadique.

GH incrusté dans la peau.

Leur marque, comme Jakob avait la sienne le long de sa figure.

GEFANGENE HERERO

Chaque prisonnier se voyait attribuer un numéro qui était noté dans un registre. Une rigueur bureaucratique avait été mise en place dès l'ouverture des camps. Pas question de faire ça n'importe comment. Chaque mois, les autorités responsables avaient l'obligation de rendre des comptes.

L'idée était de toujours connaître la main-d'œuvre disponible. À côté des numéros, était coché *aptes* ou *non aptes* au travail. Certains s'épuisaient vite. Aucun médecin, aucun infirmier n'exerçait dans ces retranchements.

À quoi bon soigner des Noirs ?

Au registre des vivants, s'ajouta vite un registre des morts. Chronique mortuaire à faire froid dans le dos. D'une manière chirurgicale, des officiers remplissaient des tableaux. Des mots comme typhus, épuisement, dysenterie, bronchite…

La mort sait revêtir de multiples aspects.

Les prisonniers, qui s'empilaient à même le sol ou sous des tentes de fortune pour les plus chanceux, n'avaient aucun droit, aucune liberté. Les familles étaient séparées, les enfants subissaient le même sort que leurs aînés, ceux âgés de moins de cinq ans se retrouvaient catapultés à la vaisselle, à la blanchisserie, au ménage ; la petite main. C'est ce que Jakob découvrit à Swakopmund. Comme toute nourriture, ils avaient une ration de riz sec par jour, parfois un peu de farine, dont ils essayaient de tirer quelque chose en la mélangeant à de l'eau et en la laissant au soleil.

Personne ne prêtait attention à Jakob, il marchait librement dans l'espace ceinturé de barbelés. Il était blanc, ce qui garantissait sa sécurité. Le soleil tapait sur les crânes des Hereros qui n'avaient pas été choisis pour travailler. Souvent, ils restaient des journées entières à brûler au soleil, n'ayant rien pour satisfaire cette soif continuelle.

Il n'était plus question de vivre ici.

L'ordre d'extermination de von Trotha avait recouvert d'autres formes, c'est tout. Tout ça à l'abri du monde.

Jakob ne savait pas à qui s'adresser. Il cherchait le docteur Fischer, dont il ignorait tout. Bien qu'entouré de milliers d'individus, personne n'entretenait l'espoir. Aucun ne parlait, ils courbaient le dos, une cicatrice béante sur leurs bras.

GH

Herero pris.

Au loin, sous des acacias cramés, Jakob aperçut une table recouverte d'une nappe blanche, où était assis un homme. Des Hereros autour, nus, n'essayant même plus de dissimuler leur dignité. Il s'approcha. L'homme blanc avait de petites lunettes au bout de son nez. Les Hereros devant lui levaient les bras, se courbaient, ouvraient la bouche, il les examinait sous tous les angles, jusqu'au trou de leur cul. Jakob resta en retrait. L'homme se leva, se saisit d'un instrument similaire à un compas, de ceux qu'il avait à l'époque pour ses cours de géométrie, et commença à mesurer les crânes des Hereros. Une femme, un homme, un enfant. Il sembla satisfait car il fit un sourire à la vue des résultats. Il les regarda avec indifférence, puis les chassa d'une main.

L'homme nota ses commentaires dans un carnet de cuir.

« Docteur Fischer ?

— Une minute », répondit-il sans lever la tête.

Jakob était planté là. Avec sa botte, il faisait des cercles sur la terre battue. La mer n'était pas loin, mais l'air était lourd.

« Vous êtes ? Fischer avait relevé la tête.

— Jakob Ackermann, je dois vous prendre en charge.

— Ah ! Je vous attendais plus tôt. Je suis arrivé il y a quelques jours, avec l'intention d'observer ces prisonniers.

— Je vous garantirai l'accès à ce que vous désirez. Où êtes-vous installé ?

— À Swakopmund, dans une pension.

— Par quoi voulez-vous commencer ?

— Accompagnez-moi. »

Guidé par Fischer, Jakob traversa le camp de part en part. Le docteur n'était pas habitué à de telles conditions de vie. Il portait un mouchoir blanc à sa bouche, avec dessus des initiales E.F brodées à la main, sans doute par une femme, une amie, qui sait ? Ce type était glacial. De longues oreilles, une coupe militaire, un bouc fourni et des yeux pénétrants. La froideur de l'homme de médecine capable de vous disséquer.

« Et… quel est le but de vos recherches ? Fischer s'arrêta.

— Voyons, regardez autour de vous. Vous ne voyez pas ? »

Jakob regarda les Hereros. Un instant, il se demanda si ce docteur était là pour les libérer, pour faire valoir leurs droits.

« Je suis venu pour prouver leur infériorité. Je les examine de près. Leur cerveau, très inférieur aux nôtres, mais surtout les mélanges.

— Les mélanges ?

— Un Blanc et un Hottentot. Les dangers que cela représente. Von Trotha a mis à ma disposition des spécimens intéressants.

— Des spécimens ?

— La mixité raciale est un des plus grands dangers du Reich. Je comprends que des hommes tels que vous aient des besoins à satisfaire.

— Quoi…

— Voyons, ne faites pas l'innocent. Violer une nègre n'est pas grave, ce qui l'est, c'est de l'engrosser. J'ai d'ailleurs commencé un travail de stérilisation sur les plus jeunes. Je n'ai que du dédain pour la mixité. Les Blancs qui deviennent des bâtards… et leurs gènes, à ceux-là, sont coriaces. »

Jakob sentit une boule se former dans son estomac. Il n'avait pas envie de rester auprès de cet homme.

« Je travaille sur une série d'ouvrages visant à prouver mes théories. La bâtardisation chez l'être humain. Je devais voir ça de mes propres yeux, c'est pourquoi j'ai entrepris ce voyage, en accord avec l'université de Berlin. Les colonies, c'est bien, mais ramener ces peuples chez nous, non. Et la bâtardisation en est un moyen.

— Vous êtes sérieux ?

— À ces métis, ces demi-humains, il faut garantir un degré de protection qui leur est nécessaire, ils font une bonne main-d'œuvre, et au moins, ils ont un peu de sang blanc, mais ils sont une race inférieure et selon moi, ils sont voués à disparaître. Une seule tache noire suffit à vous souiller, croyez-moi.

— L'ordre de von Trotha a été levé, pourtant.

— Jeune homme, il existe de nombreux moyens de faire disparaître un peuple. Demain, j'ai ordonné une opération. J'ai besoin de spécimens à rapporter en Allemagne, pour mes conférences. Ici, je manque de tout. Le Reich subventionne mes recherches. Vous me servirez d'intermédiaire. Vous devez baragouiner leur langage, j'imagine. En attendant, je repars à Swakopmund, nous nous retrouverons demain, à sept heures précises. Vous verrez. »

Le docteur s'éloigna, prenant soin de couvrir sa bouche, on ne sait jamais, respirer le même air que ces indigènes pourrait peut-être le transformer.

Après les généraux sanguinaires, Jakob avait affaire au docteur fou. De mieux en mieux. Le danger ne venait plus des soldats, il venait des gens comme lui, ceux qui ont fait des études, qui ont le savoir, la connaissance et qui sont écoutés en Allemagne. La voix d'un soldat ne serait pas entendue. Qui en avait quelque chose à faire, d'un homme parti à dix-neuf ans et qui n'avait connu que le désert. Tandis que Fischer. Il était respectable, intelligent, doué, certainement, et il avait de l'influence. Il passerait quelques jours, peut-être une dizaine dans le Sud-Ouest africain, mesurerait le crâne des Hereros, et repartirait, plein d'idées, prêt à les dévoiler au monde entier.

Jakob secoua la tête, voulant chasser ce visage de son esprit.

Au petit matin, Jakob était déjà debout. Il avait passé son uniforme, mis son arme à sa ceinture, s'était coiffé, tout ça avec une étrange appréhension. Aujourd'hui ne serait pas une journée anodine. Avec son pouce, il tapait sur une médaille qui lui avait été remise après la bataille du Waterberg. Plus on tuait et plus la médaille grossissait. Celle de Jakob faisait la taille d'un abricot.

Le ressac des vagues par la fenêtre l'hypnotisait. Il ne parvenait pas à bouger. Le bout de ses doigts, glacé. Il devait retourner dans ce camp. Son obligation. Au fil de sa vie, on ne lui avait jamais donné l'opportunité de prendre ses propres décisions, c'était trop tard pour se rebeller, et trop tôt pour tout quitter. Il avait accepté le système et ses règles, il avait accepté la place qu'on lui avait donnée.

Après le massacre du Waterberg, il avait songé à fuir, peut-être vers l'Europe, ou l'Amérique du Nord, certains avaient fait fortune avec la fièvre de l'or, mais même ça, c'était trop tard. Il était dépassé d'un demi-siècle. L'Afrique l'avait englouti, il nageait au milieu de son lait, un lait âcre, tourné.

Il avait reçu des nouvelles de ses parents. Avec les nouveaux moyens de communication, elles arrivaient quasiment en simultané. L'état de santé de son père s'était détérioré et les médecins étaient pessimistes. Il ne quittait quasiment plus son fauteuil, selon sa mère. C'était dans l'ordre des choses. Jakob ne savait pas s'il le reverrait un jour.

Sa mère lui dit qu'il leur manquait. Elle le priait de rentrer, son père avait parlé à ses supérieurs. Tu pourrais avoir un poste fixe, avec un bon salaire. Tu es parti depuis si longtemps. On ne comprend pas pourquoi tu es resté là-bas. Pourquoi ? Ils devaient quand même s'en douter. Ses parents avaient été pris à leur propre jeu et avaient perdu un fils, leur unique fils. Il n'était pas mort, mais c'était comme si.

Est-ce que j'ai pris la bonne décision, se demandait-il parfois. Il avait agi sur un coup de tête, par défi. Ça avait été sa seule rébellion. Si puéril, pourtant ça avait changé sa vie. Mais les événements ne pouvaient être rattrapés. Au fond de lui, en lisant les lettres incertaines de sa mère, cette femme qui réclamait à corps perdu que son fils rentre au bercail, il savait que ça n'arriverait pas.

Sa vérité se trouvait ici, sous les milliards de grains de sable du Namib, dans le désert d'Omaheke, sur les côtes rocailleuses de Lüderitz, à l'intérieur du fort de Windhuk, sur le chemin de fer qui rallie Swakopmund, dans le regard de chaque soldat, de chaque Herero, de chaque Nama qu'on anéantissait à tour de bras. Le reste du monde était indifférent à ce qu'on faisait ici, lui en était le témoin. Qu'en ferait-il ? Il n'en avait pas la moindre idée.

Quand l'horloge mécanique sonna sept coups, il se leva et sortit.

Le soleil naissait à l'horizon, une ombre floue s'élançant à la conquête du monde. En pénétrant dans le camp, Jakob sentit une drôle d'odeur. Tout semblait endormi. Il franchit le poste de contrôle et marcha à la recherche de Fischer.

Son appréhension grandissait un peu plus à chaque minute. À l'approche des acacias cramés, il le découvrit. Il avait passé une tenue coloniale et s'était fait prêter un chapeau. Autour de lui, deux soldats s'agitaient, allumant un feu immense. De loin, on aurait pu penser qu'ils préparaient un barbecue, mais en s'approchant, Jakob découvrit une série de corps morts amoncelés à côté. Et une marmite. Noire. Imposante.

« Ah ! Ackermann, vous voilà. Merci messieurs, dit Fischer aux soldats qui mirent la marmite pleine d'eau sur le feu.

— Docteur. Que se passe-t-il ?

— La science, cher ami. Le progrès. L'évolution. »

Les corps dégageaient une forte odeur, mais cela ne dérangeait pas Fischer. Il humait avec enthousiasme les morts, mais se couvrait à la vue des vivants.

« Que font ces corps ici ? demanda Jakob.

— Voyons. Vous ne m'avez pas écouté ? Je vous ai dit hier que j'avais besoin de cobayes.

— Mais… d'où viennent-ils ?

— Certains ont été tués ce matin. D'autres étaient déjà morts. Il y a quelques pendus aussi, ramassés sur le bord de la route. Peu importe. Les Hereros sont noirs, donc exterminables.

— En quoi… en quoi vous intéressent-ils ?

— Eux, en rien. C'est leur tête que je veux. Allez-y, commencez. »

Fischer fit signe aux soldats qui, munis de grandes scies, celles qu'on utilise pour couper des arbres, commencèrent à scier le cou des Hereros. Le sang ne coulait presque plus. Les hommes faisaient ça de bon matin, sans compassion aucune, sans dégoût. Le bruit des muscles qui se déchirent, des os qui se brisent. Jakob eut un haut-le-cœur et vomit aux pieds du docteur. Il en avait vu des choses, mais là.

Il ne pouvait se retenir de dégueuler. Fischer était imperturbable. Il ne cherchait pas à réconforter Jakob, il ne cherchait pas à le rassurer. C'était en train d'arriver. Le travail fini, Fischer ordonna qu'on prépare trois têtes, il voulait les transporter comme ça, avec la chair, les yeux… il fallait les conditionner pour le voyage afin qu'elles ne pourrissent pas. Les soldats, tenant ces têtes par les cheveux ou par les narines, partirent les mettre à l'abri.

Fischer, qui voyait Jakob de plus en plus blême, ordonna que les corps décapités soient amenés à l'écart.

« Ressaisissez-vous Ackermann. Ça n'a même pas commencé.

— Qu… quoi ?

— Cette marmite, à votre avis ? » L'eau commençait à frémir.

« Je vous en prie, laissez-moi.

— Hors de question. Faites venir les prisonniers. »

Les soldats amenèrent cinq Hereros.

« Il faut faire bouillir les têtes, dites-leur Ackermann, vous qui comprenez ces sauvages. » Jakob n'était pas sûr d'avoir entendu. Fischer avait récupéré son mouchoir qu'il avait placé devant sa bouche, si bien qu'il ne distinguait pas clairement ses propos.

Jakob se redressa et essaya de se maîtriser. Les soldats n'avaient aucun problème avec ça, pourtant lui…

« Vous m'avez entendu ? reprit Fischer.

— …

— J'ai besoin de récupérer les crânes. Dites-leur de bien faire bouillir les têtes, pendant une heure environ, ensuite il faut gratter la chair. Vous comprenez ? On ne veut que les crânes. C'est pour la science mon ami, la science.

— Gratter la chair…

— C'est ça. Et enlever ce qu'il y a dedans. Ça ne devrait pas être trop compliqué. Je dois partir maintenant, veillez à ce que ça se passe bien. »

Jakob resta seul avec les Hereros et les têtes. Il ordonna de les plonger dans l'eau bouillonnante. Cette marmite, d'habitude faite pour le ragoût. Une femme tomba évanouie. Personne n'eut le courage de lui venir en aide. Elle avait reconnu un membre de sa famille et s'était effondrée.

Une heure après, les Hereros, assis en tailleur, enlevaient les peaux mortes des crânes avec de petits tessons de verre. Ils les avaient scalpés, avaient enlevé les yeux, et ils grattaient, grattaient, grattaient, pour envoyer le tout dans des universités allemandes.

La vision de ces hommes, agenouillés, le crâne d'un membre de leur tribu entre les doigts, grattant la chair, allait marquer Jakob à jamais. Le docteur Fischer était reparti pour l'Allemagne avec une cargaison de crânes. Avant qu'il n'embarque, Jakob les avait vus, ces soldats qui avaient posé devant une caisse pleine d'ossements.

On en fera une carte postale, avait crié l'un d'eux.

Et tous d'exploser de rire.

Jakob ne savait pas quoi faire. Il n'avait plus d'ordre précis, les soldats étaient si nombreux qu'on pouvait le remplacer. Tandis que des lois de plus en plus strictes sévissaient dans les camps, le reste du territoire était à nouveau à partager. Les terres confisquées étaient convoitées. Les voix de toutes les parties s'élevaient. On exterminait des populations par le travail forcé, on les poussait à s'entretuer, et les Allemands se partageaient, repus de leur orgueil, un vaste territoire. En accord avec la philosophie des camps, les mariages mixtes furent interdits, comme la fornication avec des Noirs. Les idées de Fischer faisaient légion.

Afin de saper définitivement le moral des Hereros, les autorités décidèrent d'un vaste plan d'émigration. Leur identité était tue de toutes parts. Ils étaient enfermés dans d'autres camps, qui ne cessaient de naître un peu partout. Même les grandes compagnies s'y mettaient. Elles avaient fait construire leurs propres espaces, c'était plus facile, et rachetaient par centaines des prisonniers au gouvernement colonial.

Des mesures administratives très strictes avaient été imposées. Les indigènes enfermés étaient des esclaves, ceux restés « libres » ne l'étaient qu'à moitié. Leur patrimoine avait été supprimé et redistribué, leur organisation démantelée dans sa totalité.

Désormais, ils ne pouvaient se réunir qu'en petits groupes, il leur était interdit de se déplacer sans un passeport, qui garantissait leur accès à la nourriture, à l'hébergement, aux soins... Chaque Blanc avait droit de livrer n'importe quel Africain à la justice.

L'idée était de *dépouiller les Hereros de leur identité en tant que peuple et de leur particularité ethnique, afin de les fondre progressivement, avec d'autres indigènes, en une seule classe ouvrière de couleur.* Une classe ouvrière qu'on peut acheter, soudoyer, battre, violenter, user jusqu'à la mort.

Comme chaque jour, Jakob sortit de sa pension vers midi. Il avait réservé un billet de train pour le lendemain. Après des journées d'apathie, il voulait s'éloigner de Swakopmund et de ce qu'on y faisait. Il prit la direction de la plage, l'esquisse d'une promenade avait été dessinée jusqu'aux baraques de pêcheurs. Il marchait, augmentant sa foulée à chaque pas, sachant très bien où il allait finir, mais ne l'assumant pas. Quelques plantes grasses avaient été plantées çà et là. Sur le sol, les restes des poissons vendus au marché matinal.

Des Noirs passaient parfois les bras chargés, rescapés de l'horreur, faisant profil bas, leurs passeports toujours en avant ; employés de maison, hommes à tout faire. Les vagues se fracassaient sur la plage.

Loin, Jakob aperçut l'entrée du camp. Un peu à l'écart des autres activités. Il ne souhaitait pas s'y rendre, mais il devait être sûr que c'était bien arrivé. Il prit à gauche, une allée de maisons basses, faisant un détour. Un garçon qui n'ose pas retrouver la fille qu'il aime. Vas-y. Juste un œil. Il le fallait. Ses poings serrés.

Le crissement du verre sur les crânes.

Des carrioles en provenance du camp passèrent à côté de lui. À l'arrière, des hommes enchaînés, des corps ne servant qu'à travailler. Jakob compta quatre carrioles, chacune chargée de plus de vingt Hereros. Il avala de travers. Il aurait aimé s'asseoir, mais il n'y avait rien. Une nudité grise. Écrasé par la mer, le ciel et les dunes.

Le terrain avait été dégagé, les barbelés montaient à plus de cinq mètres. Jakob s'approcha. Posa la main sur le métal. Le serra comme pour en tester la robustesse. Il marcha autour. Lui était libre, mais que valait sa liberté ?

À travers le grillage, il aperçut la cahute du garde. Par une petite fenêtre, il crut reconnaître une vieille connaissance. Une silhouette familière. Il marchait dans cette direction, curieux de savoir quel tour on allait encore lui jouer.

Ce n'est pas possible…

La porte de la cahute s'ouvrit et Pavlov, entouré de deux soldats qui l'agrippaient sous les bras, sortit. L'ancien lieutenant avait changé, ses cheveux avaient poussé et il avait, malgré cette situation, un visage plus apaisé. Il avait presque rajeuni.

Lâchez-moi, disait-il aux gardes. Vous n'avez aucun droit.

Il fut jeté à quelques mètres. Et ne revenez plus.

Jakob courut vers lui.

« Lieutenant… Lieutenant, vous allez bien ?

— Ne m'appelez pas comme ça. Il se releva. Jakob ? C'est bien vous ?

— Oui, que se passe-t-il ? »

Pavlov ramassa son chapeau et se couvrit la tête. « Rien. Ça ne vous concerne pas.

— Pourquoi ces hommes vous maltraitaient ?

— Me maltraitaient ! » Pavlov regardait avec angoisse l'intérieur du camp. Jakob ne comprenait pas ce que son ancien lieutenant faisait ici.

« Vous voulez vous asseoir ?

— Je n'ai pas besoin de m'asseoir, je ne suis pas un vieillard. » Il plia un papier dans sa poche, ruminant.

« Alors, vous allez me dire ?

— C'est… c'est personnel.

— Après ce que nous avons traversé. »

Pavlov hésita. Il finit par lui raconter sa nouvelle vie. Il avait acquis plusieurs centaines d'hectares qu'il avait transformés en une ferme florissante. Des arbres plantés et irrigués grâce à un puits, un troupeau de chèvres, un petit potager. Une vie simple dans laquelle il se retrouvait. Ses seules armes lui servaient à se défendre des charognards. « Depuis des mois, je viens ici une fois par semaine. Ces camps, Jakob… Je loue les services d'une jeune Herero. Une orpheline.

— Je vois…

— Vous ne voyez rien du tout, oui. Je sais à quoi vous pensez, mais je ne suis pas comme la plupart de ces colons. Elle a dix ans, cette petite, vous comprenez ? Seule, dans un camp de la mort.

— Ce n'est pas ce que j'ai voulu dire.

— Ne me jugez pas, Ackermann. Je vous l'interdis.

— Vous savez que ce n'est pas le cas.

— Excusez-moi, je m'énerve contre vous, mais vous n'y êtes pour rien. Elle est ma seule compagnie, vous voyez. Il y a quelques semaines, j'ai demandé au gouverneur de la racheter, de payer pour sa liberté. Elle m'aide à la maison, cuisine, s'occupe du poulailler. Des tâches pour une enfant. J'ai pensé que ce serait plus simple de ne pas avoir à venir ici tout le temps. Le gouverneur a accepté mon offre, une enfant n'a pas beaucoup de valeur, mais ces idiots de gardes me disent que ça a été annulé. Qu'ils manquent de Noirs et que toutes les transactions ont été suspendues. Je leur ai dit de contacter le gouverneur, ils refusent.

— Vous leur avez dit qui vous étiez ?

— À quoi ça servirait ? Je ne veux pas me servir de ça. Et j'ai ce foutu papier. C'est officiel. Ces idiots abusent du peu d'autorité qu'on leur a donnée. »

Jakob ne voyait pas le chemin qu'avait fait Pavlov depuis son départ de l'armée. Comment avait-il fini par vouloir adopter une enfant noire, orpheline ?

« Montrez-moi cet ordre. »

Jakob le parcourut puis marcha jusqu'à l'entrée du camp. Il demanda à parler au responsable. Les soldats sourirent, mais quand ils virent son uniforme de lieutenant et sa cicatrice, l'un d'eux sortit.

« Qu'est-ce que vous voulez ?

— Vous savez qui est cet homme ?

— Jakob, s'il vous plaît, dit Pavlov dans son dos.

— Et ce que veut dire ce papier ?

— Ça ne veut plus rien dire à présent, répondit le soldat. Vous devriez le savoir, tous les ordres ont été suspendus. Quant à lui, ce fermier, qu'il arrête de venir traîner par ici. On lui a déjà expliqué… » Jakob ne chercha même pas à se contrôler. Il le frappa au visage. En plein dans le nez. L'homme tomba à terre, surpris et sonné. Pavlov ressentit une ancienne pulsion, satisfait de voir qu'Ackermann prenait les choses en main, y étant un peu pour quelque chose. Deux autres soldats approchèrent, alertés par le bruit.

« Que se passe-t-il ici ? » Ils hésitaient à sortir leurs armes. Jakob regardait l'homme à terre, sa main retenant le sang de couler. Il le défiait encore.

« Je suis le lieutenant Jakob Ackermann. Vous faites entrave à un ordre direct du gouverneur. Ou vous devrez répondre de votre refus d'obtempérer ou vous faites ce que je dis. »

Ils n'hésitèrent qu'un court instant. Il ne s'agissait que d'une Noire.

Jakob signa le registre de sortie et ils amenèrent la petite. Quand elle approcha de la grille, elle sourit. Ses bras portaient eux aussi leurs cicatrices.

Personne ne comprenait bien ce qui avait eu lieu. Jakob ne l'avait pas fait tant pour Pavlov que contre ces camps, que contre Fischer.

« Jakob, je dois vous remercier.

— Ce n'est pas nécessaire. Vous ne serez pas embêté, je prends l'entière responsabilité de ce qui vient d'arriver. S'il y a un problème, c'est moi qu'ils iront trouver.

— Ces camps…

— Je sais Pavlov, je sais.

— Non, c'est nous qui avons aidé à les créer. Tout a commencé avec cette histoire de réserves. Nous aurions dû faire plus pour l'empêcher. Nous devrions avoir honte. »

Jakob saisit la petite par la taille et la hissa sur le cheval de Pavlov.

« Rentrez dans vos terres, maintenant, et restez chez vous quelques jours. Ça ne sert à rien ce que vous faites.

— Vous avez changé Ackermann. »

Jakob les vit s'éloigner. Deux handicapés de la vie. Deux amputés. Que pouvaient-ils bien faire ensemble ? Pavlov se retourna et ils se firent un signe, sachant l'un comme l'autre qu'ils ne se reverraient jamais.

Il y a donc une vie après l'armée, se dit Jakob.

42.

Sud-Ouest africain, 1905

La guerre contre les Namas s'était intensifiée. Avec un réseau de chemin de fer de plus en plus important, von Trotha avait concentré le gros de ses troupes au sud. Les Namas ne cédaient pas facilement, mais ce n'était qu'une question de temps. Witbooi en était conscient.

Ce que savait le chef nama, c'est qu'il n'irait jamais dans un camp. La mort était acceptable et il avait foi en son Seigneur, mais ces abominations.

Votre paix sera tout à la fois ma mort et la mort de ma nation. Car je sais qu'il n'existe pas de refuge sous votre domination.

Un à un, il vit les siens être emmenés loin de leurs terres. Chaque homme tombé était condamné à l'horreur. Leur liberté si précieuse s'était envolée, ils ne pouvaient même plus mourir pour elle. Le sentiment de cette perte était le plus dur à surmonter. Pas les souffrances physiques, ni la honte, la malnutrition, mais la certitude de s'être fait enlever ce qu'on considérait comme le plus important, d'avoir perdu la caractéristique essentielle de son identité.

Après cette vie de combats, Hendrik Witbooi tomba le 25 octobre, sans jamais avoir tourné le dos à ses convictions. Sa gloire serait éternelle, peut-être. Il avait connu le Namaland indépendant, avait vécu l'arrivée des Allemands, Göring, von François, Leutwein, avait perdu des hommes, des femmes, puis s'était perdu lui-même dans cette guerre interminable contre von Trotha. Pour le peuple nama, ce fut une terrible perte. Sur les champs de bataille, se murmurait la nouvelle.

Witbooi est mort… Witbooi est tombé…

Le dernier rempart n'était plus.

L'ardeur des guerriers diminua et nombreux furent capturés par l'ennemi. Sans chef, ce combat était perdu d'avance.

Jakob, de retour à Windhuk, apprit la nouvelle un lundi matin. Le fort était en liesse. Rien ne résistait au général. Les soldats avaient maintenant les pleins pouvoirs sur la quasi-totalité du territoire. Jakob se souvint lorsqu'il l'avait rencontré, dans son campement, ce bol de lait qu'il lui avait offert, ses mains si longues, ce foulard blanc qu'il portait autour du cou.

Un ennemi du Reich tombait. Encore un.

Comme il était resté en contact avec Leutwein, Jakob lui envoya un télégramme pour lui annoncer la nouvelle. C'est dans l'ordre des choses, dit-il, la politique de von Trotha aura raison des indigènes, peut-être même de nous tous. La voix des colons s'enflamme à mesure que la guerre réduit tout à néant. L'armée est devenue folle, disent-ils. Mais ce ne sont plus vos affaires, Gouverneur.

Par respect, Jakob l'appelait encore par son ancien titre, qui n'avait plus lieu d'être. Les soldats avaient oublié cet homme et sa politique, diviser pour mieux régner, maintenant il fallait tout écraser.

Leutwein, qui s'était retranché à la campagne, désireux de prendre le temps d'absorber ce qui avait eu lieu dans le Sud-Ouest africain, de comprendre ce qu'il avait fait, répondit que Witbooi était un *meneur et un souverain né, qui serait sans doute devenu immortel dans l'histoire mondiale si le destin ne l'avait pas fait naître sur un petit trône africain. Il fut le dernier héros d'une race vouée à l'extinction.*

Jakob trouva la formule assez juste. Il sentit des regrets dans les mots de Leutwein, comme si le gouverneur remettait tout en cause depuis qu'il était parti. Il avait fait la guerre à cet homme, pendant des mois, et maintenant, il le glorifiait. En Allemagne, les choses doivent être dures, se dit Jakob. Comment ces campagnes ont-elles été acceptées par l'opinion publique ? Cette opinion sait-elle seulement ce qu'il se passe ici ? Où on dissémine la misère, où on construit toujours plus de camps.

Von Trotha avait fait son temps. Sa mission était réussie aux yeux du Reich, il ne devait plus se mêler de ce qui arrivait. Il décida de quitter le Sud-Ouest africain, après avoir appris la mort de Witbooi. Les tribus africaines n'avaient plus la possibilité, aucune d'entre elles, de se soulever. Les camps allaient terminer seuls ce qu'il était venu accomplir. Avant même qu'on le réalise, il n'y aurait plus aucun indigène à y placer. Le Sud-Ouest africain serait devenu blanc. Tout simplement.

Maharero en exil, le chef nama mort, von Trotha partit avec le sentiment d'avoir réussi. Il s'en alla comme il était arrivé, saluant ses soldats, ne redoutant rien, ayant causé plus de morts qu'un homme doit en voir. L'avenir de cette terre ne le concernait pas. De retour au pays, il serait décoré pour le mérite, c'est ce que lui avait dit le Kaiser par télégraphe.

Tout Windhuk vint le saluer, sauf Jakob, qui resta allongé sur son lit. Il entendit les tambours, dehors, les coups de canon. De plus en plus, il pensait à Brunhilde. Elle était la dernière marque de son humanité sur ce territoire, le dernier rempart avant de sombrer, avant de finir comme von Trotha.

Il gardait le secret espoir de la revoir. Elle ne reviendrait pas sur ces terres, c'était évident, il fallait trouver un moyen de se rapprocher d'elle. Avec ce qui avait eu lieu, elle devait avoir encore plus en horreur la guerre, les armes, les soldats, mais Jakob était loin du compte. Pendant des mois, la revoir devint sa seule obsession, savoir si quelque chose était encore possible, savoir s'il pouvait se sauver, ou si tout était perdu.

Entre-temps, un nouveau gouverneur était arrivé.

Jakob était le légataire des mémoires effacées, ce qui lui donnait de nombreux droits, mais il se moquait de ses droits. Chaque jour, il se retenait de lui écrire. Les lettres n'effaceraient rien. Souvent, il se plaçait nu devant son miroir et se regardait des heures, ça le rassurait à la fin, voir ses yeux s'humidifier, pas de tristesse, mais de lassitude. S'il pouvait encore pleurer, c'est qu'il restait un espoir.

Sa cicatrice s'était creusée un peu plus, il voulait la faire disparaître, l'enlever de ce visage. Il avait l'impression qu'on avait posé la marque du mal sur lui, et qu'il devait s'en dépêtrer.

Les après-midi, il les passait à jouer aux osselets en haut du fort. Il avait pris un rôle de sentinelle. Depuis sa tour, il balayait les environs, voir si aucun ennemi n'attaquait, mais tout le monde le savait, personne n'attaquerait Windhuk, et d'ennemis, il n'y en avait plus. Ce n'était pas une tâche pour un lieutenant, mais il avait insisté, si bien que le nouveau gouverneur l'avait laissé faire. Il s'imaginait que Jakob avait besoin de repos et qu'après tout ce qu'il avait fait, c'était mérité.

Il se contentait de lancer ses pierres en l'air, qui, avec le temps, avaient pris la forme de ses doigts. En quelques mois, il maîtrisa ce jeu, et lançait, encore et encore, sans relâche, sans se nourrir, sans boire, seul mécanisme que son corps acceptait.

Il avait la sensation de devenir une machine. Se lever, fixer son image pendant une heure, puis prendre son poste jusqu'au soir, d'où il retournait ensuite se coucher et rêver de Brunhilde. Il n'avait pas trouvé de moyen pour l'approcher. Il avait demandé à être muté à Lüderitz, mais il n'y avait aucun poste à pourvoir. Une matinée par semaine, il était chargé de former les nouvelles recrues, ce qu'il faisait avec dédain. Le reste du temps, il essayait d'oublier. Tout le monde parlait de la nouvelle organisation de la colonie. Le gouverneur faisait l'unanimité, le profit était à nouveau visé. Jakob se mêlait aux autres de moins en moins, se rendant hermétique à eux.

Une fois, une seule, alors qu'il était assis sur le rebord de son lit, après une nuit où il s'était réveillé en nage, revoyant ces hommes et ces femmes raclant la chair d'un crâne, sans émotion, sans vie, vidé de tout sentiment par l'armée, Jakob y avait pensé.

Il avait pris son revolver, l'avait chargé et l'avait appuyé sur son cœur.

Une pression et tout serait fini. Personne dans sa famille ni dans son entourage ne s'était donné la mort, mais lui, il aurait le courage de le faire. Il était resté la matinée ainsi, ne bougeant pas, écoutant les battements de son cœur se répercuter sur le métal froid. Il ne savait pas quoi faire, il avait libéré son esprit et seul son corps devait décider. Il avait attendu, attendu encore, puis il avait senti des fourmillements dans le bras. Alors, il avait baissé l'arme, l'avait déchargée puis replacée dans son étui. Aujourd'hui, il ne se tuerait pas.

Pas plus qu'aucun autre jour.

*

Le réfectoire était bondé. Généralement, Jakob décalait ses horaires, pas ce jour-là. Il slaloma entre une rangée de dos et se trouva une place. Son uniforme imposait le respect, pas son attitude.

Il essaya de se concentrer sur son assiette, courbé dessus, mais son voisin n'arrêtait pas de rire. Chaque parcelle de son corps bougeait. Cet optimisme idiot le dégoûtait et, si ça continuait, il était décidé à le faire taire Il n'avait pas reposé sa fourchette depuis qu'il était assis. Un soldat, visiblement un ami de ses voisins, vint s'asseoir face à lui.

« Vous ne savez pas la dernière.

— Raconte… Jakob écoutait malgré lui.

— À Lüderitz, ils ouvrent un nouveau camp.

— Ils n'arrêteront iamais.

— C'est à cause des Namas. Depuis la fin de la guerre, ils sont tous immobilisés. Il paraît qu'ils veulent construire une nouvelle ligne de chemin de fer. Ils cherchent des volontaires. Je me suis proposé. Ils veulent aussi un directeur. Qui sait ? »

Un directeur.

Ça suffit pour Jakob. Il se leva, renversa son plateau et se rendit dans le bureau du gouverneur. Ce poste était pour lui. Il avait toute la légitimité. L'autochtone. Aucun soldat ne lui volerait sa seule chance de se rapprocher de Brunhilde. Il s'agissait d'un camp, il les avait en horreur, mais le sacrifice valait la peine. Et il pourrait le gouverner à sa manière, y mettre un peu d'humanité. Ce serait même l'occasion de prouver à Brunhilde qu'il avait changé, qu'il était devenu responsable lui aussi, qu'il se souciait du futur des peuples indigènes.

Le bureau du gouverneur, il le connaissait, il était un peu chez lui. Pour une fois, il devait faire preuve d'autorité. Cet homme n'était pas adepte des lois africaines.

« J'irai droit au but. Je sais qu'un camp a été créé au sud, près de Lüderitz.

— *Shark Island.* Pourquoi une telle agitation ?

— Shark Island ?

— Une île rocailleuse, on dit que la mer est infestée de requins.

— Bien, peu importe. J'aimerais être muté là-bas, en tant que directeur. » À ce moment-là, Jakob pensait que rien ne le séparait plus de Brunhilde. Quinze ans qu'il avait débarqué ici. Il n'avait rien exigé, il n'avait fait que suivre les ordres, tuant sans poser de questions, exécutant cette famille de Damaras, puis ces Namas, ces Hereros, c'était à son tour de décider. À trente-quatre ans, il devait assumer.

« Pourquoi ? »

Pourquoi ? Quelle question. Jakob ne voulait pas expliquer les véritables raisons.

« Je connais ce coin du pays. J'y ai passé de nombreux mois, il y a longtemps. J'aimerais y retourner, d'autant que j'ai rencontré les Namas à plusieurs reprises.

— Bien, bien. Ackermann, c'est ça ?

— Oui.

— Vous avez débarqué en 1889, non ? Impressionnant. Le général von Trotha vous a recommandé. Je n'ai aucune raison de vous dire non. Le poste est à vous. Vous partirez pour Rehoboth, puis rejoindrez Keetmanshoop. Là, vous embarquerez avec les Namas qui ont été arrêtés. Vous aurez un régiment de dix-huit hommes à votre charge.

— Quand est-ce que je pars ?

— Dans une semaine. Vous avez une expérience des camps ? »

Jakob se racla la gorge. « J'ai eu l'occasion d'en voir un à Swakopmund.

— Vous êtes au courant des règles, alors. Vous serez en charge de la location des indigènes. Des colons ont déjà manifesté leur intérêt. En ce qui concerne le règlement intérieur, vous devez le connaître, mais je vais vous donner un exemplaire. » Le gouverneur sortit de son bureau un dossier qu'il remit à Jakob. « Vous trouverez tout là-dedans. Et tenez, prenez aussi ces registres, afin de tenir les comptes. Nous comptons sur vous. Ces camps servent aux fondations de la colonie. C'est grâce à ça que les infrastructures peuvent être construites. Les indigènes sont une marchandise qu'il faut exploiter au maximum.

— C'est compris. Je me prépare à partir. »

Les deux hommes se serrèrent la main et Jakob retrouva sa chambre. Ça s'était bien passé, bien mieux que ce qu'il avait pensé. Il avait enfin une porte de sortie, une possibilité de repartir à zéro.

Il serrait ses osselets. Bientôt, il n'en aurait plus besoin. Il prépara son barda. Il n'avait rien de plus que lors de son arrivée. Tant d'années et aucune possession, à part cette stupide médaille. Il avait reçu une solde de militaire, mais l'argent était déposé sur un compte en Allemagne, si bien qu'il n'en avait pas la jouissance directe.

La première chose à faire était de prévenir Brunhilde. Il ne lui avait pas parlé depuis des années, mais elle ne l'avait pas oublié, il en était certain. Il se rendit au centre de communication et lui télégraphia. Il fut bref, concis, se contenta de dire « Je suis envoyé en mission. Près de chez vous. J'aimerais vous visiter. Jakob. » Il hésita à rajouter J'ai beaucoup pensé à vous, mais il jugea sage de ne rien mettre.

La première partie du voyage fut assez calme. Il alla jusqu'à Rehoboth, où le groupe des Baster survivait tant bien que mal. Ils avaient passé des accords de protection avec l'armée coloniale, qu'ils avaient respectés, néanmoins, ils étaient aussi soumis aux nouvelles lois. Ce peuple n'avait jamais cru en un soulèvement indigène, aujourd'hui, certains se demandaient s'ils n'avaient pas eu tort. Au moins, ils échappaient aux camps.

Jakob y resta une journée avant de repartir pour Keetmanshoop, plus au sud. La ligne de chemin de fer était terminée et le train roulait sans encombre. Parfois, il fallait ralentir, parfois, on avait l'impression que l'on allait dérailler, mais la machine se remettait toujours d'aplomb.

Jakob trouvait le temps long. À côté de lui, des colons lisaient les journaux de la colonie ; ces torchons.

Une fillette assise en face de lui.

Dans les huit ans.

Jakob se demanda ce qu'elle faisait ici, ce n'était pas un lieu adapté pour elle. Les premiers colons à s'être installés l'avaient fait il y a longtemps, et ils commençaient à fonder des familles. Le cheminement normal. La voilà, cette terre de peuplement dont avait parlé Göring, elle était là, sous ses yeux. Cette petite était née ici. Elle était allemande mais venue au monde sur le sol africain, ce qui changeait bien des choses. Pourtant, elle avait la peau blanche, laiteuse, des nattes blondes et un air revêche.

Elle ne collait pas avec ce paysage qui défilait par les vitres – parfois, on voyait fugacement des groupes d'hommes noirs, encadrés de colons, construire plus de rails. Les fouets claquaient dans l'air sec. Elle aurait dû être à l'école allemande, mais elle était ici. Cette génération-là, qui allait hériter d'une terre colonisée et acquise, comment allait-elle vivre ? Porterait-elle, un jour, la nationalité africaine avec fierté ?

Jakob était intrigué par le futur de la colonie Combien de temps allait durer leur domination ? Éternellement, tout le monde l'aurait parié, mais Jakob avait des doutes. La situation en Europe déterminait celle du monde. Et si l'Allemagne perdait de sa grandeur ? Les répercussions seraient désastreuses ici Mais il ne serait sans doute plus là pour le voir.

Il se cala au fond de son siège, se fit un oreiller de fortune et tenta de s'endormir, fermant les yeux sur la vision de cette enfant, qui se tenait le dos bien droit, sans aucune fantaisie sur le visage.

L'arrivée à Keetmanshoop fut chaotique. Sur le quai, des centaines de Namas etaient enchaînés les uns aux autres. Des soldats, trop peu nombreux, dispensaient des coups tout en hurlant. En descendant, Jakob vit la jeune fille terrifiée, ce qui le rassura. Celle qu'il avait prise pour un automate s'était blottie dans la jupe de sa mère. Il lui sourit, ce qui l'effraya encore plus. Les générations futures, allemandes ou non, seraient peut-être moins cruelles.

Un train avait été réquisitionné pour Jakob et son équipage. Les prisonniers étaient généralement transportés dans des wagons ouverts, pas cette fois-ci. Jakob se fit connaître du chef de gare, qui l'emmena voir un soldat. Un jeune type de vingt ans, à son service. Les Namas étaient plus nombreux qu'ils ne pensaient et le train semblait trop petit.

« Trop petit ? reprit Jakob. Ils devraient déjà avoir embarqué. Nous devions être à Lüderitz en fin de journée.

— Je sais, lieutenant, mais que voulez-vous ? On a eu une livraison de prisonniers supplémentaires, on ne peut pas les laisser sur le quai.

— Il n'en est pas question. Montrez-moi le train. »

Le soldat emmena Jakob vers une série de trois wagons noirs, avec de grandes portes en métal. Jakob était si impatient qu'il ne trouva pas ça inhumain. Il passa la tête. Des dizaines de Namas étaient entassés.

Jakob était en charge, c'était à lui de prendre une décision. Il alla dans le wagon avant, où il devait voyager avec ses officiers. Il aurait pu caler quelques prisonniers ici, mais si peu. Pas la peine de se donner ce mal.

« Ils doivent se serrer, je ne vois pas d'autre option. Jakob regarda sa montre. Nous avons déjà une demi-heure de retard sur le programme. » Le soldat se demanda pourquoi il était si à cheval sur l'horaire.

« Bien, lieutenant, je vais ordonner qu'on les charge.

— C'est ça, faites-le.

— Le train devra rouler plus lentement par contre.

— Ça n'a pas d'importance, tant que nous roulons. Allez-y maintenant. »

Les soldats firent grimper les Namas à l'aide de boucliers. Quand ils parvinrent à refermer les portes, le train se mit en marche. Jakob pouvait enfin souffler. Un trajet de quelques heures le séparait de Brunhilde et de sa nouvelle vie. Il avait déjà pensé à la manière dont il organiserait ses journées. Il pourrait prendre une chambre à Lüderitz et venir travailler chaque matin, puis, avec les années, il pourrait emménager dans la grande maison blanche. Je terminerai alors les travaux que je n'ai pas eu le temps de finir. C'est une excellente idée. Il ne réalisait pas ce qu'un tel poste impliquait. De l'organisation qu'il faudrait mettre en place.

Le train était une véritable fournaise, mais Jakob ne s'en rendait pas compte. Derrière, les indigènes étaient agglutinés, devant se faire dessus, respirant un air saturé de merde, de relents de vomi. Une seule fente laissait entrer un peu de fraîcheur, mais si peu. Ils étaient debout, noyés dans une souffrance commune. D'éleveurs, d'agriculteurs, ils étaient devenus prisonniers de guerre. Jakob se montrait de plus en plus impatient. Le paysage défilait et il avait une vie à rattraper. Il ne pensait qu'à elle. Il n'avait reçu aucune réponse, mais ça allait changer.

En jetant un œil dehors, il vit la lumière du jour baisser. Il ne pourrait pas la voir aujourd'hui. Ils auraient dû arriver, alors qu'ils n'étaient qu'à la moitié du chemin. La plaine était immense. Des couleurs vertes, violettes, ocre, orangées se mélangeaient pour faire de ce paysage une vraie peinture. Jakob passa une main dehors. L'air se rafraîchissait. Il en était heureux, là-bas, la poussière était moins importante.

Il essaya de dormir, en vain.

Ses yeux se fermaient, mais il les rouvrait aussitôt, ne parvenant pas à contenir son enthousiasme.

À côté, les soldats dont il avait le commandement le regardaient, un peu désabusés, attendant un mot, un bonjour, qui n'arriva jamais. Ils savaient qu'il s'appelait Ackermann, c'était suffisant pour Jakob.

Il se leva et fit quelques pas. Le paysage avait encore changé. La lumière se reflétait sur une étendue blanche, scintillante, on aurait presque dit de la neige, ce qui lui donna chaud au cœur. Un troupeau d'oryx regardait passer le train. Des autruches couraient après sans savoir pourquoi. Loin, Jakob aperçut l'océan. Une tache grise entre les montagnes et les dunes. Quelque chose de réconfortant. Une ouverture sur le monde.

Le train entra en gare de Lüderitz à la nuit tombée. Les prisonniers débarquèrent en une longue procession. Ils étaient attachés entre eux pour éviter tout débordement. Un peu en retrait, Jakob les regardait. Une compassion mise à dure épreuve. Pauvres, pieds nus pour la plupart, crasseux. Leur état naturel, disait-on autour de lui.

Le reste de sa troupe attendait à la gare. Ils étaient au complet, dix-neuf hommes, un chiffre qui le suivait partout. Et des centaines de prisonniers. Demain, des milliers. L'île était en face de la ville, au milieu de l'immense baie rocailleuse. Quelques kilomètres seulement. Les soldats allumèrent des flambeaux et entourèrent le convoi.

Ils avançaient vers le camp quand les prisonniers se mirent à chanter. Jamais vaincus. Pleins d'espoir encore. Ne sachant pas qu'on pourrait leur infliger ça très bientôt. Leur bout du voyage. Shark Island. Leurs chaînes tintaient ensemble.

Dans l'obscurité, quelques points lumineux apparurent. Ils arrivaient. Des bougies au milieu de l'océan. Jakob se sentit soulagé. C'était son île. Ici, plus de von Trotha ou de Leutein, plus d'ordres ; et Brunhilde si près. Une brise marine vint caresser son visage. Il était le maître des lieux, il pourrait enfin décider du comportement des hommes.

Afin de rallier l'île, les soldats avaient en leur possession deux canots, pouvant contenir une dizaine d'hommes. Cela correspondait à beaucoup d'allers-retours, surtout dans la nuit, mais ils n'avaient pas le choix. Jakob ne se rendait pas compte du côté inhospitalier de l'île. Elle était loin, entourée de noirceur, ce qui la rendait presque romantique. Il ne savait pas que ce n'était qu'une succession de rochers, parfois coupants, souvent glissants.

Il embarqua sur un canot et traversa ce bout de mer qui le séparait de Shark Island. Lorsqu'il posa le pied sur ce caillou, il se sentit puissant. Un seul bout de plage permettait d'accoster. Il regarda derrière et vit ses prisonniers. Il allait gérer ce camp à sa manière, ici pas de dissection, de carnage, ils étaient des prisonniers, rien d'autre. Sur la gauche, une grande tente avait été montée. C'est là que Jakob avait sa couche. Le confort était spartiate, mais il y était habitué.

Il alla poser ses affaires alors que le flot de prisonniers continuait. Une fois débarqués sur l'île, ils étaient amenés sur la partie nord, qui était délimitée par des barbelés. Entre les pierres, les soldats avaient creusé des passages étroits afin de circuler. Les Namas restaient attachés entre eux. Ils n'avaient aucun espoir de fuite, mais c'était une sécurité supplémentaire.

Jakob fit le tour du propriétaire. Les indigènes avaient à leur disposition de quoi monter des tentes et quelques sacs de nourriture. Ils s'organiseraient comme ils le voulaient, Jakob leur concédait ça.

Il referma sa veste sur son torse.

Le climat était inhospitalier. Les embruns balayaient l'île et la rendaient humide. Rien de très accueillant, il fallait l'avouer, mais Jakob avait une tente, et là, derrière, il apercevait les feux de Lüderitz. Une raison suffisante pour tout endurer. La ville s'était encore étendue. Toujours au centre, comme le point unificateur, il crut reconnaître la maison blanche. Brunhilde devait y être au chaud.

Le débarquement dura toute la nuit.

Jakob se coucha tard et se réveilla tôt. Il n'avait presque pas dormi, le bruit des vagues l'angoissait, il avait plusieurs fois eu l'impression que l'île était submergée, mais il avait hâte de profiter de cette journée. Ses soldats lui étaient dévoués. Ils alternaient les tours de garde, le reste du temps, ils le passaient à jouer aux cartes.

Ils n'allaient que rarement à quai. Une fois le matin, pour débarquer les Namas qui avaient été choisis pour travailler, une fois le soir, pour les ramener.

La plupart des prisonniers étaient loués par la compagnie de chemin de fer. Elle en employait des centaines pour agrandir ses lignes. En quelques années, ce sont eux qui allaient étendre les rails. Souvent, ils travaillaient des jours d'affilée, sans rien à se mettre sous la dent, sans qu'on leur donne de l'eau, sans qu'ils ne fassent aucune pause.

Il n'était pas rare d'en voir s'écrouler sur place. S'ils étaient vivants, on leur balançait un seau d'eau, s'ils étaient morts, on les mettait dans une fosse commune, près de Shark Island. Un charnier à ciel ouvert. Les soldats creusaient quelques mètres, pas plus, et entassaient les corps de ceux qui y étaient restés, en prenant soin de le mentionner dans leurs registres. Tout ce qui se passait dans les camps était répertorié. D'un côté la folie destructrice, de l'autre la construction d'un pays. Des prisonniers déshumanisés.

En à peine deux mois, Jakob avait mis en place un mode de fonctionnement efficace. Les compagnies et les colons étaient satisfaits de la main-d'œuvre. C'est vrai que beaucoup de prisonniers mouraient dans d'étranges conditions, mais il en arrivait toujours plus, si bien que ça s'équilibrait.

Jakob ne pensait pas qu'il était capable de faire preuve d'une telle organisation, pourtant, c'est lui qui dirigeait ce camp. Lui qui décidait du sort de ces milliers de prisonniers. Il s'en était rapidement rendu compte, une telle organisation nécessitait sa présence quotidienne sur l'île. Un travail bien plus prenant que ce qu'il avait imaginé. Rien à voir avec ses précédents voyages à Lüderitz.

Depuis qu'il était arrivé, Brunhilde ne lui avait pas fait signe de vie. Chaque semaine, il se rendait à la ville et sonnait chez elle. Toujours les mêmes réponses.

Brunhilde est absente, Monsieur, je peux prendre un message ?

Dites-lui que je suis passé. Jakob Ackermann, elle me connaît.

Chaque semaine, la bonne lui racontait ces mensonges. Brunhilde était en voyage, ou au marché, sauf qu'il ne la voyait jamais. Il arpentait la ville à sa recherche. Il était retourné au phare, chez ce marchand de tissus qui le reconnut, à la mairie, mais rien. Était-elle seulement vivante ?

Oui, elle va bien, je vous assure, c'est qu'elle est très prise, c'est elle qui s'occupe des terres maintenant, lui assurait la bonne. Elle avait envie de lui dire qu'elle avait ordre de le repousser par n'importe quel moyen, mais elle n'y arrivait pas. Jakob portait un uniforme de lieutenant, ce qui n'était pas rien. Il n'y a que lui qui semblait ne pas s'en rendre compte.

Au fil des mois et des refus, Jakob muscla son autorité dans le camp. Il était comme les autres. Plus la misère devenait évidente et présente, plus il se montrait cruel, voyant dans son extrême fermeté le seul moyen de l'endiguer. L'engrenage se fit d'une manière rapide, aidé par sa frustration de ne pas réussir à voir Brunhilde. Par souci de gain de temps, il ordonna à ce qu'on jette les cadavres des Namas morts aux requins, qui s'agglutinaient chaque jour un peu plus autour de l'île. Un spectacle qui amusait les soldats. Des dizaines d'ailerons, de nageoires, se déchirant pour un bout de chair. Les Namas encore vivants assistaient par anticipation, impuissants, à leur propre fin.

Des milliers avaient déjà perdu la vie.

Chaque semaine, Jakob télégraphiait au fort les nouvelles : nombre de morts, de malades, de loués, les bénéfices, l'avancée des travaux… En réponse, le fort accentuait ou non le flot de prisonniers.

Jakob avait arrêté de visiter leur partie de l'île. Plus facile de les laisser à distance. Il donnait des ordres, qui n'étaient pas discutés. Le représentant de la compagnie de chemins de fer avait trouvé en lui un allié. Un peu désœuvré, certes, mais efficace.

Après six mois de visite hebdomadaire à la maison blanche, Jakob reçut une lettre de bon matin, déposée par la bonne en personne. Le débarquement des prisonniers était en cours. Elle cria à se briser la voix avant que Jakob ne l'aperçoive.

« Amenez-moi à terre », dit-il à un soldat. Il était mauvais rameur et ne voulait pas être mouillé.

Elle se tenait dans le froid. « Madame Brunhilde m'a demandé de vous remettre ça. » Elle lui tendit une lettre puis tourna le dos, inconfortable face à la scène qui se jouait sous ses yeux. Elle ne voulait pas être complice de ça. Les camps étaient construits suffisamment loin du centre des villes afin que les citoyens n'aient pas à savoir. Ils pouvaient louer les services d'un indigène, mais pas mettre leur nez dans cette organisation.

« Att… attendez, c'est tout ?

— Oui, c'est tout.

— Mais… elle est rentrée alors ?

— Oui.

— Pour de bon ?

— Je l'ignore, monsieur. Lisez la lettre, vous verrez. »

Jakob la regarda s'éloigner. Elle dérapait sur les pierres et faisait son possible pour garder l'équilibre.

Il était si impatient qu'il ouvrit la lettre dans la foulée, sans prendre garde au soldat qui se trouvait à côté de lui. Brunhilde n'avait tracé que quelques lignes, mais il fut heureux de les lire.

Elle souhaitait lui rendre visite.

Jakob se dit qu'il aurait préféré la voir ailleurs, mais elle insistait pour venir à Shark Island. Après tout, elle avait toujours eu des goûts fantasques. Jakob plia la lettre et donna une tape amicale au soldat.

« Ramenez-moi maintenant. »

43.

Okahandja, janvier 2004

Les gens sont pris d'une soudaine tristesse, sans savoir pourquoi.

Je ne peux pas dire ce qui arrivera demain, en tout cas, ce jour de janvier, j'ai l'impression d'avoir fait quelque chose d'utile. Enfin, d'avoir assisté à quelque chose qui sera utile. Ma présence n'a rien influencé, je me suis simplement trouvé là parce que je le voulais.

Les six cents Hereros sont en train de se disperser. La fin d'une longue attente. L'enthousiasme qui s'effrite. La fatigue qui vous assaille. Des petits groupes restent, espérant plus, se disant que la journée ne peut se terminer aussi vite, pensant que demain, ils doivent être à huit heures au bureau.

Ludwig me rejoint.

« Tout va bien avec Hanna ?

— Oui, ne t'en fais pas. C'est juste… »

Je l'ai toujours vue comme étant l'opposée de mon père. Ma mère était sa femme et son passé était anecdotique. Il ne lui a posé aucune question, n'a pas cherché à savoir. Il a cédé face à ce qui avait lieu et, en quelque sorte, a acheté sa liberté. Hanna a fait le contraire. Elle voulait aller sur les traces de ce passé, du mien. Cet enthousiasme était étrange pour moi. Il me manquait un certain recul.

« Alors ? »

Ludwig en veut plus.

Attablé à un comptoir, je descends une gorgée de bière. J'aime sentir le verre mouillé dans ma main.

Un grillon esseulé chante encore.

Un jeune garçon mène trois chèvres, râlant sur le monde.

L'héritage de la colonie.

Ludwig se concentre, comme si on abordait quelque chose de plus important que la simple colonisation en Afrique. « Tu peux me parler des liens avec le IIIe Reich. Tu es contre l'idée d'isoler ce régime de toute continuité historique ?

— Je dis que le rôle de certains dans le gouvernement du Sud-Ouest africain a influencé l'histoire politique du pays. Qu'il y a des sources, des racines, et qu'elles sont profondes.

— Je vois. » Pour la première fois, Ludwig n'a pas l'air complètement d'accord avec ce que je dis.

Pour avoir vécu en Allemagne, je sais qu'il faut traiter la question avec délicatesse.

Je lui parle de l'héritage de Lothar von Trotha et de sa politique, de la descendance du gouverneur Göring, de l'influence du docteur Fischer, il y a aussi Franz Ritter von Epp…

Des noms, des noms, il y en aurait bien d'autres.

Ça n'a pas commencé en 1933. C'est ce que je sais.

Des pratiques au service d'idées qui ont traversé les siècles. La pureté raciale d'un côté et l'extension sur un autre territoire, l'espace vital, en sont les meilleurs exemples. Ces préceptes ont alimenté l'Allemagne de l'entre-deux-guerres, mais l'idée s'était propagée dans la société bien avant. « Que penses-tu des terres de peuplement mises en place dans la colonie ? »

Comme un peintre fait une esquisse, l'Allemagne a fait le Sud-Ouest africain. Pas de manière préméditée, sans vision à long terme, c'est possible, l'Empire n'est pas le IIIe Reich, il n'empêche que ça a bien eu lieu. Les méthodes coloniales ont été une porte ouverte à de nombreuses déviances. La vision de l'autre à cette époque a conditionné une mentalité.

Des enfants en terme de civilisation, c'est ce que j'ai lu un jour. Au vu de ce qu'il s'est passé, j'ai trouvé que c'était condescendant.

Ludwig mastique le bout de son stylo, il a du mal à organiser ses idées. Souvent, j'ai été confronté à cette attitude, ici, les rescapés le sont du régime sud-africain, là-bas, on date l'histoire différemment.

« Avant tout, ce fut l'engrenage d'une nation. Pour la gloire de l'Empire, la propriété, le confort, une partie de la population a accepté de sombrer dans l'horreur. Le massacre avait lieu si loin, ils se sentaient protégés par la distance.

— Donc ils n'étaient pas au courant selon toi ?

— S'ils l'étaient, ils ne le voyaient pas. Ils entendaient des choses, mais n'y prêtaient pas attention. Une contrepartie qu'on accepte pour son bien-être personnel.

— Et les soldats ? »

Ces soldats qui étaient mes ancêtres. Pas seulement Pavlov mais tous ceux qui sont venus ici. Les capitaines, les généraux, cet Ackermann qui a signé un registre accordant la liberté à ma grand-mère ; je suis eux, quelque part.

« La conquête blanche a placé hors de l'histoire ces Africains, elle a tu leur présence, ne leur donnant aucun cadre juridique. En plaçant l'homme blanc au centre de tout, en mettant au point un système de valeurs vertical, les hommes de l'Empire ont façonné un peuple, et ça a commencé par les soldats et les colons. Ensuite, tout le monde s'est laissé prendre dans un engrenage. On est capable du pire quand on nous dit de le faire en toute impunité. »

On reste silencieux un moment. Son enregistreur continue de capter le vide.

Une lumière rouge scintille dessus.

Un bimoteur passe en rase-mottes, une banderole lui sortant du cul, sauf qu'on ne peut plus rien lire à cette heure. On se sent vidé, d'un coup. Ça a commencé par mes propres archives, il y a longtemps, puis ça m'a dépassé.

« Ces événements, on les a pris comme une parenthèse dans la vie d'une nation. » On choisit avec soin la mémoire qu'on veut faire subsister et ce qui ne nous plaît pas, on le laisse sombrer dans le puits de l'indifférence. Ces souffrances qui font tache, passées sous silence, comme si, en les taisant assez, elles finiront par disparaître. À l'époque, ces choses arrivaient, dit-on pour rassurer sa conscience. Puis cette folie a poussé plus loin. L'Europe de l'Est est devenue le nouveau Sud-Ouest africain et ceux qui y vivaient allaient connaître le même destin que les Namas, les Hereros, le progrès en plus, tandis qu'ici, on préparait l'apartheid.

« Je vois. Ça t'ennuie de revenir sur Fischer ?

— Quoi, Fischer ?

— Je voudrais ton avis.

— …

— S'il te plaît. C'est important pour moi aussi.

— Il se faisait envoyer les crânes dans son université pour les disséquer avec ses médecins. Parmi eux, il y avait Mengele.

— Ah ! »

Aujourd'hui, on a peut-être dépassé ce genre d'idées, mais l'eugénisme reste d'actualité. Un précipice attirant, où on y voit le reflet de l'humanité. « Tu sais, demain, les hommes vivront mille ans, j'ai assisté à une conférence là-dessus.

— Mille ans ? C'est Hanna qui va être contente !

— T'es con… Parfois, ça me fait peur. Aujourd'hui, les visionnaires sont enfermés dans des laboratoires, employant des mots dont on n'a aucune idée, préparant sans doute les prochaines grandes vagues de haine, prêts à diviser une nouvelle fois et de manière inédite les populations. Nos gènes continueront de nous définir, mais il ne sera plus question de couleur, il sera question d'avoir été amélioré ou non. Et de l'autre côté, au milieu de cette masse de connaissances, de ces machines sur le point d'acquérir une conscience, il y a nous. J'espère qu'on ne se bat pas pour des coquilles vides. Avant, le rivage lointain était l'Amérique, l'Afrique, les Indes, maintenant il est technologique. Informaticiens, physiciens, généticiens, futurologues, ce sont eux les Christophe Colomb aujourd'hui et internet leur sert de caravelle vers le nouveau monde Ça a de quoi faire peur tout ça… »

Un coup de tonnerre résonne. Ludwig sursaute. Son calepin tombe dans la poussière. La pluie, pas loin. De longues traînées sur les herbes folles. Les feuilles des palmiers se fracassent entre elles. Ce n'est que temporaire.

Les répercussions d'un orage.

« Ne t'inquiète pas, on ne devrait pas se faire mouiller. Il essuie son calepin sur son pantalon.

— Hum… la pluie. » Il vient d'avoir une vision.

« Tu es prêt à y aller ? On continuera dans la voiture si tu veux. Je croise mes mains, étire mes bras.

— Laisse-moi juste une minute. » Ses papiers traînent partout. Des gribouillages dans tous les coins. Il a fait un sacré boulot, a parlé avec tout le monde, maintenant il doit essayer de comprendre, d'organiser ses idées.

Il commande un autre verre. C'est encore frais dans sa tête.

Le dernier, promis, après on y va.

Hanna est dans la voiture, elle s'est assoupie. Les bras en croix sur ce foulard en soie que je lui ai offert.

Je marche un peu. Il y a un arbre noir, solitaire.

Il ne reste personne, à part Ludwig, qui finit de taper son article. Il me fait un signe. Il est rougeaud, comme s'il s'était allongé au soleil des heures durant sans se protéger. Un problème que je ne connais pas.

La fatigue se lit sur son visage.

Les effets du voyage.

Des bocks de bière traînent sur des tables, les tentes n'ont pas encore été démontées, la scène est étrangement vide, comme si en un claquement de doigts tout le monde avait quitté la fête.

Quelques chiens reniflent, ils cherchent les restes d'un hot-dog, d'un sandwich, la queue frétillante.

Les bras ballants, j'attends.

Je suis arrivé le premier sur les lieux.

Je suis maintenant le dernier, debout au milieu de cette place qui, sans doute, va encore abriter de nombreux événements importants pour ce pays. Okahandja est notre ville, et on a le droit d'en être fiers.

On a le droit d'être fiers, c'est un sentiment dur à gagner, mais une fois qu'on a fait le chemin nécessaire, on ne peut pas lui tourner le dos.

Je sens la plante de mes pieds douloureuse.

Demain, je parlerai à Hanna. J'aimerais l'emmener en vacances, peut-être dans le sud, où les événements historiques sont absents. Ou peut-être loin d'ici.

Je pense à ces os découverts près de Lüderitz.

Ce charnier dévoilé par le vent.

Je pense à cette île qu'on a rattachée à la terre et sur laquelle on a installé un camping. Pas de plaque commémorative, ou si peu, mais des fils tendus pour le linge, des trous pour le barbecue, des emplacements pour les voitures.

Certaines choses ne pourront être rattrapées.

Cette capacité à l'oubli est peut-être ce qui nous fait avancer.

Des jeunes viennent faire du feu, écouter de la musique, danser là où l'horreur prenait place il n'y a pas si longtemps. On hésite à sauter à l'eau, elle est un peu froide, les requins sont partis depuis. Pas loin, on élève des huîtres. Rien pour expliquer ce que ce rocher, pendant quelques années, a abrité. Aucune mémoire visuelle.

Je pense à Munich, à cette petite place que j'aime. Cette fontaine que rien ne perturbe. Je pense aussi à cet homme, je ne sais pas à quel point je peux le considérer comme un membre de ma famille. Je le connais un peu mieux mais il reste un étranger, peu importe le nom que je suis prêt ou non à lui donner.

Plantés dans le sol, des moulins à vent en papier perdent leurs ailes.

Faire le chemin retour, une journée comme une pause.

J'ai satisfait ma curiosité.

Sur le sol obscur, se détachent des ombres. Elles s'agrippent à mes mollets, grimpent pour chercher refuge, je les laisse faire, acceptant ce qu'elles ont à dire. Je les ingurgite, elles se faufilent partout avant que je les expire dans un long bâillement.

Reconstruire leur mémoire pour enfin construire la mienne.

Ne plus être l'innommable.

Je suis au milieu de ce champ de poussière. Des milliers d'ectoplasmes tournent. La journée s'achève. Je suis prêt à rentrer chez moi.

44.

Shark Island, 12 février 1906

Jakob ne tenait plus en place. Brunhilde était à quelques mètres, dans le canot qui l'emmenait à Shark Island, ce camp de la mort qu'il dirigeait malgré lui. Ce soir, après toutes ces années, ils allaient enfin dîner ensemble. Sans que la société s'en mêle.

Elle avait vieilli depuis la dernière fois. Elle lui parut un peu froide, pas assez pour gâcher son plaisir. Pour l'occasion, il avait fait dresser une table près de sa tente, de manière à ce qu'ils dînent en admirant la baie et l'océan, et à ce que la vue du camp lui soit cachée. Jakob n'avait pas oublié à quel point elle soutenait les indigènes, il ne voulait pas qu'elle voie ce qui avait lieu ici.

« Venez, je vous ai préparé quelque chose de spécial. »

Elle ne fut pas impressionnée par ses efforts, elle trouva même qu'il y avait quelque chose de grotesque, mais elle ne dit rien, elle se contenta de lui rendre ce sourire de façade qu'elle s'était créé avec le temps. Ce rocher hostile la rendait mal à l'aise. Pas une plante, pas une fleur, que du gris et du bruit.

« Nous avons tant de choses à nous dire, Brunhilde. J'ai beaucoup pensé à vous.

— Moi aussi, Jakob. Moi aussi.

— Ah oui ?

— J'étais curieuse de savoir ce que vous deveniez. » Il tira une chaise et l'invita à s'asseoir. « Je vous en prie. Vous voulez boire quelque chose ? J'ai fait venir du vin.

— Du vin ! » Jakob était trop heureux pour déceler son ton cynique.

« Ça vous dit ?

— Plus tard, peut-être. J'aimerais visiter l'île. »

Son visage s'assombrit. « Je ne pense pas que ça vous intéresse. Il n'y a pas grand-chose à voir ici. Pas pour une dame, en tout cas.

— Les secrets de l'armée, c'est ça ?

— Non, c'est juste qu'un tel endroit n'a rien à vous offrir.

— Faites-moi visiter, Jakob. » Il la connaissait assez pour savoir qu'il n'avait d'autre choix que de lui faire faire le tour de l'île. Il prit son bras, espérant que ça calmerait sa curiosité.

Ils passèrent par le chemin entouré de fils barbelés, virent les tentes des Namas, pleines de merde, de saletés, virent les corps décharnés, la désolation de ces hommes, de ces femmes, des malades, des amputés, des enfants déformés par la faim, des fous, des yeux qui refusent encore de croire que tout cela arrivait, virent ces bras rachitiques, ces jambes qui ne portaient plus, écoutèrent ce silence qui n'en était pas un. Trop d'horreurs réunies sur ce bout de terre. Sur ce caillou au milieu de l'Atlantique. Jakob essaya de la minimiser, mais elle était bien sous leurs yeux. La misère humaine. À voir la mine de Brunhilde changer, il se douta qu'il était allé trop loin. C'était moche, mais le camp était en face de Lüderitz et à cet instant précis, il avait Brunhilde à son bras, alors ça valait probablement la peine.

Fermer les yeux pour son propre bonheur, c'est ce que font les gens en général, non ?

« Si nous allions dîner, maintenant.

— Je ne pense pas avoir très faim, mais allons-y. Je vous suis. » Elle baissa la tête pour ne croiser le regard d'aucun Nama. Elle aurait eu trop honte.

Le soleil déclinait sur l'horizon quand Jakob sortit de la tente, une bouteille à la main. Il ne voyait pas le malaise persistant de Brunhilde.

« Je vous ai préparé des crabes, certains les ramassent par ici, il paraît que c'est délicieux, je n'en ai jamais mangé. » Il s'affairait à tout dresser quand Brunhilde restait muette, le regard dans le vague. Lorsqu'une larme se forma au coin de son œil, elle sembla revenir à la réalité.

« Tenez », dit Jakob en lui tendant un verre. Elle le descendit d'un trait. Jakob sifflait tout en cassant les pinces de crabes. Une brise légère souffla, peut-être l'annonce d'une tempête à venir. Quand il arriva à table, les bras chargés, il la vit contrariée.

« Tout va bien ? Ça ne vous plaît pas ?

— Savez-vous ce que vous êtes en train de faire Jakob ?

— ...

— Ils parleront de vous comme un meurtrier.

— Pardon ?

— Ce camp, Jakob, ces gens. »

Il se rinça la bouche d'une grande rasade de vin. Où voulait-elle en venir ? « Je ne vois pas ce que vous voulez dire, Brunhilde. Mangez plutôt, nous avons attendu toutes ces années. J'ai souvent imaginé nos retrouvailles, vous savez.

— Il ne s'agit plus de vous et moi.

— Vous allez encore me blâmer pour la guerre. Je sais que ce n'est pas bien, mais nous n'avions pas le choix. Plus de cent Allemands sont morts, je vous rappelle, ça ne vous fait rien, ça.

— Pour combien d'indigènes ?

— C'est pour votre sécurité que cette guerre a eu lieu, pour vous protéger.

— Oh, Jakob, s'il vous plaît. Comment avez-vous pu supporter les agissements d'un homme comme ce von Trotha ?

— On ne va pas revenir là-dessus. Si je vous ai invitée, c'est que je voulais vous parler de ça. D'ici trois ans, je vais quitter l'armée. Nous allons enfin pouvoir passer du temps ensemble.

— Vous êtes à côté de la plaque, Jakob.

— Voyons, vous n'êtes pas satisfaite de ces nouvelles routes, de ces constructions dans la ville ? Ces changements se font grâce aux Namas. Nous apportons la modernité, le chemin de fer va vous changer la vie. Vous disiez souffrir de solitude, je m'en rappelle. Des gens vont venir. Des Allemands, des amis.

— Vous ne comprenez pas…

— Arrêtez un peu avec ça. » Jakob se leva de table et renversa un verre qui se brisa au sol, ce qui fit sursauter Brunhilde. Rien ne se passait comme prévu. Elle n'était pas habituée à le voir s'emballer de la sorte. « Au contraire, je comprends, reprit-il, ne voulant pas hausser le ton, mais ayant du mal à se retenir.

— Je vois que vous pouvez encore vous énerver.

— M'énerver ? C'est la meilleure. Cette soirée, Brunhilde, ne la gâchez pas. Ne jouez pas avec moi.

— Jouer ? Il n'a jamais été question d'un jeu, Jakob. Vous voulez bien ouvrir les yeux.

— Si, pour vous, tout n'est qu'un jeu. Vos lettres, vos encouragements, votre présence…

À peine nous retrouvons-nous que vous me jetez à la figure vos reproches. Je ne suis pas le Reich, je ne suis pas l'armée, je ne suis qu'un simple soldat. Voilà ce que ce pays a fait de moi. » Il se désigna des pieds à la tête. « Voilà qui je suis, rien de plus. »

Il se rapprocha d'elle, prit sa main, presque avec brutalité.

« Mais aujourd'hui, tout ça ne compte plus, nous sommes ensemble.

— Jakob, non. C'est trop tard aujourd'hui. Regardez ce que vous êtes devenu.

— Trop tard ?

— Vous pensez avoir le droit de m'aimer ? C'est bien de ça dont il s'agit. Qu'est-ce qui vous a mis cette idée dans la tête ? Avez-vous vu où nous sommes ? Vous pensez qu'il y a de la place pour ça ici ?

— Vous êtes là, pourtant. Vous n'allez pas encore me dire que c'est à cause de mon uniforme. Pour vous, j'ai décidé de l'enlever.

— Dans trois ans… Après avoir attendu près de quinze ans.

— Vous ne m'écoutez pas.

— Si, et je vous ai même entendu. Je ne pourrai jamais vous pardonner, Jakob. Vous pensez que c'est ce que veut une femme ? dit-elle en tendant une main vers le camp.

— Je pensais… »

À vrai dire, il ne savait plus. Chaque choix avait été envisagé dans le but de la rejoindre. Comment ne le comprenait-elle pas ? Ça devait excuser le reste. Et il les traitait bien ces prisonniers, enfin, il en avait eu l'intention.

« Que je pourrais passer mes journées ici, avec vous ? Au milieu d'une extermination massive, vous et moi, s'aimant ? » Au loin, on entendait parfois, comme un écho, le râle d'un Nama qui, dans un dernier effort, quittait ce monde avant d'être jeté aux squales qui rôdaient, de jour comme de nuit.

Shark Island. Sombre rocher.

« Vous m'avez déçue Jakob. Je pensais que vous n'y prendriez pas part. Je m'imaginais que vous aviez une morale, j'étais heureuse de vous revoir, j'étais même prête à oublier ce temps perdu. Mais vous n'avez rien fait. Vous n'avez pas changé. Vous ne faites jamais rien, d'ailleurs. Vous êtes comme tous ces hommes. Si vous saviez, quand j'ai reçu votre télégramme. Directeur d'un camp. Sérieusement ?

— Non, je… Arrêtez.

— Vous allez vraiment être le boucher de Shark Island ?

— C'est pour ça que vous êtes venue ? Pour me dire ça ?

— Je voulais sincèrement vous voir. Pourquoi m'avoir invitée, vous êtes à ce point cruel ?

— Je vous aime Brunhilde.

— Vous osez le dire. Ça fait des années qu'on se connaît, des années, et vous choisissez ce moment ridicule. S'il a fallu ça, ce camp, pour que vous vous décidiez, alors je n'en veux pas Jakob. Aimer… vous en êtes incapable. Demain, j'irai dire au monde ce que vous faites ici.

— Ce que je fais ici. Et vous ? Qu'avez-vous fait pour eux ? Ces gens, vous les défendez avec vos idées. C'est facile de donner des leçons en restant caché. Moi j'ai perdu ce privilège, d'avoir des idées, et vous le savez très bien. C'est facile de dire qu'on va tout arrêter. Vous croyez que je n'y ai pas pensé, moi ? »

Elle se leva. Avant qu'elle ne disparaisse, elle se retourna, ne voulant pas être confrontée à ses contradictions. « Quelle folle idée, Jakob. J'aurais tellement aimé que vous y arriviez. Que vous soyez différent. »

Jakob ne comprenait pas. Il avait mis tant d'espoirs dans cette rencontre, et voilà le résultat. Brunhilde s'éloignait, slalomant sur un chemin taillé dans la pierre. Le vent s'était levé et la décoiffait. Tout se mit à tourner autour de lui. Il ne pouvait pas la laisser s'échapper ainsi, c'était son humanité qui filait sous ses yeux. Elle ne pouvait pas remettre en cause son destin. Pas après ce qu'il avait subi. Pas après avoir tu une partie de lui pour se rapprocher d'elle.

« Brunhilde… », cria-t-il en se mettant à courir.

Elle avançait vers la petite plage, désireuse de s'éloigner le plus rapidement. Déjà, des vagues venaient se fracasser contre les rochers.

« Brunhilde… » D'un geste brusque, il l'obligea à se retourner. « Regardez-moi…

— Jakob, vous me faites mal.

— Regardez-moi ! Je veux que vous voyez ce que vous avez fait. Tout ça, c'est à cause de vous. Ma présence, ce camp… » Il était devenu fou. Il lui enserrait les bras avec une force surprenante. Des années de frustration ne demandaient qu'à sortir.

« Jakob, vous me faites peur. Lâchez-moi, je vous ai tout dit.

— Non, ça ne finira pas comme ça. Vous êtes comme tout le monde, vous faites souffrir les seules personnes qui vous aiment réellement. Pourquoi n'avez-vous pas de sympathie pour moi ? »

Comme elle se débattait de plus en plus, il la plaqua contre une roche et commença à l'embrasser. Elle se débattait en vain, ne comprenant pas cette attitude. Autour, personne pour l'aider. Des prisonniers et des soldats endormis.

Jakob était devenu une bête. Il avait arraché une partie de ses vêtements, il voulait la posséder, il l'avait mérité, estimait-il. Bien que ce ne soit pas son genre, qu'il ne sache pas ce qu'il était en train de faire, il le faisait.

Brunhilde était bloquée entre la roche et lui, pleurant, se débattant, cherchant une issue, mais Jakob était trop fort. Elle avait essayé de le raisonner, il n'entendait pas. Il avait défait son pantalon et cherchait le chemin de ses cuisses. Il n'avait pas touché de fille depuis des années.

C'étaient ses frustrations, tante Eda, son père, l'armée.

Brunhilde le giflait, le griffait, elle s'égosillait, lui frappant le torse, mais il continuait. De sa main droite, il arracha une partie de sa robe. Il y était. Il voulait la pénétrer des heures, lui faire ressentir son amour et sa peine. Alors qu'elle s'y était résolue, Jakob se contracta et éjacula dans le vide, comme un garçon avec sa première fille. Il en fut lui-même surpris et eut honte. Pas de ce qu'il venait de faire, mais d'être aussi nul. Ça avait duré trois secondes, cet emportement soudain et ça.

Il n'était même pas capable de faire l'amour à une femme.

Comme elle remarqua son hésitation, Brunhilde lui logea un coup entre les jambes et lui écrasa la tête contre la roche. Jakob s'effondra sans comprendre, la verge mouillée, la honte au coin des yeux, un filet de sang coulant du cuir chevelu. Avant de s'évanouir, il vit la silhouette de Brunhilde s'éloigner. Il se dit qu'il ne la reverrait jamais. Qu'il avait tout gâché.

À son réveil, il entendit des cris. Le vent avait forci et l'île n'était qu'un champ d'embruns. Jakob palpa le haut de son crâne, en retirant sa main, il trouva du sang frais. Il était sonné, mais parvint à se lever. Il écarquillait les yeux pour reprendre ses esprits, tout en s'appuyant sur la roche humide.

Les cris redoublèrent d'intensité. Au départ, il avait pensé que ce n'était que le vent qui s'engouffrait dans la roche, mais en écoutant avec plus d'attention, il reconnut la voix de Brunhilde, il en était presque sûr.

Sa chemise était déchirée, son pantalon pendait sur ses hanches, mais il progressait dans la nuit, certain qu'on s'en prenait à elle, oubliant ce qu'il lui avait infligé quelques instants auparavant. Au loin, une petite foule apparut. Des silhouettes qui s'agitent.

Son monde était déjà en train de sombrer quand il comprit.

En se rapprochant, il découvrit quatre Namas, libérés de leurs chaînes, et des soldats devant eux, immobiles. Sa gorge se serra. Brunhilde était maintenue par un des Namas, menacée par son couteau. Jakob ignorait comment ils avaient pu se libérer, mais ils étaient là, avec Brunhilde en otage. Les soldats hésitaient.

« Non ! dit Jakob à l'un d'eux, qui semblait téméraire. Rengainez vos armes. Elle ne peut pas être blessée.

— Mon lieutenant, votre tête. »

Jakob était arrivé à leur hauteur. Il faisait peur à voir, mais il fit signe que tout allait bien.

« Que… que veulent-ils ?

— Je l'ignore. On s'est réveillés à cause des cris. On ne peut pas les laisser quitter l'île. »

Jakob s'approcha d'eux. Des bêtes acculées sur le seul petit bout de plage de l'île. Celui qui tenait le couteau était encore musclé, les autres n'étaient que des sacs d'os, déplumés, des demi-hommes. Jakob marchait vers eux, les mains en évidence.

« Écoutez-moi, on va trouver une solution, mais laissez la femme. Elle n'a rien à voir avec vous. » Le Nama appuya la lame sur le cou de Brunhilde jusqu'à ce que quelques gouttes de sang apparaissent. Jakob sentait qu'il ne maîtrisait pas la situation, mais que personne, à part lui, ne pouvait la résoudre. « Prenez la barque, allez-vous-en, on ne vous suivra pas, mais laissez la fille, s'il vous plaît, laissez Brunhilde. »

Un des Namas se dirigea vers la petite embarcation, qui tanguait déjà. La côte n'était pas loin, mais avec la tempête et les requins, c'était risqué de sortir. Le Nama parla aux autres, qui se mirent à reculer, avec douceur, tout en tenant les soldats en respect.

« Jakob, ne me laissez pas. Je ne veux pas y aller. » Brunhilde était terrifiée. Jakob voulait se ruer sur ce type, il aurait pu le tuer de ses mains, mais chaque fois qu'il avançait, le Nama appuyait son couteau, ce qui la faisait crier.

Jakob se frotta les yeux, il n'y croyait pas. Les Namas s'installèrent dans la barque et la poussèrent à l'eau. Jakob les priait de le prendre à sa place, un lieutenant comme lui avait plus de poids. Personne, à part eux, ne savait ce qui était en train d'arriver. Brunhilde les avait soutenus toute sa vie, elle subissait aujourd'hui les mauvais traitements que ses compatriotes leur avaient infligés. Les Namas ne lui en voulaient pas, ils regrettaient même d'avoir à prendre un otage, mais c'était la seule manière de s'échapper. Rester sur Shark Island n'était pas humain, personne n'eût pu le supporter, alors la vie de cette femme blanche pouvait être utilisée.

Quand Jakob comprit qu'il n'y avait rien à espérer, il regarda Brunhilde et essaya de la rassurer. « Je ne vous abandonnerai pas. N'ayez pas peur. Je suis là, je serai toujours là… »

Le Nama coupa l'amarre et la barque s'enfonça dans la nuit en une seconde. Elle était poussée vers la côte par les vagues. Brunhilde ressentait des sentiments étranges. Malgré l'attitude de Jakob, elle croyait ses paroles, c'est ce qu'elle ressentait aussi, qu'il serait toujours, d'une manière ou une autre, auprès d'elle, même si elle ne voulait plus le revoir.

Une fois les Namas disparus, les soldats s'approchèrent du bord et déchargèrent leurs armes dans le vide. Ils tiraient au hasard, espérant en tuer un. « Non ! Arrêtez ! Arrêtez tous ! » Jakob passait auprès de chaque homme pour baisser son arme, ayant en tête l'idée lugubre de Brunhilde blessée.

Elle s'était déjà arrachée à lui, il ne pouvait pas rester impuissant encore une fois.

La nuit n'était pas près de finir, et il n'y avait plus de barque. Jakob était lui-même prisonnier de son île. Il s'arrachait des poignées de cheveux, tournant sur lui-même. Il essayait de se rassurer. Tout va bien. À terre, les Namas la laisseront tranquille et prendront la fuite, mais il n'en était pas sûr. Il ne pouvait rester les bras croisés. Leur bonheur n'était séparé que par un uniforme, c'est si idiot, et si simple à résoudre. Il avait envie de lui crier de revenir, mais elle n'était plus là.

C'est de la folie, je le sais, mais c'est plus fou de ne rien faire.

Il n'avait jamais été très courageux, à part sur le champ de bataille, mais ça, c'était son travail, alors il était peut-être temps. S'il ne le faisait pas pour elle, alors pour qui ? Il y avait les requins, le ressac, les vagues, mais quel autre choix un homme qui aime avait-il ? Il enleva sa chemise, ses bottes, sous les yeux abasourdis des soldats, et prit son élan. Il ne sentit pas les cailloux s'enfoncer dans ses pieds lors de sa course, il ne sentit pas le choc brutal lorsqu'il pénétra dans l'eau gelée, il ne sentit pas ses poumons se remplir d'eau quand il faillit se noyer, il ne sentait plus rien.

Il nageait, s'efforçant de laisser sa tête hors de l'eau, d'aspirer l'oxygène. Il voyait la côte se rapprocher, les vagues l'y poussaient avant de le tirer en arrière, il sentait des ombres noires glisser sous lui.

Finalement, des coquillages lui abîmèrent la plante des pieds. À quelques mètres, la barque échouée, éventrée sur une roche. Un doute soudain le submergea. Il courait, comme il pouvait. En se rapprochant, il discerna un filet de sang dans l'eau. La lune était assez puissante pour qu'il reconnaisse cette couleur, il en avait vu tellement. Il ne se laissa pas le temps de penser, il contourna la barque et découvrit un Nama, celui qui menaçait Brunhilde.

Un pagne le recouvrait et, sous les côtes, il avait un trou d'où s'échappait sa vie.

« Brunhilde », criait Jakob. « Brunhilde », mais personne ne répondait. Seul un écho lointain grossi par les vagues. Il s'accroupit et se mit à soulever des petites pierres, comme si elle avait pu passer dessous. Quelque chose a dû la protéger, c'est certain.

Se relevant, il arpenta la côte à la recherche d'un signe. Loin dans les terres, la couleur changea, elle se teinta de bleu, évanescente, et une brume s'installa.

Jakob prit le temps de se calmer. Il observa, cherchant une trace. C'est là qu'il la vit, cette ombre qui avançait en titubant, au milieu de nulle part. Il se mit à courir. « Brunhilde… Brunhilde. »

Le pas de l'ombre était incertain. Plus Jakob avançait plus il la reconnaissait. C'était elle, aucun doute possible.

Arrivé à sa hauteur, il voulut lui toucher l'épaule, Tu es en sécurité maintenant, je suis là, mais elle s'effondra. Il put la rattraper avant qu'elle ne touche le sol.

« Brunhilde ! »

Elle lui prit la main et la serra. Jakob pensait que tout était fini, qu'ils étaient enfin réunis, mais elle était très pâle. Elle amena sa main à sa bouche et l'embrassa puis dans un effort difficile, elle la posa sur son ventre. Jakob sentit sa respiration accélérée. Il sentit aussi le froid de la lame qui lui sortait du ventre.

« Ce n'est pas eux, Jakob. C'était un accident… Ils sont loin maintenant.

— Quoi… qu'est-ce que ? Non, ça va aller. Vous irez bien. » Il la souleva dans un soupir et la porta sur quelques mètres.

« Jakob, c'est trop douloureux. Posez-moi.

— On n'est pas loin de Lüderitz. On va vous soigner.

— Ça ne sert à rien… Vous devez arrêter cette guerre, ça nous tuera tous.

— Arrêtez de parler, nous arrivons. Tout ira bien, je vous assure.

— Vous savez que c'est faux. Promettez-moi d'arrêter ça Jakob. »

Pendant une heure, il marcha entre les roches, se coupant, s'éraflant les jambes. Il tremblait mais rien n'aurait pu l'empêcher d'avancer.

Aux premières lueurs du jour, le clocher de Lüderitz se mit à briller, un peu en hauteur, comme une apparition, et la maison blanche, là où elle devait être. On y est, on y est, disait-il à Brunhilde, dont le bras pendant tapait sur sa cuisse. Un dernier effort. Il escalada ce rocher en forme de monstre marin, puis pénétra dans l'allée principale qui était déserte. Sur la droite, il reconnut le petit porche où il lui avait un jour acheté un peigne sculpté. C'était si loin.

Leur histoire lui revenait en mémoire. J'aurais dû faire tellement plus.

Avant qu'il ait eu le temps de demander de l'aide, il s'affala au milieu de l'allée sableuse, sur le corps de Brunhilde. Il chercha le battement de son cœur et entendit un souffle bref.

Le Sud-Ouest africain continuait de l'avaler.

45.

Kolmanskop, 2 février 1928

Il y a toujours eu le sable, et il y aura toujours le sable.

Depuis le jour où il y a posé le pied jusqu'à maintenant. À quatre mètres sous la terre, il s'insinue encore partout. Par intermittence, il s'engouffre dans ce trou béant.

Cette cicatrice qu'il a ordonné de faire à la terre.

C'est douloureux de se souvenir, perdu dans ces entrailles. Il est plusieurs fois revenu du monde des morts, mais là, c'est différent.

Là, c'est la fin. Il en a la conviction.

Il a essayé de remonter, il a essayé.

La tempête fait rage. Ce qui signifie que le train ne peut pas rouler et que personne ne viendra le chercher. Puis, qui se préoccupe de son sort ? Ce soir, Kolmanskop célèbre la création du casino et ceux qui le connaissent savent qu'il n'y serait pas allé. Aucun mouvement collectif ne se mettra en place pour lui.

Il ne les entendra pas, ces voix criant son nom.

Le vent fait un bruit délirant, ça lui rappelle son arrivée. Ces vagues qui se fracassaient contre sa conscience, celle d'être en vie, celle d'être un jeune homme débarqué dans un dernier coin du monde.

Sa jambe saigne toujours plus. Il n'a pas réussi à replacer l'os, il trouve cela trop dur, après tout ce que son corps a subi, c'est trop. Il a fait un garrot, mais il sait que ça ne servira pas à grand-chose. Le sang continue de couler. Pour y voir clair, il doit plisser les yeux. Un peu de lumière dans ce ciel muet, mais elle disparaît à grandes enjambées. Les nuages filent si vite, à la recherche d'une terre plus clémente.

Certains laissent des traces longtemps après qu'ils aient disparu. Il sait que ce ne sera pas son cas.

Le Sud-Ouest africain. L'avait-il rêvé ?

À côté de lui, des diamants traînent. Il en a dégagé une dizaine. Ils sont imparfaits, grossiers, mais lavés, taillés, ils vaudront une fortune. Ces cailloux blancs, il les a trouvés.

Mais à quoi lui servent-ils ?

Sa gourde d'eau diminue vite, il n'a pas envie de s'en soucier. Il tremble, sentant comme un clou lui rentrer dans le crâne. C'est à cause du sang qu'il perd. À la racine de ses cheveux. La chute a été mauvaise. Comme le ciel s'obscurcit, il se décide à allumer la bougie qui traîne au fond de sa poche. Il a crié à se briser la voix, quand il avait encore de l'espoir, mais c'est un cri dans le vide, alors il préfère écouter le vent.

Il devrait l'économiser cette bougie, il est encore tôt et la nuit est longue, mais la voir briller est la seule chose qui le rassure, puis il sait que la nuit risque de ne pas être si longue que ça.

Ce semblant de modernité.

Ses yeux refusent de quitter ce bout de vie.

Depuis le temps qu'il côtoie la mort, c'est normal qu'elle finisse par arriver. Ça le fait rire, et ses côtes en paient le prix.

Son corps n'est qu'un champ de bataille. Blessures faites au couteau, à l'arme à feu, au canon, égratignures, coupures, morsures, tout ce qui blesse un homme a été expérimenté sur ce bout de chair.

Il fait plus frais et le vent finit par se calmer. Il a l'impression qu'une journée est passée, mais ce n'est qu'une heure. Il s'allonge à moitié, adossé à la cavité rocheuse. Quelques étoiles timides brillent au loin. Le silence le réconforte. Ce silence lourd qu'il a recherché.

À l'abri de tout jugement, son esprit remonte les années. Kolmanskop, l'errance, la désertion, la Société des Nations, la guerre de 1914 et sa violence, les camps, le Waterberg, les gouverneurs ; il a eu son lot de combats. Ça remonte en lui, cette journée de janvier où ils ont dézingué une famille de Damaras. Les images sont un peu floues. Ça aurait dû le marquer plus que ça, comme les autres, mais ça n'a pas été le cas. Pourquoi ? Puis il va plus loin.

L'enfance.

Dans le labyrinthe de ses pensées, il revoit sa chambre bleu pastel. S'il en avait encore le courage, ça le ferait pleurer. Cette chambre impersonnelle, il s'en rend maintenant compte. Une carte du monde comme seul imaginaire. L'unique chose qu'il ait imposée. À refuser de se donner une identité, il n'a pas réalisé qu'il laissait aux autres le soin de le faire. C'est bien ce qu'il s'est passé tout ce temps. Cette enfance n'a été qu'un puzzle auquel on enlevait chaque jour une nouvelle pièce.

Puis il pense à elle.

Ça arrive encore, malgré les années. Il en a voulu à la terre entière, il n'a jamais pu oublier. Aujourd'hui, il a du mal à se remémorer avec précision son visage. Il a essayé de la revoir, il s'est même caché, tentant de voler une image, mais il n'a rien eu. Pas de réponse à ses lettres. Une porte close. Elle est restée en lui comme une impression.

C'est ça, une impression.

Un simulacre de bonheur.

Au moins elle a vécu, mais qu'est-ce que ça change ?

Il doit faire face. Il se saisit d'un morceau de verre brisé et contemple son allure. Ce corps que ce pays a façonné. Des rides ont creusé ses joues, mais on ne les voit quasiment pas, à cause de la blessure. Malgré les épreuves, il a gardé ses cheveux. Jeune, il aimait se regarder, comme si, en un clignement d'œil, il aurait pu voir quelqu'un d'autre.

Spectateur de son existence.

Au fond de sa bouche, sa molaire est en train de se fissurer. Un poison se distille dans son sang.

Cette nuit est longue, plus encore que celles où l'effroi des jeunes années semblait rapprocher les murs. Ces heures où le rêve était interdit. Un petit coup, ça n'a jamais tué personne, disait son père après être passé lui dire bonne nuit.

La violence comme tuteur.

Mais il ne lui en veut pas. Il n'en veut plus à personne. C'est trop tard, et trop ridicule.

Il se laisse aller. Il ne ressent plus la douleur, il est immunisé. Ses épaules se détendent, un poids s'évapore. Il est conscient de tout, de son exil dans cette petite ville qui n'appartient à aucun État, une vie passée dans un non-lieu. Un temps, il a eu honte d'être allemand, mais la honte, ça finit par passer.

L'armée coloniale a été chassée, ses compatriotes se sont fait éjecter du pays, les Sud-Africains sont arrivés comme nouveaux bourreaux.

Cette terre est un jouet à la merci du plus cruel.

La fin d'un Reich, la fin d'une époque. La plupart de ceux qui avaient participé sont loin. Sous sa veste, une médaille épinglée est le seul vestige qui reste.

Toutes ces années, il n'a pu se résoudre à partir. Lüderitz à quelques kilomètres. Là où tout aurait pu changer. Là où tout aurait dû changer. C'est bête, mais c'est comme ça. Rester proche d'elle est la dernière punition qu'il s'est imposée. Bientôt, il ne sera plus qu'une pensée que personne n'aura la force de faire survivre à travers le temps.

Un soldat.

Spectateur impuissant de l'engrenage d'une nation qui voulait conquérir le monde, sauf que le monde change. Il avance plus vite que la volonté de ces hommes.

Lui n'avait pas autant d'ambition.

On lui a dit quoi faire, et il l'a fait, sans ambiguïtés. La flamme de la bougie danse, vacille, semble se rattraper, mais faiblit puis disparaît. Il ne voit plus rien. Il décide de garder ses yeux clos.

Après tout, c'est déjà un exploit d'avoir vécu si vieux.

CET OUVRAGE A ÉTÉ COMPOSÉ
PAR PCA
POUR LE COMPTE DES ÉDITIONS J.-C. LATTÈS
17, RUE JACOB – 75006 PARIS
ET ACHEVÉ D'IMPRIMER EN FRANCE
PAR CPI BUSSIÈRE
À SAINT-AMAND-MONTROND (CHER)
EN JUIN 2016

JC Lattès s'engage pour
l'environnement en réduisant
l'empreinte carbone de ses livres.
Celle de cet exemplaire est de :
667 g éq. CO_2
Rendez-vous sur
www.jclattes-durable.fr

PAPIER À BASE DE
FIBRES CERTIFIÉES

N° d'édition : 01 – N° d'impression : 2023870
Dépôt légal : août 2016